utb 4934

Eine Arbeitsgemeinschaft der Verlage

Böhlau Verlag · Wien · Köln · Weimar
Verlag Barbara Budrich · Opladen · Toronto
facultas · Wien
Wilhelm Fink · Paderborn
A. Francke Verlag · Tübingen
Haupt Verlag · Bern
Verlag Julius Klinkhardt · Bad Heilbrunn
Mohr Siebeck · Tübingen
Ernst Reinhardt Verlag · München
Ferdinand Schöningh · Paderborn
Eugen Ulmer Verlag · Stuttgart
UVK Verlag · München
Vandenhoeck & Ruprecht · Göttingen
Waxmann · Münster · New York
wbv Publikation · Bielefeld

Ludwig Haag
ist Inhaber des Lehrstuhls für Schulpädagogik an der Universität Bayreuth.

Ludwig Haag

Kernkompetenz Klassenführung

Verlag Julius Klinkhardt
Bad Heilbrunn • 2018

Online-Angebote oder elektronische Ausgaben zu diesem Buch
sind erhältlich unter www.utb-shop.de

Die Deutsche Bibliothek – CIP-Einheitsaufnahme
Die Deutsche Nationalbibliothek verzeichnet diese Publikation in der Deutschen Nationalbibliografie; detaillierte bibliografische Daten sind im Internet über http://dnb.d-nb.de abrufbar.

Einbandgestaltung: Atelier Reichert, Stuttgart.
Satz: Kay Fretwurst, Spreeau.

Druck und Bindung: Friedrich Pustet, Regensburg.
Printed in Germany 2018.
Gedruckt auf chlorfrei gebleichtem alterungsbeständigem Papier.

utb-Band-Nr.: 4934
ISBN 978-3-8252-4934-2

Inhalt

Einführung

Klassenführung – muss es ein neues Buch sein?
Erst im Jahre 2006 ist von den prominenten amerikanischen Erziehungswissenschaftlerinnen Carolyn Evertson und Carol Weinstein ein über 1300 Seiten umfassendes Handbuch über Classroom Management erschienen. Auch im deutschsprachigen Raum wurden in den letzten Jahren hierzu Publikationen von Autorenteams vorgelegt, die im Gegenstand der Klassenführung ausgewiesen sind. Dabei wird die je eigene Handschrift deutlich: Ausgehend vom gleichen Anliegen, der Klassenführung, werden unterschiedliche Akzente gesetzt. Exemplarisch lässt sich das sehr klar an drei Autorenteams zeigen: Die Münchner Gruppe um Kiel, die in den letzten Jahren mehrere Forschungsarbeiten zur Salutogenese im Kontext von Schule herausgegeben hat, legt einen besonderen Akzent auf die Ressource einer Lehrkraft bei der Klassenführung (Kiel, Frey & Weiß 2013). Das Autorenpaar Ophardt und Thiel (2013) geht von einem sehr weiten Begriff der Klassenführung aus und siedelt ihn sehr nahe an dem weiten Begriff guten Unterrichts an. Das Forscherteam um Mayr (2009) dreht den Aspekt ganz um, für diese Gruppe ist Unterrichtsgestaltung, also was guten Unterricht ausmacht, ein Aspekt von Klassenführung.
Bei diesen Akzentuierungen nun setzt vorliegende Publikation an. Die Ausgangsfrage ist, was das Proprium von Klassenführung ausmacht, im Sinne eines eklektischen Vorgehens wird gleichsam „von allen das Beste" extrahiert, doch fokussiert auf den Markenkern von Klassenführung.

Wird damit einem Fachleserkreis das Buch schmackhaft gemacht? Sicher nicht in dem Sinne, dass nun ein neuer Ratgeber vorliegt, nach dem Motto „Nun fällt das Unterrichten leichter".
Fakt ist, dass Klassenführung eine ständige Herausforderung für den Praktiker vor Ort bleibt (vgl. Seifert 2011). Ein starkes Argument für Seiferts Aussage ist, dass Schule nicht freiwillig ist und die zwangsläufige Anwesenheit von Schülern nicht per se heißt, dass alle von sich aus lernen wollen. Ihre Anwesenheit bietet vielmehr eine günstige Lerngelegenheit, um sie zum Lernen zu motivieren. Außerdem dürfte überdauernde Gültigkeit folgender Satz haben, den der Philanthrop Christian Gotthilf Salzmann in seinem Ameisenbüchlein ausspricht: „Ich setze es als bekannt voraus, daß der Grund von den Fehlern der Zöglinge wirklich oft in den Erziehern liege" (Salzmann 1806).
Die Organisation der Jahrgangsklasse bleibt eine permanente Herausforderung für eine Lehrkraft. Deshalb dürfte es auch in Zukunft keinen Mangel an der Thematik geben.

1 Sichtweisen von Klassenführung

Classroom Management – ein in seiner Tradition durch und durch amerikanischer Begriff – wofür steht er? Um diesen Begriff zu explizieren, lohnt sich ein Blick in die Geschichte der Classroom Management Forschung.

1.1 Geschichte der Classroom Management Forschung

Classroom Management ist in drei psychologischen Traditionslinien zu verorten, (1) im Behaviorismus, (2) in der Erziehungsstilforschung und (3) seit der Kognitiven Wende in ökologisch orientierten Ansätzen (vgl. Evertson & Weinstein 2006).

(1) Behavioristische Wurzeln

Mittlerweile darf man den Begriff Classroom Management so facettenreich sehen, wie er in seiner ganzen Breite im Begriff der Klassenführung mitschwingt. Das war nicht immer so.

Lange wurde er, vom Mainstream des Behaviorismus dominiert, eng auf Aspekte der Disziplin und den effizienten Umgang mit Unterrichtsstörungen reduziert. Noch 1986 schreibt Doyle im Handbook of Research on Teaching in dem Artikel mit dem Titel „Classroom organization and management" folgendes: „Research on classroom management is directed to questions of how order is established and maintained in classroom environments" (S. 392).

An Labortieren experimentell gewonnene Erkenntnisse und Gesetzmäßigkeiten über das Lernen wurden systematisch auf menschliches Lernen übertragen und damit auch in den Schulkontext getragen. Als zentrale Unterschiede zwischen den klassischen Tierexperimenten im Labor und dem Transfer auf Lehrer-Schüler Interaktionen im Klassenzimmer wurden vor allem zwei Tatsachen gesehen:

1. Aufgrund sprachlicher Kommunikationsfähigkeit mussten nicht wie im Tierlabor Reiz-Reaktionsmuster hergestellt und Verstärkerbedingungen eingebaut werden, sondern die zentralen Begriffe verhaltensbasierter Klassenführung lauteten: „Regeln – Lob – Ignorieren". Lehrerlob wurde zu einer neuen Kategorie verhaltensbasierter Forschung.
2. Die Logik der Labormethoden wie Verhaltensbeobachtung mit anschließenden Verstärkermechanismen ließ sich nicht ohne weiteres auf die Situation in einem Klassenzimmer übertragen. Während bspw. eine Ratte im Labor sofort kontingent für erwünschtes Verhalten verstärkt werden konnte, musste nun

in der Situation im Klassenzimmer überlegt werden, wie hier anstelle sofortiger Belohnung ein Aufschub aussehen musste, um dennoch wirksam sein zu können. Auch das Problem des Ignorierens im Klassenzimmer bekommt eine andere Dimension, vor allem dann, wenn es um nicht tolerierbares Verhalten geht.

Im Laufe der Zeit etablierten sich zwei Forschungslinien, das Herausarbeiten von Bedingungen für die Zunahme von erwünschtem und für die Abnahme von unerwünschtem Verhalten. Bei ersterem geht es um Techniken wie Verstärkerprogramme, Lob, Modellieren, Selbstinstruktionen, Selbstverstärkung, das Aufstellen klarer Regeln, bei letzterem um Techniken wie Löschung, die Konfrontation inkompatibler Verhaltensweisen, Entspannungstechniken, Verstärkungsentzug, Selbstinstruktionen.

Empirische Studien wurden systematisch erst ab der Mitte des 20. Jahrhunderts durchgeführt. Zunächst wurden ganz in der Tradition des Behaviorismus Experimente mit Tieren nun auch auf Schüler übertragen. Dabei erwiesen sich positive Verstärker wie Belohnungen oder Lob als effizienter als Bestrafungen oder Bloßstellen, um erwünschtes Verhalten bei einzelnen Schülern zu erzielen.

Kounin und Gump (1961) übertrugen diese Erkenntnisse auf ganze Klassen. Sie identifizierten zwei Gruppen von Lehrkräften, von denen die eine Gruppe eher wenig, die andere eher mehr bestrafte. Dann fragten sie deren Schüler, was das Schlimmste sei, was sie in der Schule wohl machen. Die Schüler der eher bestrafenden Lehrer nannten bspw. signifikant häufiger Aggression, die anderen nannten Verhaltensweisen, die für Lernen kontraproduktiv sind oder sich nicht mit schulischen Werten und Regeln vertragen. Aus diesen Befunden folgern die Autoren, dass eher weniger Bestrafen von Lehrkräften zu einer günstigeren Sozialisation bei den Schülern führe.

Ein klares Regelwerk, Lehrerlob und Ignorieren wurden zu Schlagwörtern verhaltenstheoretisch begründeter Klassenführung.

(2) Erziehungsstilforschung

Eine andere Tradition der Erforschung von Klassenführung kommt aus der Erziehungsstilforschung. Die bekannteste Studie über Führung und sozialem Klima ist die von Lewin, Lippitt und White (1939). Freilich muss man schon hier einschränkend sagen, dass diese Studie an Freizeitgruppen experimentell durchgeführt und anschließend einfach auf die Situation in einem Klassenzimmer generalisierend übertragen wurde.

Ausgehend von diesen beiden wohl bekanntesten Initialstudien (Kounin u.a. und Lewin u.a.) etablierten sich in der Folgezeit zwei Forschungslinien, die zum einen Bedingungen von Klassenführung und zum anderen Auswirkungen auf Schülerseite systematischer in den Blick nahmen.

(3) Ökologische Studien
Im Gegensatz zu den behavioristischen Ansätzen, bei denen die Modifikation des individuellen Verhaltens im Fokus der Forschungen steht, geht es bei den ökologischen Ansätzen um die Frage, wie der Lehrer das Lerngeschehen von Gruppen als Zusammenspiel von sozial ausgehandelten Verhaltensregeln und Lehr-Lern-Aktivitäten im Kontext des Klassenzimmers organisiert.
Die Gestaltung der Lernumgebung wird in der Folge in der amerikanischen Literatur ein zentrales Element, wie ja bereits im Namen Classroom-Management inkludiert ist.
Schon hier müssen zwei Namen erwähnt werden, die die Erforschung zum Classroom-Management maßgeblich beeinflusst haben:

Kounin (1976) erweiterte diese Forschung um zwei zentrale Elemente:
(1) Unterrichtsbeobachtung als methodischen Zugang allein sah er nicht als zielführend, zusätzlich ließ er Unterricht auch aufzeichnen. Dadurch war es ihm möglich, eine detailliertere Verhaltensbeobachtung durchzuführen.
(2) Er lenkte die Forschung der Lehrer-Aktivitäten weg von Restriktionen und Disziplinierungsmaßnahmen hin zu präventiven Maßnahmen.

Evertson und ihre Mitarbeiter erweiterten den Begriff des Classroom-Managements, der zunächst auf Umgang mit Disziplin und Interventionen beschränkt war, im Laufe der Jahre auf Lehrerhandeln, das lernförderliche Lernumgebungen gestalten will. Seit der Kognitiven Wende in den 60/70er Jahren des letzten Jahrhunderts wird unter den neuen kognitiven, sozial-kognitiven und sozio-kulturellen Perspektiven Lernen und Lehren neu gesehen. Der Mensch wird nun als selbstgesteuert gesehen, der durch kognitive Denk- und Verstehensprozesse lernt und die wahrgenommenen Reize selbstständig und aktiv verarbeitet. Lernen wird zu einem sozialen Aushandeln mit der Umgebung.

Abschließend soll hier Marzano (2003) erwähnt werden. Sein Titel – ganz in der amerikanischen Tradition – könnte nicht treffender gewählt sein: „Classroom management that works: research-based strategies for every teacher".
Marzano (2003) gibt aufgrund einer Metaanalyse, in der er ca. 100 Studien mitaufgenommen hat, Empfehlungen für vier wirksame Faktoren von Führung („that works", vgl. Titel). Dabei gibt er in Effektstärken das Störverhalten von Klassen an, in denen entweder einer der vier Faktoren angewendet wurde oder nicht. (Effektstärken sind ein statistisches Maß und stellen einen Wert dar, um die Stärke zu veranschaulichen, bei Marzano den Einfluss einer Intervention auf die Disziplin. Bei einem Wert zwischen 0.5 und 0.7 spricht man von einem mittleren Effekt, darüber von einem großen.). Als Störverhalten wurde ein unerlaubtes Reden von Schülern untereinander oder eine unhöfliche Art gegenüber dem Lehrer definiert.

Ergebnisse der Metaanalyse für vier Faktoren von Führung (vgl. Abb. 1.3, S. 8):

Faktor	Effektstärke
Regeln und Anweisungen	.76
Disziplinäre Interventionen	.90
Lehrer-Schüler Verhältnis	.86
Einstellung (mental set)	1.29

Unter „mental set" versteht er zweierlei: „withitness" im Sinne Kounins (vgl. 3.2.2) und „emotional objectivity" (vgl. 6.2.3).
Diese Klassenführungsstrategien wirkten sich nicht nur positiv auf die Disziplin aus, sondern auch auf die Leistungsbereitschaft der Schüler und deren Leistungen.

Bevor in den nun folgenden Unterkapiteln deutschsprachige prominente Autorenteams dargestellt werden, wie sie inhaltlich Klassenführung sehen, soll vorneweg deren gewählte Begrifflichkeit dargestellt werden: In der deutschsprachigen Fachliteratur wird einerseits der englische Titel Classroom-Management beibehalten (vgl. z.B. Bohl, u.a. 2010; Dollase 2012; Eichhorn 2012), andererseits wird er einfach in Klassenführung übersetzt (z.B. Mayr u.a. 2002; Kiel u.a. 2013) oder in englisch/deutsch wiedergegeben „Klassenmanagement" (z.B. Ophardt & Thiel 2013; Schönbächler 2008). Dabei werden in der Bedeutung keine Unterschiede gemacht, die Begriffe werden synonym gebraucht (vgl. Ophardt & Thiel 2013, S. 22). Dies war nicht immer so. Noch 2010 schreibt Bohl: „In Deutschland wird er [gemeint ist der Begriff Classroom Management] unserem Eindruck nach, trotz breiterer Definitionen in der Fachliteratur … häufig eng auf Aspekte der Disziplin und den effizienten Umgang mit Unterrichtsstörungen reduziert" (Bohl 2010, S. 20). Ich schließe mich dieser Einschätzung von Bohl an mit der Ergänzung, dass diese Auffassung eher die Ratgeber- und Lehrerzeitschrift-Literatur betrifft als die mittlerweile moderne fachwissenschaftliche Auseinandersetzung (wobei in Lehrerzeitschriften die fachwissenschaftliche Auseinandersetzung nicht zwangsläufig ausgespart bleibt).

1.2 Weinert und Helmke (1997)

Das Autorenteam Weinert und Helmke ist hier deshalb zu nennen, weil es prominent im deutschsprachigen Raum mit Hilfe empirischer Studien Bedingungsfaktoren schulischer Leistungen modellieren konnte. So wurde auch das Konstrukt der Klassenführung untersucht und auf den empirischen Prüfstand gestellt.
Auf Schülerseite ist die aktive Lernzeit eine wichtige Bedingung schulischer Leistungen. Dabei wird das Unterrichtsmanagement wichtig:

> „Wieviel Unterrichtszeit von wie vielen Schülern tatsächlich aktiv zum Lernen genutzt wird, hängt davon ab, (a) ob und wie es dem Lehrer gelingt, durch verhaltenswirksame Regelsysteme, durch Gewohnheitsbildungen und durch rechtzeitige, sparsame, situationsangemessene, effektive Interventionen … ein stimulierendes Arbeitsklima zu schaffen und Störungen zu vermeiden oder schnell wieder abzubauen …; sowie (b) ob und inwieweit der Unterricht so gestaltet wird, dass Aufmerksamkeitszentrierungen, motivationale Tendenzen und kognitive Aktivitäten der Schüler auf die akademischen Ziele, Inhalte und Bewährungskriterien des Lernens gerichtet sind …“ (Helmke & Weinert 1997, S. 135).

Somit steht Klassenführungskompetenz im Dienste folgender Unterrichtsziele:
- stimulierendes Arbeitsklima
- effektives Lernen

Dabei geht es um das Einhalten folgender Dimensionen:
- Regelsysteme und Gewohnheiten
- Interventionen
- Unterrichtsgestaltung durch Aufmerksamkeitszentrierungen, Motivieren und kognitives Aktivieren

Der Klassenführung kommt also eine Schlüsselfunktion für gelingenden Unterricht zu.

A priori festgelegte Definitionsversuche – auf welche Quellen sie auch immer sich beziehen – sind von empirisch ermittelten Konstrukten zu unterscheiden. Bei letzteren geht es nicht mehr um pädagogische Wünschenswertes oder Erwartbares, sondern allein darum, welche im Vorfeld festgelegten Items zu einem Konstrukt statistisch zusammengefasst werden können. Diesem Konstrukt wird dann ein Skalennamen gegeben. So wurden in der Münchner Grundschulstudie, der SCHOLASTIK-Studie (Weinert & Helmke 1997), auf Klassenebene Unterrichtsbeurteilungen durch externe Beobachter vorgenommen. Diese Beurteilungen bezogen sich u.a. auf die Dimension Klassenführung und Unterrichtsorganisation. Hierzu wurden Items zu folgenden Skalen vorgegeben (Helmke & Schrader 1997):
- **Regelverwendung:** Existenz eines Regelsystems, das den Interaktionen im Klassenzimmer zugrunde liegt und dafür sorgt, dass Aktivitäten in der Klasse ohne besondere Erklärungen, Anweisungen und Begründungen in Gang gesetzt und aufrechterhalten werden.
- **Unterrichtsorganisation:** Unterricht ist so organisiert, dass Übergänge zwischen verschiedenen Unterrichtsphasen kurz und reibungslos erfolgen und keine unnötigen Pausen entstehen.
- **Kontrolle:** Effektiver und ökonomischer Umgang mit Störungen und Unterbrechungen; der Lehrer bekommt alles mit und signalisiert das gegenüber der Klasse.
- **Zeitnutzung:** Nutzung der Unterrichtszeit für fachliche Ziele und Minimierung des Zeitaufwandes für außerfachliche Angelegenheiten.

Tatsächlich ergaben sich dann in einem anschließenden Vergleich von 18 Scholastik-Klassen, bei denen statistisch Intelligenz- und Leistungsunterschiede „bereinigt" wurden, zu den Leistungen im Mathematikunterricht (in der Zeit von Ende 2 bis Anfang Klasse 4) signifikante Korrelationen zu folgenden Unterrichtsmerkmalen

- effizientes Regelsystem
- intensive Zeitnutzung
- Kontrolle (Die Auswirkungen eines kontrollierenden Unterrichts waren zweierlei: die Schüler störten und träumten weniger, d.h. ihre aktive und passive Unaufmerksamkeit war geringer.).

Aufgrund dieser empirisch ermittelten Beziehungen operationalisierte Helmke (2007) im Folgenden seinen Begriff der Klassenführung:
Bekannt geworden ist als Ausschnitt aus seinem Angebots-Nutzungs-Modell das Wirkungsgeflecht der Klassenführung (Abb. 1). Damit wird einerseits die begriffliche Trennung zur Qualität des Unterrichts deutlich – Klassenführung ist ein eigenständiges Lehrermerkmal –, doch der Doppelpfeil weist auf die enge wechselseitige Verflechtung hin. Klassenführung und Qualität des Unterrichts bedingen sich gegenseitig: Klassenführung ist wohl eine zentrale Bedingung für qualitativ guten Unterricht, umgekehrt wird die Auswahl des gewählten Arrangements – instruktional oder konstruktional – eine andere Art von Führung verlangen. Unterrichtsformate, in denen vorübergehend der Klassenverband aufgelöst wird und die Schüler in Gruppen arbeiten, verlangen eine klare räumliche Lernumgebung, die das Lernen strukturiert (nähere Ausführungen hierzu in Kap. 5.3.2).

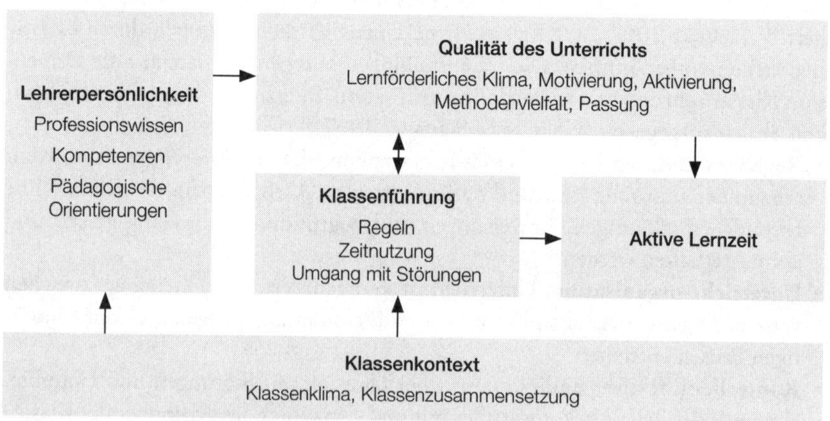

Abb. 1: Wirkungsgeflecht der Klassenführung (Helmke 2007, S. 45)

Diese Operationalisierung von Klassenführung, nämlich die Beachtung von Regeln, Zeitnutzung und Umgang mit Störungen, ging auch in das Diagnostikum

EMU ein (Helmke, Schrader & Helmke 2012): Im Auftrag der KMK hat ein Autorenteam unter der Leitung von Helmke ein Konzept und entsprechende Werkzeuge für eine evidenzbasierte Unterrichtsdiagnostik entwickelt (EMU: Evidenzbasierte Methoden der Unterrichtsdiagnostik und -entwicklung). EMU ist ein praktikables, flexibel einsetzbares und offen ausgestaltbares Instrument, um den Unterricht datengestützt weiterzuentwickeln. Kern des Ansatzes ist es, Daten über den eigenen Unterricht zu gewinnen und diese Daten zu nutzen, um den Unterricht zu verbessern. Im Idealfall wird der Unterricht mehrperspektivisch von der unterrichtenden Lehrkraft, einem hospitierenden Kollegen und den Schülern selbst auf seine Qualität hin beurteilt. „Die vergleichende Betrachtung dieser drei Urteilsperspektiven dient dazu, eigene Sichtweisen zu verdeutlichen, zu bestätigen oder zu korrigieren, die Einseitigkeiten der subjektiven Wahrnehmung zu überwinden und blinde Flecken zu beseitigen“ (Helmke u.a. 2012, S. 182).

Es werden Fragebögen eingesetzt, die den Fokus auf zentrale Dimensionen der Unterrichtsqualität richten. Für diese Zwecke werden im Internet vielfältige Materialien wie Fragebögen für die drei Zielgruppen, ein EDV-Tool zur Auswertung und Visualisierung der Ergebnisse kostenfrei zur Verfügung gestellt (www.unterrichtsdiagnostik.info).

Die Dimension des Klassenmanagements wird mit folgenden Items abgefragt (hier wird die Sicht der hospitierenden Lehrkraft abgedruckt):

Item 1: Die gesamte Unterrichtsstunde wurde für den Lernstoff verwendet.
Item 2: Der Kollege hat alles mitbekommen, was in der Klasse passiert ist.
Item 3: Den Schüler/innen war jederzeit klar, was sie tun sollten.
Item 4: Die Schüler/innen konnten ungestört arbeiten.
Item 5: Die Schüler/innen waren die ganze Stunde über aktiv bei der Sache.
(vgl. http://unterrichtsdiagnostik.info/downloads/fragebogen/)

Die in der Abbildung 1 operationalisierten Aspekte von Klassenführung werden deutlich: Regeln (Item 3), Zeitnutzung (Item 1, 5), Umgang mit Störungen (Item 2, 4).

1.3 Ophardt und Thiel (2013)

Von einem weiten Begriff des Klassenmanagements geht das Autorenpaar Ophardt und Thiel (2013) aus. Einerseits lehnen sie sich an Helmkes Angebots-Nutzungs-Modell (2003) an, andererseits grenzen sie sich davon ab:

Helmke packt in das Angebot des Unterrichts in einem ersten Block diejenigen Prinzipien und Merkmale zusammen, die für den Unterrichtserfolg ausschlaggebend sind: Neben dem übergeordneten Universalprinzip der Passung/Adaptivität nennt er Klarheit, angemessene Methodenvariation, Individualisierung und Motivierung. In einem zweiten Block folgt die Effizienz der Klassenführung, Quantität des Unterrichts und Qualität des Lehrmaterials.

Ophardt und Thiel fassen die Merkmale, die in Helmkes Modell unter „Qualität des Unterrichts" aufgeführt sind, zu folgenden vier Dimensionen zusammen (vgl. Abb. 2):

- Wissenskonstruktion (meint: kognitive Aktivierung)
- Motivierung (meint: Motivierungsqualität)
- Klassenführung
- Adaptivität

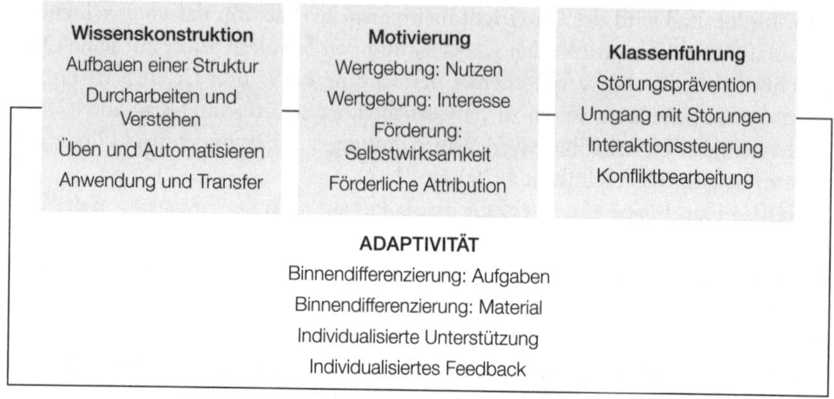

Abb. 2: Anforderungen des Unterrichtens (nach Ophardt & Thiel 2013, S. 33)

Die Abbildung 2 verdeutlicht dreierlei:

(1) Adaptivität liegt quer zu den anderen drei Dimensionen. Jedes Agieren im Unterricht muss hinsichtlich des Lerngegenstandes und der Schülervoraussetzungen adaptiert werden. Die Notwendigkeit der Adaption betrifft alle drei anderen Dimensionen. Ähnlich sieht es Helmke, wenn er von dem übergeordneten Universalprinzip der Passung spricht.

(2) Klassenmanagement ist ein eigenständiger Anforderungsbereich des Unterrichts, doch er steht in enger Verbindung mit der kognitiven Aktivierung und der Motivierung der Schüler. Die Richtung ist auch so denkbar: Ein motivierender und kognitiv aktivierender Unterricht wirkt Unterrichtsstörungen, damit einem Eingreifen seitens der Lehrkraft entgegen.

(3) Klassenführung wird also, was den Stellenwert im Unterricht betrifft, ähnlich wie bei Helmke verortet. Die Botschaft ist klar: „Klassenmanagement hat immer eine **Stützfunktion für Lernen**" (S. 28).

Unter Klassenmanagement verstehen die Autoren das „Herstellen und Aufrechterhalten sozialer Ordnung. Ordnung bedeutet, dass die Schülerinnen und Schüler dem von der Lehrkraft definierten Handlungsprogramm folgen" (S. 52). Um diese soziale Ordnung, die, wie die Autoren näher ausführen, stets kontextspezifisch und fragil ist und mit der Klasse aushandelbar sein muss, zu gewährleisten, beziehen sie Klassenmanagement auf drei grundlegende Anforderungsbereiche (S. 52):

(1) **Einführung von Regeln und Einübung von Verhalten**
- Einführung von allgemeinen Normen, Schul- und Klassenregeln
- Gezielter Aufbau und Modifikation von Verhalten
- Einübung von Interaktionsskripten (Prozeduren und Rituale)
- Einrichtung einer Lernumgebung

(2) **Steuerung des Unterrichtsflusses**
- Aktivierung von eingeübten Interaktionsskripten
- Steuerung der Aufmerksamkeit durch Signale
- Steuerung des Verhaltens durch Lob und Zurechtweisungen

(3) **Bearbeitung von Konflikten in der Schulklasse**
- Metakommunikation im Unterricht
- Konfliktgespräch außerhalb des Unterrichts
- Überweisung der Schülerin/des Schülers an andere Professionelle

Während bei Helmke der Akzent beim Umgang mit Störungen auf der Kontrolle liegt, fäll bei Ophardt und Thiel auf, dass sie sich genauer mit der Bearbeitung von Konflikten in der Schulklasse auseinandersetzen. Auch beschäftigen sie sich intensiver mit der Steuerung des Unterrichtsflusses, Helmke fasst dies unter dem Aspekt der intensiven Zeitnutzung zusammen.

1.4 Kiel, Frey und Weiß (2013)

Eine sehr weite, doch klar auf den Fokus der Klassenführung bezogene Definition geben Kiel, Frey und Weiß (2013). Die Autoren lösen sich vom eher engen, sich am Behaviorismus orientierten Begriff von Classroom Management und nehmen als Schulpädagogen eine didaktische Dimension mit in den Blick ihrer Überlegungen.

> „Klassenführung steht für eine Interaktion im institutionalisierten Rahmen einer Schulklasse, die durch ein hohes Maß an Unsicherheit und Komplexität geprägt ist. Klassenführung will Unsicherheit und Komplexität strukturieren und reduzieren, um einerseits Lernarbeit zu ermöglichen und andererseits einen Rahmen für die Entfaltung und den Schutz eines Einzelnen zu etablieren. Beides, das Ermöglichen von Lernarbeit und die Etablierung eines geschützten Rahmens, geschieht wesentlich dadurch, dass Störungen durch präventive oder interventive Maßnahmen unterbunden werden.
>
> Beides, die Entwicklung eines geschützten Rahmens und die Ermöglichung von Lernarbeit, wird
> - aktiviert,
> - angeleitet,
> - begleitet durch Beratung,

- unterstützt (durch Zielsetzung, Diagnostik, angemessene Interventionen; durch die Bereitstellung oder das Kreieren von Ressourcen),
- zur Verpflichtung für die Schülerinnen und Schüler gemacht und
- verpflichtend durch Lehrpersonen geplant, durchgeführt und evaluiert …" (S. 16).

Aufgrund einer gründlichen Reflexion des Autorenteams, was Lehrerhandeln und Klassenführung (s. 1.6.1) bedeuten, konzentrieren sich die Autoren in ihrem Trainingsbuch auf folgende fünf Dimensionen des Klassenführungsverhaltens, die sie so skizzieren:

- Präsenz: Es geht um das aktive, situationale Regulieren durch Lehrkräfte.
- Aktivierung
- Unterrichtsfluss: Beide Dimensionen fokussieren auf das proaktive präventive Handeln von Lehrkräften, um Störungen zu vermeiden.
- Empathie: Dem Beziehungsaspekt im Klassenführungsverhalten wird ein besonderer Raum eingeräumt.
- Regeln: Diese Dimension ist wesentlicher Garant für das Herstellen von Verbindlichkeit. Regeln können sowohl proaktiv gesetzt werden, um Störungen zu vermeiden, als auch reaktiv auf Störungsverhalten erfolgen.

Bei der Aktivierung beschäftigen sich die Autoren als Schulpädagogen mit dem gesamten Instrumentarium, das die Allgemeine Didaktik über Jahrzehnte herausgearbeitet hat, um Unterricht in Gang zu bringen und dabei die erzeugte Spannung aufrechtzuerhalten (vgl. Kap. 5).
Empathie als zentraler Beziehungsaspekt wird bei der Diskussion um Klassenführung neu aufgenommen. Für einen Schulpädagogen gehören Unterrichten und Erziehen zusammen, nicht schöner könnte es der Herbartsche Begriff des Erziehenden Unterrichts ausdrücken. Johann Friedrich Herbart (1776-1841), der Urvater der deutschen Pädagogik, formulierte dies so: „Und ich gestehe gleich hier, keinen Begriff zu haben von Erziehung ohne Unterricht; so wie ich rückwärts in dieser Schrift wenigstens keinen Unterricht anerkenne, der nicht erzieht" (Herbart 1806/1957).

1.5 Mayr (2009)

Im deutschsprachigen Raum hervorzuheben sind die die seit Mitte der Achtzigerjahre begonnenen und bis heute andauernden umfangreichen Studien um die österreichische Forschergruppe Eder, Fartacek und Mayr. „Ziel des Forschungsprojekts war es, Grundlagenwissen und Materialien für die Förderung der Klassenführungs-Kompetenz angehender und im Dienst stehender Lehrer/innen bereit zu stellen" (Mayr 2008, S. 321).

Mayr (2009), der im deutschsprachigen Raum wohl die längste Forschungstradition zur Klassenführung aufweisen kann, versteht Unterrichtsgestaltung als einen Aspekt von Klassenführung. „So gesehen kann man die Unterrichtsgestaltung als eine von mehreren Dimensionen der Klassenführung ... betrachten“ (Mayr 2009, S. 34).

Linzer Diagnosebogen zur Klassenführung (LDK: Mayr, Eder & Fartacek 2002)
Aufgrund des vielfältig vorliegenden Datenmaterials wurde der LDK konzipiert. Der LDK existiert in mehreren Versionen: für unterschiedliche Schularten und Schulstufen, für Lehrer bzw. für die Vorgabe an Schüler und für die Selbsteinschätzung durch die Lehrperson.
Er besteht aus 21 pädagogischen Handlungsstrategien. Diese haben sich in empirischen Studien als bedeutsam dafür herausgestellt, wie intensiv die Schüler im Unterricht mitarbeiten und in welchem Ausmaß Unterrichtstörungen auftreten. Je sieben Strategien lassen sich zu einer (faktorenanalytisch abgesicherten) Dimension pädagogischen Handelns zusammenfassen.
Hier die drei Dimensionen mit den entsprechenden Strategien:

1. Unterrichtsgestaltung	2. Förderung der Beziehungen	3. Kontrolle des Verhaltens
• bedeutsame Lernziele	• Wertschätzung	• klare Verhaltenserwartungen
• strukturierter Unterricht	• Verstehen	• Beschäftigung der Schüler
• klare Arbeitsanweisungen	• Authentizität	• Kontrolle der Lernarbeit
• interessanter Unterricht	• Humor	• Allgegenwärtigkeit
• Fachkompetenz	• Kommunikation	• Verstärkung erwünschten Verhaltens
• positive Erwartungshaltung	• Schülermitbestimmung	• rasches Eingreifen bei Störungen
• Verlässlichkeit	• Gemeinschaftsförderung	• Bestrafung unerwünschten Verhaltens

Die umfangreichen Studien der Forschergruppe lassen sich so zusammenfassen: Es gibt Handlungsmuster, die erfolgversprechender sind als andere. Es zeigten sich weniger Störungen im Unterricht, höhere Mitarbeit der Schüler und auch positivere Einstellungen zu Lehrern, die auf eine der drei folgenden Strategien setzten: anregenden, kognitiv aktivierenden Fachunterricht, Förderung der sozialen Beziehungen im Klassenzimmer und wirkungsvolle Strategien der Verhaltenskontrolle. Ein Regelsystem im Klassenzimmer erweist sich als Teil wirkungsvoller Strategien, allerdings mit der Einschränkung, dass nicht nur Ruhe-und-Ordnung-Regeln eingeführt und durchgesetzt werden, sondern auch Regeln für die soziale Interaktion. Dabei ist die Gestaltung der Beziehungen eine wichtige Einflussgröße.
Das Verhalten der erfolgreichen Lehrer variiert innerhalb einer je nach Handlungsstrategie unterschiedlich großen Bandbreite. Mayr (2009) vertritt das Konzept der Stimmigkeit, wie es Schulz von Thun in seinen Publikationen anschaulich darstellt (vgl. 1986, 1998a, 1998b). Dies bedeutet, dass ein Lehrer seine ethischen und pädagogischen Überzeugungen ernst nimmt, sie auch hinterfragt und dass er

situationsspezifisch zu handeln vermag, dass beispielsweise eine schwierige Klasse oft direktiver geführt werden muss als eine „einfachere“.
Dieses Konzept darf als Ermutigung zur Entwicklung eines sehr individuellen Führungsverhaltens aufgefasst werden, nicht aber als Freibrief für Beliebigkeit.
Mayrs Resümee (2009): „Es gibt kein Idealbild der Klassenführung, das es zu erreichen gilt – wir haben es vielmehr mit einem breiten Spektrum an Handlungsoptionen zu tun“ (S. 34).
Diese Erkenntnisse decken sich mit der Folgerung von Weinert und Helmke (1997), die sie in ihren Forschungen über erfolgreichen Unterricht gezogen haben: „Es scheint eine ganze Reihe sehr unterschiedlicher Wege zum gleichen Ziel zu geben. Dies zeigt, wie problematisch es wäre, in präskriptiver Absicht von ‚Schlüsselmerkmalen‘ oder notwendigen Bedingungen eines erfolgreichen Unterrichts zu sprechen“ (S. 251).

1.6 das Alles bedeutet

Man könnte es sich nun einfach machen und die beiden Begriffe der Klassenführung und Unterrichtsgestaltung synonym behandeln. Eigentlich wäre das auch nicht verkehrt, irgendwie gehört alles zusammen. Doch in vorliegendem Buch soll es um den „Markenkern“ von Klassenführung gehen. Dies setzt eine klare Abgrenzung von Unterrichtsgestaltung voraus.

1.6.1 Begriff der Führung

Ein Unterscheidungsmerkmal sollte in jedem Fall der Begriff der Führung sein. Zu einer guten Unterrichtsgestaltung gehört beispielsweise eine Unterrichtsvorbereitung, die zweifelsfrei wohl nicht unter Führung zu verorten ist.
Petersen (1937) unterscheidet zwischen einer äußeren und inneren Führung des Unterrichts. Unter äußerer Führung versteht er bereits die dem Unterricht vorausgehende Unterrichtsvorbereitung. Lehrer führen ihre Klasse schon durch die Zielvorgabe der Stunde, durch die Wahl des Themas, der Medien und der gewählten Artikulation. Dem ist zuzustimmen, doch würde diese im Sinne Petersens äußere Führung des Unterrichts nach der hier vorgenommenen Abgrenzung wohl besser zur Unterrichtsgestaltung passen.

Für Ulich (1974) ist das Führungsproblem in der Schulklasse äußerst komplex, „denn hier sind (1) institutionelle Anforderungen und (2) soziale Bedürfnisse der Gruppenmitglieder auf oft unentwirrbare Weise miteinander verquickt“ (S. 81).

Ad (1): Hier geht es um die Funktion der „Lokomotion“. Damit ist die Steuerung der Verhaltensweisen in der Gruppe in Richtung Zielerreichung gemeint, es geht um die Führungsaufgabe als Rollenverhalten des Lehrers in den gesellschaftlich festgelegten Formen der pädagogischen Interaktion. Ganz konkret geht es um die Führung von Lernprozessen, die Führungsaufgabe des Lehrers besteht in der Motivation der Lernprozesse, seiner Hilfe beim Lernvollzug und bei der Beurteilung des Lernfortschritts.

Ad (2): Hier geht es um die Funktion der „Kohäsion“, es geht um den Zusammenhalt und die Befriedigung der sozial-emotionalen Bedürfnisse der Gruppenmitglieder. Der Lehrer muss auf die informelle Struktur der Schulklasse eingehen.

Beide Funktionen müssen vom Lehrer zusammengebracht werden. Aus der Diskrepanz zwischen den Leistungsanforderungen (vgl. 1) und den Bedürfnissen (vgl. 2) entsteht das Problem der Integration, der Aufrechterhaltung der Ordnung.

Kiel u.a. (2013, S. 21) verstehen u.a. folgende Tätigkeiten unter Führungsaufgaben von Lehrkräften, sie

- ergreifen Initiativen
- planen, organisieren, koordinieren Aktivitäten
- kontrollieren Ausführungen
- treffen und begründen Entscheidungen
- berücksichtigen systemisch nicht nur die Interessen von Individuen, sondern auch von anderen Klassenmitgliedern, der Gesamtklasse
- stellen Informationen bereit
- ermöglichen Transparenz über Information, Kommunikation und Leistungserwartungen
- beraten sachverständig
- geben konstruktiv Feedback
- wirken sozial integrierend
- schaffen Möglichkeiten für Autonomie und Beteiligung
- wertschätzen individuelle und Gruppenleistungen
- agieren und reagieren situationell im Sinne des Erfolgs einer Lerngruppe
- vertreten die Gruppe nach außen
- zeigen Interesse am persönlichen Wachstum ihrer Schülerinnen und Schüler.

Ophardt und Thiel (2013) definieren die Rolle der Lehrkraft als Führungsrolle: „Führer haben in Gruppen die Aufgabe, den Gruppenprozess im Sinne der Aufgabenerfüllung zu steuern, für ein positives Gruppenklima zu sorgen und die Gruppe nach außen zu repräsentieren“ (S. 22/23).

Die kurze Skizzierung des Begriffs der Führung zeigt, dass bei allen drei Autoren die Begriffe von Lokomotion und Kohäsion zentral sind. Treffend drückt dies John Dewey aus, wenn er vom Lehrer als dem „intellectual leader“ spricht: „In reality the teacher is the intellectual leader of a social group“ (Dewey 1933, S. 273). Der Lehrer ist der geistige Führer, weil er über professionelles pädagogisches Wissen verfügt.

1.6.2 Abgrenzung zu Einzelunterricht

Auf ein zweites Merkmal verweist Dollase (1995, 2012), indem er Klassenführung dezidiert nicht auf Einzelunterricht überträgt.

> „Classroom Management umfasst die Verhaltensweisen von Lehrern und Schülern, die im Einzelunterricht nicht nötig sind, sondern erst ab zwei Schülern für den erfolgreichen (…) Unterricht bzw. Lernprozess erforderlich werden" (2012, S. 6).

Nach Dollase ist somit ein trennscharfes Kriterium, nur solche Variablen zu berücksichtigen, die nicht im Einzelunterricht wichtig sind. Hierunter fällt bspw. Binnendifferenzierung, die erst ab zwei Schülern nötig ist, jedoch nicht, Schüler zu motivieren. Mit dieser Prämisse kann Dollase seinen zentralen Begriff der *„Komplexitätsreduktion"* einführen und begründen:

> „Klassenführung ist die Art und Weise des komplexitätsreduzierenden Umgangs mit einer Schulklasse, sie ist die Kompensation der Nachteile, die sich ergeben, wenn man mit mehreren Menschen gleichzeitig lernen soll" (2012, S. 7). Gruppenführung ist die Kompensation des Nachteils der großen Zahl, „es ist die Herstellung von Mitarbeit und Vollbeschäftigung im Unterricht" (S. 14).

Unter Klassenführung fasst er folgende Bestandteile zusammen:

> „Klassenführung geschieht immer – es gibt keine Pause" (S. 7). Sie „muss hauptsächlich mit den ‚persönlichen Wirkungsmitteln' bewerkstelligt werden: mit verbaler und nonverbaler Kommunikation, mit den Sinnen, mit der Persönlichkeit und dem Charakter, den Beziehungen zu den Schülern und mit Aufmerksamkeit. Und mit Organisation, die vorbereitet und überlegt sein will. Komplexitätsreduktion heißt auch: ‚jedem Schüler jeder Schülerin gerecht werden'" (S. 7).

1.6.3 Beziehungsgeflecht

Wenn man den bisherigen Gedankengang zusammenbringt, so folgt zur Begrifflichkeit von Klassenführung:

Der Fokus lag – urspr. in der behavioristischen Tradition beheimatet – auf der Verhaltenskontrolle von Unterricht. Es ging um eine wissenschaftliche und handlungspraktische Bearbeitung von Unterrichtsstörungen. Hier war das verhaltensorientierte Repertoire der Lehrkraft gefragt, ganz wie es der Begriff der Unterrichts- oder auch Verhaltensstörung suggeriert: Auf Schülerseite liegt eine Störung vor, die es durch Lehrpersonen abzustellen bzw. zu regeln gilt.

Im Folgenden richtete sich der Fokus weg von der Intervention hin zur Prävention/Vermeidung/Vorbeugung von Störungen. Damit ergibt sich automatisch eine Ausweitung des Aufgabenfeldes von Klassenführung.

Eine weitere Ausweitung ergab sich zwangsläufig dadurch, dass auf Schülerseite nicht nur geschaut wurde, in welchem Ausmaß Unterrichtstörungen auftreten, sondern auch wie intensiv die Schüler im Unterricht mitarbeiten und vor allem wie erfolgreich sie abschneiden. Seit der Scholastik Studie (vgl. 1.2) wird in Deutschland der Begriff mit der Unterrichtsqualitätsforschung zusammengedacht.

Es lässt sich festhalten, dass eine effiziente Klassenführung sowohl für Lehrende wie Lernende relevant ist, indem sie zum Wohlbefinden aller und zu guten Leistungen der Lernenden sowie zu geringerer Belastung der Lehrpersonen durch Unterrichtsstörungen beiträgt.

Wenn man die Fülle an Definitionsversuchen und Modellen sichtet, lässt sich folgendes Beziehungsgeflecht ausmachen (Abb. 3). Im Vergleich zur Analyse bei Haag und Streber (2012), bei dem es um die drei Klassenführung konstituierenden Aspekte der Kommunikation, Organisation und Regulation ging, wird das Zusammenhangsmuster um den Aspekt der Präsenz erweitert. Dies ist der Analyse von Kiel u.a. (2013) geschuldet, die den Begriff expressis verbis in der Diskussion um Klassenführung eingeführt haben (vgl. 3.1).
Dieses Beziehungsgeflecht wird nun im weiteren Verlauf der Abhandlung „abgearbeitet“:
Es geht darum aufzuzeigen, was die einzelnen Begrifflichkeiten bedeuten und wie sie als Handlungsanweisungen im Kontext von Klassenführung umgesetzt werden können.

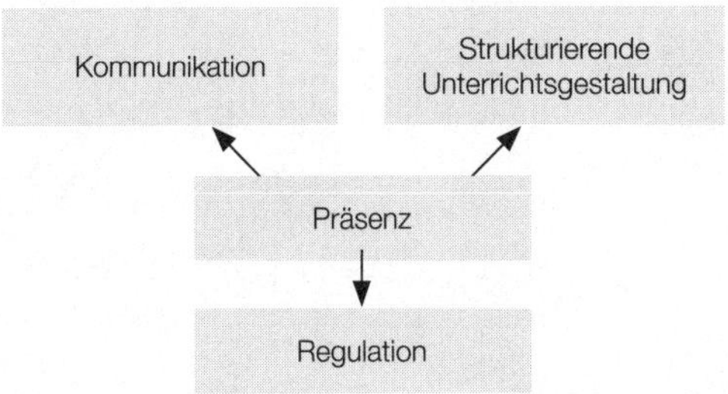

Abb. 3: Beziehungsgeflecht von Klassenführung

Ziel des gewählten Zugangs ist es nicht, umschriebene Handlungsanweisungen praxistauglich umsetzen zu können. Vorliegende Abhandlung ist keine Praxisanleitung für gelingende Klassenführung. Es geht darum, ein Repertoire an Handlungsmöglichkeiten aufzuzeigen, die theoretisch fundiert sind. Bei der Umsetzung kommt es immer auf das flexible professionelle Können in der entsprechenden Situation an. Das Aufzeigen möglicher Handlungstechniken und auf den Einzelfall und den jeweiligen Kontext abgestimmte Variationen von Handlungsweisen sind kein Widerspruch. Denn eine Lehrkraft weiß, dass sie bspw. nur eine eingeschränkte Disziplinarmacht hat. Das gesamte Umfeld Schule ist zu betrachten, es wäre einfältig, wenn eine Lehrkraft glaubte, mit ihren Instrumentarien das gesamte disziplinarische System anzielen zu können (vgl. Walter & Walter 2014, S. 65ff.).

2 Klassenführung als Ressource für die Gesundheit aller – auch der Lehrpersonen

Begründungen für Klassenführung sind bereits angeklungen. Hier wird auf den Aspekt der Klassenführung als eine Ressource von Lehrpersonen eingegangen. Selbstverständlich ist Klassenführung auch eine Ressource für die Gesundheit aller am Unterricht Beteiligten wie Schüler oder indirekt auch der Eltern. Kiel u.a. (2013) betonen dezidiert diesen Aspekt der Gesundheit für alle Beteiligten.

2.1 Probleme im Klassenzimmer: Stress/Burnout

Die Forschungen zu Lehrergesundheit, zu Burnout und zu Belastungen im Berufsalltag zeigen, dass Probleme der Klassenführung auf der Liste der für Burnout und Frühpensionierung genannten Gründe ganz oben stehen. Aufgrund mehrerer Studien über Jahrzehnte hinweg ist unangemessenes Schülerverhalten ein Hauptgrund für Burnout:

Aus der Zusammenstellung von Farber (1991) geht hervor, dass im Klassenzimmer Schülergewalt, fehlende Klassendisziplin, Teilnahmslosigkeit der Schüler, im Elternhaus Desinteresse und Unverständnis signifikante Gründe für Lehrer Burnout sind.

Die wohl bekannteste Studie, die Schülerfehlverhalten und Burnout modelliert, ist die von Brouwers und Tomic (1999) (vgl. Abb. 4). Ein zentrales Ergebnis dieser Studie ist, dass störendes Unterrichtsverhalten sich direkt auf die Persönlichkeitsentwicklung der Lehrperson auswirkt („Self Efficacy") und indirekt auf emotionale Erschöpfung. Als Datenbasis dienten Selbstangaben von 611 Lehrkräften (Durchschnittsalter 46 Jahre, im Durchschnitt 21 Jahre Lehrerfahrung (SD = 9.41) der Sekundarstufe). In der Modellierung (vgl. Abb. 4) wird deutlich,

1. dass Schülerfehlverhalten sich negativ auf die Selbstwirksamkeit auswirkt. Diese bezieht sich nach Banduras Theorie (1997) auf die selbstwahrgenommenen Kompetenzen im Hinblick auf die Bewältigung einer Aufgabe (vgl. 5.4.1).
2. dass Selbstwirksamkeit die Wirkung des Schülerfehlverhaltens auf das zentrale Konstrukt von Burnout mediiert. Aufgrund der Datenlage fassen die Autoren die beiden Dimensionen des Burnout-Syndroms nach Maslach (1982) Depersonalisation und emotionale Erschöpfung in einem Konstrukt zusammen („Emotional Exhaustion": „the core of burnout", S. 19).

3. dass „the core of burnout" sich negativ auf die dritte Dimension nach Maslach, auf die Leistungsfähigkeit (hier: „Negative Attitudes", in der Abb. als positiver Wert aufgetragen) auswirkt.
4. dass sich diese dritte Dimension einerseits direkt auf die Selbstwirksamkeit auswirkt und andererseits negativ auf das Schülerfehlverhalten.

Damit bewirken sich Schülerfehlverhalten und Burnout gegenseitig.

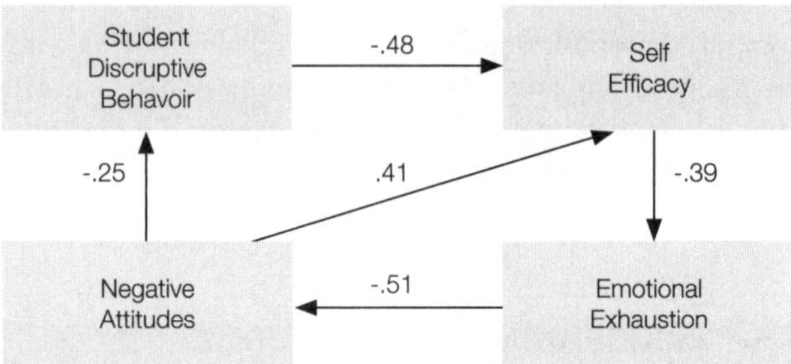

Abb. 4: Zusammenhänge zwischen Schülerfehlverhalten und Burnout (Brouwers & Tomic 1999, S. 26)

Ghanizadeh und Jahedizadeh (2015) analysierten Artikel im Zeitraum von 1986 bis 2014 zu Burnout bei englischen Lehrkräften. Dabei suchten sie sowohl nach Gründen für als auch nach Konsequenzen von Burnout und ordneten sie den drei Dimensionen nach Maslach zu.

- Emotionale Erschöpfung
  Neben Überlastung und mangelnder Autonomie am Arbeitsplatz Schule wurde am häufigsten Schülerfehlverhalten genannt: „As these studies show, students' disruptive behavior is the most important factor in predicting emotional exhaustion among teachers" (S. 27).
- Depersonalisation
  Hier werden schulische Rahmenbedingungen genannt wie zu wenige gemeinsame Entscheidungsfelder, Rollenkonflikte und mangelndes Gemeinschaftsgefühl.
- Reduzierte Leistungsfähigkeit
  Neben zu geringem Gemeinschaftsgefühl und mangelnder Lehreffektivität steht hier wiederum das Schülerfehlverhalten ganz oben bei den Gründen.

Als bedeutendste Konsequenz von Burnout fanden die Autoren mangelnde Selbstwirksamkeit, die auch neben den soeben erwähnten wiederum eine Hauptursache für Burnout ist.
„Self-efficacy is one of the most predictable factors in both affecting and being effected by teachers' burnout, so the relationship is reciprocal" (S. 36) – eine Bestätigung der Studie von von Brouwers und Tomic (1999).
Als Konsequenzen auf der individuellen Ebene sehen die Autoren in ihrer Analyse:

- Souveräner Umgang mit stressigen Situationen
- Arbeit an den Lehrereinstellungen und Wahrnehmungen
- Verbesserung der Führungsqualitäten und Konfliktlösungen

Insgesamt geht es darum, neben organisatorischen Verbesserungen vor allem die Führungsqualitäten und die Selbstwirksamkeit zu stärken.
So erwähnt Byrne (1999) explizit als zentrale Verursachungsvariable für Burnout das Klassenklima. Die Aussage von Lewis (1999) mag als repräsentativ gelten: „Overall, classroom discipline is a well-documented source of teacher stress“ (S. 157).

2.2 Erklärungen

Hier sollen drei Argumentationslinien aufgezeigt werden, die die Beziehung zwischen Lehrergesundheit und ineffektiver Klassenführung aufklären können.

1. Bei der Klassenführung kann ein regelrechter Aufschaukelungsprozess in Gang gesetzt werden, wie er Lehrern aus dem Alltag bekannt sein dürfte (vgl. Stähling 2000):
   - ineffiziente Klassenführung führt zu
   - Sinken der Aufmerksamkeitsrate der Klasse führt zu
   - Erhöhung des Stresses des Lehrers führt zu
   - Sinken bzw. Inkonsequenzen der Handlungsregulation.
2. Es gibt signifikante Beziehungen zwischen Burnout und der erlebten Diskrepanz, die sich aus idealistischen Erwartungen über die Vorstellungen eines guten Lehrers und dem z.T. ernüchternden Berufsalltag ergibt. Zunächst entwickeln die Lehrer negative Gefühle gegenüber ihren Schülern und dann gegen ihren Beruf, indem sie sich eingestehen, dass sie gegen ihre urspr. Absicht, Lehrer zu werden, nun ineffektiv und wenig förderlich für ihre Schüler sind (Byrne 1999). Noch dramatischer nimmt diese Entwicklung ihren Lauf, wenn Lehrer in ihren Klassen keine Ordnung herstellen können, aber gleichzeitig meinen, ihre Kollegen hätten überhaupt kein Problem, mit ihren Klassen zurechtzukommen (Brouwers & Tomic 2000).
3. Friedman (1999) legt eine Studie vor, in der er die Lehrererwartungen in einem bipolaren Modell abbilden kann:
   Der „Geben“-Pol besteht aus drei Dimensionen
   - Freundschaft und Hilfeleistung (z.B.: Der Lehrer gibt den Schülern das Gefühl, ihnen stets zu helfen.)
   - Empathie und Fürsorge (z.B.: Der Lehrer ist aufgeschlossen für persönliche und soziale Probleme der Schüler.)
   - Individualisierendes Unterrichten (z.B.: Der Lehrer möchte mit seinem Unterricht jeden einzelnen Schüler erreichen.)

Der „Empfänger“-Pol besteht aus folgenden zwei Dimensionen

- Wichtigkeit und Einfluss (z.B.: Der Lehrer wünscht im Schulalltag eine anerkannte Person zu sein.)
- Respekt und Anerkennung (z.B.: Der Lehrer möchte von seinen Schülern als guter Lehrer akzeptiert sein.)

Die Nähe zu den Antinomien des Lehrerhandelns, wie sie Helsper (1996) herausgearbeitet hat, wird deutlich. Es geht um ein Korsett von gegensätzlichen Polen, in das Lehrer eingezwängt sind und denen sie nicht gleichzeitig entsprechen können, d.h. widersprüchlichen Handlungserwartungen, die jeweils für sich ihre Berechtigung haben, aber aufgrund ihrer prinzipiellen Gegensätzlichkeit nicht gleichzeitig zur Anwendung kommen können. Rothland und Terhart (2007, S. 20) zeigen in einer Übersicht solche unterschiedlichen Erwartungen, Lehrerrollen und Aufgaben auf.

Enttäuschungen sind vorprogrammiert! „Aushalten können“ scheint eine zentrale Bedingung von Klassenführung zu sein (vgl. Haag & Streber 2012).
Grün und Dufner (2001) analysieren aus christlicher Sicht den Begriff „aushalten“: Er bedeutet: Durchhalten, standfest sein, dulden, erleiden, ertragen, schlucken, einstecken, hinnehmen, verkraften. Altgriechisch heißt aushalten „hypomanein“, d.h. eigentlich darunterbleiben, ausharren. Seit dem Neuen Testament ist nach Grün und Dufner dieser Begriff zu passiv gesehen worden, als ob man alles einfach hinnehmen müsse, was ist. Im Kolosserbrief heißt es: „Er gebe euch in der Macht seiner Herrlichkeit viel Kraft, damit ihr in allem viel Geduld, Ausdauer habt“. Doch Geduld ist hier kein passives Erleben, sondern aktives Aushalten und Durchhalten, d.h. beharrliche Widerstandskraft.

2.3 Lösungsofferte

Das Thema „aushalten“ wird in der Literatur vor allem behandelt unter „Lehrergesundheit“ mit den Stichworten „Stress, Ängsten, Belastungen, Burnout“ und dann in größerem Kontext in der „Lehrerprofessionalisierungsdebatte“. Die Erkenntnisse aus der Potsdamer Lehrerstudie zu Belastungssituationen von Lehrerinnen und Lehrern liegen gut dokumentiert vor (vgl. Schaarschmidt 2002, 2004). Es geht in diesem Kontext um den spezifischen Begriff der Klassenführung, inwieweit er eine Ressource für die Lehrergesundheit ist. Aufgrund Friedmans Ausführungen kann dies gut aufgezeigt werden:
Friedman (1999) unterscheidet vier Ebenen, wie Schulen stressfreier gestaltet werden können:

- **Ebene 1:** Lehrer-Schüler-Beziehung
  Auf dieser ersten Ebene, der individuellen Ebene, wird besonders die Klassenführung hervorgehoben: „Teachers must be equipped with skills to help them in their classroom leadership role“ (S. 175).
- **Ebene 2:** Schulklima und Schulkultur
  Auf dieser Ebene ist besonders die Schulleitung und das gesamte Lehrerkollegium gefragt. Mit folgendem Zitat soll der Systemcharakter in der Schule hervorgehoben werden: „The teacher should not feel anxious about a noisy classroom“ (S. 175). Dies gilt auch für das vorliegende Buch. Die hier vorgenommene Fokussierung auf den Einzellehrer bedeutet nicht, dass es sich auch bei der Führung einer Klasse durch eine Lehrkraft nicht um eine Herausforderung aller in der Klasse beteiligten Lehrkräfte handelt.
- **Ebene 3:** Elternengagement
  Hier geht es darum, die Eltern als aktive Partner der Lehrkräfte zu gewinnen. Friedman drückt es u.a. so aus: „…by increasing their involvement in solving problems linked to class discipline“ (S. 175).
- **Ebene 4:** Managementqualitäten der Schulleitung
  Die Schulleitung ist die zentrale Instanz „in achieving better cooperation among teachers“ (S. 175).

3 Präsenz einer Lehrkraft

Wahl (1991) umschreibt das alltägliche Lehrerhandeln sehr pointiert mit „Handeln unter Druck". Es ist eine im Klassenzimmer ganz alltägliche Erscheinung, „die auf den Wechselwirkungen zwischen Komplexität, Vernetztheit, partieller Intransparenz und Polytelie einerseits, sowie Eigendynamik, Erwartungs- und Bewertungsdruck andererseits beruht" (S. 11).

Komplexität: Angesichts der hohen Anzahl verschiedenartiger Aspekte wie Raumgröße, Sitzordnung, verfügbare Zeit, Lerninhalte, didaktische Gestaltung, Vorwissen und persönliche Eigenschaften der Lernenden und Lehrenden ist die Komplexität des Geschehens als sehr hoch anzusehen.

Vernetztheit: Dieses Geschehen im Klassenzimmer ist vernetzt und gleichzeitig intransparent. Die Veränderung eines Aspekts zieht die Veränderung anderer Aspekte nach sich.

Intransparenz: Doch was bspw. die Interaktionspartner denken, fühlen, was Schwierigkeiten bereitet, weiß der Lehrer nicht so genau.

Polytelie: Der Lehrer muss sich auch um das Erreichen vieler Ziele kümmern, er will inhaltlich vorankommen, gleichzeitig niemanden verlieren, dabei die Uhr nicht aus dem Auge verlieren, er will für ein gutes Lernklima sorgen, dabei muss er Leistung abverlangen usw.

Eigendynamik: Die Interaktionspartner handeln autonom auf eine Weise, die nur zum Teil vom Lehrer beeinflussbar ist.

Erwartungsdruck: Die Schüler erwarten, dass sich der Lehrer mit einem aktuellen Geschehen wie Störung, Provokation auseinandersetzt. Sie achten auf dessen Reaktionen. In relativ kurzer Zeit, die ihm die Schüler zubilligen, muss er zu einer Entscheidung kommen.

Bewertungsdruck: Auf ein solches Geschehen machen die Schüler sich ihren eigenen Reim, sie bewerten, ob der Lehrer seine Autorität behält oder die Kontrolle zu verlieren droht.

Mit dieser von Wahl gewählten griffigen Formulierung „Handeln unter Druck" lässt sich Doyles Charakterisierung von Unterricht zusammenfassen. Doyle (1986) analysiert ebenfalls Unterricht als äußerst komplexes Geschehen und beschreibt dieses mit Hilfe von folgenden sechs Dimensionen. Unterricht in der Klasse ist geprägt durch:

- Multidimensionality – große Anzahl an Ereignissen, deren Vernetzung und multiple Konsequenzen
- Immediacy – Ereignisse geschehen schnell, folgen schnell aufeinander
- Unpredictability – Ereignisse nehmen unerwartete unvorhersehbare Wendungen, werden gemeinsam produziert und sind daher kaum antizipierbar
- History – frühere Erfahrungen in der Klasse formen nachfolgende Ereignisse
- Simultanity – verschiedene Ereignisse geschehen zeitgleich
- Publicness – Klassenräume sind öffentliche Plätze, und Ereignisse werden häufig von einem Großteil der Schüler miterlebt

Handeln unter Druck bedeutet ein doppeltes Dilemma: Der Lehrer kann die Situation, in der er zu entscheiden hat, einfach nicht überschauen, und die für eine Entscheidungsfindung verfügbare Zeit ist zu knapp bemessen.
Doch eines sollte klar sein: Unterrichtliches Handeln, in den Worten Wahls also „Handeln unter Druck", bedarf von einem Lehrer uneingeschränkte Präsenz. Diese Präsenz ist nicht als eine isolierte Maßnahme zu sehen, sondern Präsenz ist eine Haltung. Ohne uneingeschränkte Präsenz scheint Klassenführung nicht möglich, sie ist eine Voraussetzung für Klassenführung – eine conditio sine qua non!

3.1 Bezugnahme auf andere Autoren

Helmke und Schrader (1997) sprechen vom Begriff der Kontrolle, meinen damit allerdings mehr als allein eine Verhaltenskontrolle bzw. Regulation. Unter dem Begriff der Kontrolle subsumieren sie auch, dass der Lehrer in der Klasse alles mitbekommt und das gegenüber der Klasse auch signalisiert.
Mayr u.a. (2002) führen unter ihrer dritten Dimension von Klassenführung die Strategie der Allgegenwärtigkeit an und operationalisieren diese mit dem Item: Die Lehrkraft bemerkt alles, was in der Klasse vor sich geht.
Kiel u.a. (2013) benennen explizit einen ihrer fünf Trainingsbausteine „Präsenz". Dabei verweisen sie auf Kounins Begriff der „withitness" (vgl. 3.2.1) und meinen damit ein aktives, situationales Regulieren. Innovativ bei der Diskussion um Klassenführung, und deshalb soll es auch erwähnt werden, ist, dass die Autoren Überlegungen anstellen, wie denn Präsenz im Klassenzimmer aussehen kann, ohne dass sie von den Schülern als bedrohlich empfunden wird. Dabei beziehen sie sich auf Hall (1976), der eine „Dynamik des Raumes" (S. 118ff.) entwickelte. Er unterscheidet ein Schema von vier Distanzen. Hinter diesem Schema liegt ein Verhalten, „das wir Territorium nennen" und das expressiv „zur Schau gestellt" wird (S. 131).

Die vier Distanzen werden von Hall wie folgt systematisiert:

1 a: „die intime Distanz – nahe Phase“: körpereigen und hautnah; Berührungen bedürfen der Übereinkunft und Einwilligung;

1 b: „die intime Distanz – weite Phase“: ca. 15-45 cm; ein Eindringen in diesen körpereigenen Raum bedarf der – kulturspezischen – Verständigung;

2 a: „die persönliche Distanz – nahe Phase“: ca. 45-75 cm; andere Menschen sind quasi noch in Griffweite; so erlauben nur besondere Situationen – z.B. im Kino – ein Eindringen in diesen Distanzbereich;

2 b: „die persönliche Distanz – weite Phase“: ca. 75-120 cm; hier werden die anderen bereits „auf Armlänge“ ferngehalten; „die Grenze der körperlichen Herrschaft im eigentlichen Sinn“ ist erreicht;

3 a: „die soziale Distanz – nahe Phase“: ca. 120-220 cm; dies sei die Entfernung für die Abwicklung unpersönlicher Geschäfte;

3 b: „soziale Distanz – weite Phase“: ca. 220-360 cm; die Distanz signalisiert eine gewollte Formalisierung der interpersonalen Aktivitäten (z.B. Büro des Chefs);

4 a: „öffentliche Distanz – nahe Phase“: ca. 360-750 cm;

4 b: „öffentliche Distanz – weite Phase“: über 750 cm.

Schäfers (2014) weist darauf hin, dass es sozial wie kulturell und epochenspezisch eine bestimmte Variationsbreite gibt, die jedoch nicht beliebig ist: je näher man jemandem auf den Leib/die Haut rückt, desto kritischer und empfindlicher werden die Distanzen gewahrt. So zeigt sich der soziale Status eines Individuums auch im Umfang des Territoriums, das von ihm behauptet wird, und in den Formen der Kontrolle.
Diese Ausführungen sollen zeigen, dass sich ein Lehrer aufgrund seines Status seiner Macht bewusst sein sollte, wenn er bspw. sich einem Schüler nähert und womöglich noch mit seinem Finger auf das Blatt deutet, um einen Fehler zu signalisieren. Auch inwiefern er in die „persönliche Distanz“ nach Hall eindringt, sollte dem Lehrer zumindest bewusst sein.
Wie oben aufgezeigt spricht auch Marzano (2003) mit seinem Begriff „mental set“ die Präsenz an – er meint dabei eine innere Haltung des Lehrers, keine Verfahrensweise – und bezieht sich dabei explizit auf Kounins Begriff „withitnes“. Kounin wird im Folgenden näher skizziert, da er der Autor ist, der stets bemüht wird, wenn es um empirische Evidenz von gelingender Klassenführung geht.

3.2 Präsenz bei Kounin – Was meint er?

In folgender Tabelle sind die Merkmale effektiver Klassenführung nach Kounin aufgetragen und kurz charakterisiert.

Tab. 1: Merkmale effektiver Klassenführung nach Kounin (1976)

1. Allgegenwärtigkeit und Überlappung	Die Lehrkraft ist über das Schülerverhalten informiert und kann sich mehreren gleichzeitig auftretenden Problemen zuwenden.
2. Reibungslosigkeit und Schwung	Die Lehrkraft steuert den Unterrichtsablauf und vermeidet unnötige Unterbrechungen, Leerlauf oder Hektik.
3. Aufrechterhaltung des Gruppen-Fokus: Gruppenmobilisierung, Rechenschaftsprinzip, Beschäftigungsradius	Die Lehrkraft zieht die Gruppenmitglieder für ihre Tätigkeiten zur Verantwortung.
4. Programmierte Überdrußvermeidung • Valenz (Aufforderungscharakter) und intellektuelle Herausforderung • Abwechslung und Herausforderung bei der Stillarbeit	 • Der Lehrkraft gelingt es, alle Schüler für die Unterrichtsinhalte zu begeistern. • Lernaktivitäten in Einzelarbeitsphasen sind methodisch phantasievoll gestaltet und intellektuell herausfordernd.

Auf die ersten drei Dimensionen lässt sich der Begriff der Präsenz in idealer Weise als Oberbegriff anwenden:

- Allgegenwärtigkeit setzt die Präsenz der Lehrkraft voraus bzw. bedeutet Präsenz.
- Überlappung setzt die Präsenz der Lehrkraft voraus.
- Reibungslosigkeit ist ohne die permanente Präsenz der Lehrkraft nicht möglich.
- Schwung ist nur bei einer präsenten Lehrkraft denkbar.
- Aufrechterhaltung des Gruppenfokus verlangt eine präsente Lehrkraft.

3.2.1 Beschreibung der Studie von Kounin

Die Studie „Techniken der Klassenführung“ von Kounin (1970; deutsch 1976) gilt als Klassiker dieser Forschungsrichtung. Da sie die Standardlektüre zu dem Thema Klassenführung ist, soll auch näher auf dieses Werk eingegangen werden. Dabei sollen die ermittelten Verhaltensdimensionen, die sog. „Techniken“ mit Kounins und eigenen Beispielen veranschaulicht werden. Mittlerweile gibt es im Waxmann Verlag einen Reprint (2006). Im Folgenden beziehe ich mich auf die deutsche Ausgabe von 1976.

Zunächst wollte Kounin untersuchen, wie erfolgreiche Lehrer effektiv mit Unterrichtsstörungen umgehen. Als er mit Untersuchungen in verschiedenen Institutionen (High-School, College, Ferienlager) mit verschiedenen Methoden (Experiment, Befragung, Beobachtung) zu keinerlei konsistentem Befund kommen konnte, startete er eine erneute Studie, in der er ausschließlich Videoaufzeichnungen anfertigte, da er diesmal auch „Mängel“, die ein menschlicher Beobachter aufweist (S. 72ff.), ausschalten wollte. Er ließ den Unterricht von 49 ersten und zweiten Klassen jeweils einen Tag lang aufnehmen, jeweils zwei Kameras in den Klassenzimmern wurden hierzu aufgestellt. Ihm war inzwischen klargeworden, dass er ein Verständnis von Lehrer-Schüler-Beziehungen nur mittels Untersuchungen von Lehrerverhalten in reinen *Schul*situationen gewinnen konnte (vgl. S. 146).

Er wollte vor allem herausfinden, ob Zurechtweisungsmethoden Einfluss auf Schülerreaktionen haben und ob sich verschiedene Zurechtweisungsarten (er unterschied die Dimensionen *Klarheit, Verärgerung, Festigkeit, Intensität, Schwerpunkt,* S. 77ff.) in ihrer Wirkung unterscheiden. Die Suche nach einer Art, effektiv zu ermahnen, blieb erfolglos. In den Ergebnissen konnte man keine Zusammenhänge erkennen: die errechneten Korrelationen waren durchwegs nicht signifikant. Es wurde somit klar, dass „keine Zusammenhänge bestehen zwischen Qualitäten der Zurechtweisungsmethoden eines Lehrers und dem Erfolg dieses Lehrers im Umgang mit Fehlverhalten“ (S. 81). Kounins Folgerung lautet, dass „Methoden des Umgangs mit schlechtem Betragen als solche keine signifikanten Determinanten sind dafür, wie gut oder schlecht sich Kinder in der Klasse aufführen“ (S. 82). So kam er zu der Einsicht, dass es sinnvoller ist, Störungen zu vermeiden als am Fehlverhalten der Schüler anzusetzen. Klassenführung wurde definiert als die Beschäftigung des Lehrers mit dem äußerlich sichtbaren Verhalten von Schülern, für welches offene Anzeichen von Mitarbeit und Fehlverhalten maßgeblich waren. Erfolgreiche Führung ist folglich definiert als die Fähigkeit, eine hohe Mitarbeitsrate bei niedriger Fehlverhaltensrate im Unterricht zu erzielen (vgl. S. 75).

Eine Analyse seiner Videoaufzeichnungen ergab, dass ganz bestimmte Verhaltensweisen von Lehrern existieren, die mit dem Führungserfolg korrelieren. In der Studie zeigte sich: Je besser es den Lehrkräften gelang, die folgenden Merkmale umzusetzen, umso besser arbeiteten die Schüler mit und umso weniger Fehlverhalten zeigten sie.

In der Tabelle 2 sind diese Dimensionen des Lehrerverhaltens mit den entsprechenden Korrelationen zum Schülerverhalten aufgezeigt (vgl. Dollase 2012, S. 46). Wichtig ist zu betonen, dass diese Dimensionen sowohl im Gruppenunterricht als auch lehrerzentrierten Unterricht ermittelt werden konnten.

Tab. 2: Korrelationen des Lehrerverhaltens mit Schülerverhalten

Lehrerverhalten	**Schülerverhalten**	
	Mitarbeitsrate	Ausbleiben von Fehlverhalten
Allgegenwärtigkeit (withitness)	0,62	0,53
Überlappung (overlappingness)	0,46	0,36
Reibungslosigkeit (smoothness)	0,66	0,64
Schwung (momentum)	0,60	0,49
Aufrechterhaltung des Gruppenfokus (group focus)	0,60	0,44

Die von Kounin beschriebenen „Techniken“ sind also präventive Verhaltensdimensionen, Handlungsweisen also, die Störungen schon vor ihrem Auftreten verhindern sollen. Und die Beherrschung dieser derart definierten Klassenführungstechniken, so erkennt Kounin, gibt dem Lehrer ein Instrumentarium an die Hand, das den individuellen Handlungsspielraum erweitert und Alternativen ermöglicht, ja dem Lehrer erlaubt, seine Lernziele zu erreichen. Die Bedeutung der Klassenführungstechniken offenbart sich in Kounins Schlusssatz: „Die Beherrschung der Gruppenführungstechniken enthebt den Lehrer fortan seiner Führungssorgen“ (S.149).

3.2.2 Merkmale effektiver Klassenführung, d.h. präventive Verhaltensdimensionen, d.h. „Techniken“

1. Allgegenwärtigkeit (withitness) und Überlappung (overlapping)
Hier geht es vor allem um die Prävention von Störungen. Beide Dimensionen betreffen die Fähigkeit des Lehrers, den Schülern zu signalisieren, dass er über ihr Verhalten informiert ist, sowie seine Fähigkeit, mehreren gleichzeitig auftretenden Problemen seine Aufmerksamkeit zuzuwenden und Störungen nebenbei zu beheben. Das von Kounin gewählte Kunstwort „withitness“ soll verdeutlichen, dass es hier darum geht, die sprichwörtlichen „Augen im Hinterkopf“ zu haben (vgl. S. 90).

- Gelungenes Beispiel für Allgegenwärtigkeit
  Während der Instruktion an die ganze Klasse nimmt der Lehrer Augenkontakt mit einem Schüler auf, der gerade Papierknöllchen in einem Röhrchen wegblasen will.
- Misslungenes Beispiel für Allgegenwärtigkeit
  Der Lehrer ermahnt einen mit dem Hintermann flüsternden Schüler mit den Worten: „Johnny, lass die Unterhaltung und beschäftige dich mit deinen Additionsaufgaben!“ Während dieser Zurechtweisung werfen sich im anderen Teil des Zimmers – unbeachtet vom Lehrer – zwei Jungen Papierflugzeuge zu (Originalbeispiel aus den Videoaufzeichnungen Kounins, S. 90).
  Ein zweites Beispiel: Der Lehrer ermahnt zwei miteinander flüsternde und kichernde Schülerinnen: „Mary und Jane, lasst das“. Doch ca. 45 Sekunden vorher wurde eine Unterhaltung schon gestartet von Schülern am selben Tisch, andere Kinder waren bereits involviert, bevor Mary und Jane als „Ende der Kette“ vom Lehrer registriert wurden (S. 90).
  Der Allgegenwärtigkeitswert des Lehrers wurde also umso höher bewertet, desto seltener ein zu spätes Einschreiten festgestellt werden konnte und ob eine Zurechtweisung des Lehrers auch den richtigen Schüler betraf („Zeit- und Objektfehler“, S.91ff.). Um also als Lehrkraft Störungen erfolgreich im Vorfeld vermeiden zu können, geht es darum, *rechtzeitig* einzuschreiten und die *richtigen* Schüler zu ermahnen – die *Methode* ist unerheblich (vgl. S. 99).

- Gelungenes Beispiel für Überlappung
  Während eines Klassengesprächs kommt ein Schüler zu spät, der Lehrer bemerkt dies, nickt ihm zu, und sobald die Klasse Gruppenarbeit macht, geht der Lehrer zu diesem Schüler und klärt sein Zuspätkommen.
  Ein zweites Beispiel: Der Lehrer ermahnt zwei Schwätzer während eines Vorlesens mit einer knappen Bemerkung, während die Leserin mit einem „Lies weiter, ich höre dir zu" bedacht wird (S. 93).
- Misslungenes Beispiel für Überlappung
  Während ein Kind laut vorliest, wendet sich die Lehrkraft zwei rangelnden Schülern zu: sie geht zu ihnen, um sie eindringlich zu ermahnen, bevor sie dann das vorlesende Kind bittet weiterzumachen. Der Lehrer unternahm also nichts, um die Aktivität des Lesens in Gang zu halten, sondern widmete sich durch das physische Hinüberwechseln und Ermahnen vollkommen den Störern (S. 93).
  Ein zweites Beispiel: Eine Schülerin liest vor, während eine andere unerwartet aufsteht und dem Lehrer etwas in ihrem Aufgabenheft zeigen will. Dieser steht auf und schaut sich dies an; die Leserin, die inzwischen aufgehört hat, und die Klasse warten ca. 30 Sekunden, bis der Lehrer fertig ist (S. 93).

Überlappung bedeutet für Kounin also, dass der Lehrer zwei sich gleichzeitig stellenden Problemen („überlappende Situationen", S. 94) auch simultan seine Aufmerksamkeit zuwendet, somit beiden Situationen gerecht wird und sich nicht von einem Ereignis vollkommen in Anspruch nehmen lässt, während er das andere vernachlässigt.

2. Reibungslosigkeit (smoothness) und Schwung (momentum)

Hier geht es vor allem um die Steuerung von Unterrichtsabläufen.
Beide Parameter messen die Fähigkeit des Lehrers, den Unterrichtsablauf zu steuern und unnötige Unterbrechungen, Leerlauf oder Hektik zu vermeiden. Kounins Ergebnis lautet, dass Reibungslosigkeit und Schwung signifikant mit dem Schülerverhalten korrelieren (S. 115). Er kommt zu dem Schluss, dass die beiden genannten Dimensionen eine erhebliche Rolle bei der Klassenführung spielen, z.B. was Kontrolle von Fehlverhalten und Bereitschaft zur Mitarbeit anbelangt (S. 116) (vgl. Tab. 2).
Kounin betont, dass es immer leichter sei, Negativbeispiele zu diagnostizieren, denn wenn die Unterrichtsführung gut läuft, gibt es dabei wenig am Lehrer zu registrieren, und es sieht so aus, als „mache er überhaupt nichts" (S. 105). Er vergleicht dies mit einem Geigenspieler oder einem Basketballer, deren hervorragendes Spiel „leicht und mühelos" erscheine und nur *Fehler* Anlass zur Benennung bieten. Aus diesem Grund bewertete er die Lehrer auch nach folgenden (negativen) Kategorien: Verhaltensweisen, die Sprunghaftigkeiten (Gegensatz: Reibungslosigkeit) erzeugen sowie Verhaltensweisen, die Verzögerungen (Gegensatz: Schwung) hervorrufen.

Zur Messung der Dimension „Reibungslosigkeit“ (Gegensatz: Sprunghaftigkeit) achteten die Forscher auf folgende Formen des Lehrerverhaltens:

- Reizabhängigkeit (Lehrer reagiert auf äußeren Stimulus.)
- Unvermitteltheit (Stimulus geht vom Lehrer selbst aus.)
- thematische Inkonsequenz (Behandelter Stoff wird unkommentiert stehengelassen, und es wird zu neuem Stoff übergewechselt, danach wird ursprünglicher Stoff weiterbehandelt.)
- Verkürzungen (Behandelter Stoff wird unkommentiert stehengelassen, und es wird zu neuem Stoff übergewechselt, ursprünglicher Stoff wird nicht weiterbehandelt.)
- thematische Unentschlossenheit (Lehrer beendet Tätigkeit, beginnt neue Tätigkeit, kommt dann auf ursprüngliche Tätigkeit zurück.)

- Gelungenes Beispiel für Reibungslosigkeit und Schwung
  Obwohl der Lehrer sehr wohl wahrnimmt, wie sehr sich seine Schüler für den Gegenstand interessieren, vermeidet der Lehrer Komplimente, um nicht vom Ziel abzulenken.
  Ein zweites Beispiel: Der Lehrer stellt fest, dass seine Zusatzerklärungen zu weit vom eigentlichen Thema abschweifen, und beschließt, diese später einzubringen.
- Misslungene Beispiele für Reibungslosigkeit (Beispiele für Sprunghaftigkeit)
  Der Lehrer ist damit beschäftigt, Anweisungen zu Aufgaben zu geben, die die Kinder im Arbeitsbuch lösen sollen. Während seiner Ausführungen fällt ihm ein auf dem Boden liegender Papierschnipsel auf, was mehrere Bemerkungen sowie eine Inspektion des Fußbodens nach sich zieht (S. 107).
  Ein zweites Beispiel: Der Lehrer erklärt eine Rechenaufgabe, die Schüler sind gemäß seiner Anweisungen mit ihren Büchern beschäftigt. Plötzlich kümmert er sich um einen nachlässig dasitzenden Schüler und bringt ihm (verbal und taktil) die „richtige“ Körperhaltung bei (S. 107).
  Oder: Inmitten eines laufenden Schülerbeitrags geht der Lehrer langsam durch die Reihen, kommt am Aquarium vorbei und bemerkt, dass die Fische Futter brauchen. Er greift nach dem Futter im Regal, beginnt die Fütterung und thematisiert auch mündlich breit diese Tätigkeit (S. 107).
  Oder: Die Kinder sollen von ihren Einkaufserlebnissen berichten, eine Schülerin hat gerade ihren Beitrag vorgebracht. Der Lehrer dreht sich daraufhin zur Tafel um, um neue Wörter für die nächste Geschichte zu zeigen. Weitere Meldungen sowie der Bericht des Kindes bleiben unberücksichtigt (S. 107).
  Oder: Der Lehrer marschiert Richtung Tafel, um die dortigen Aufgaben zu erklären. Auf halbem Weg bleibt er stehen, dreht sich um, geht zum Pult und beginnt mit der Durchsicht dort liegender Aufzeichnungen, bevor er sich nach einiger Zeit wieder zu den Aufgaben an der Tafel wendet (S. 109).
  Oder: Während der Aufgabenkontrolle von Rechenergebnissen bemerkt der Lehrer das Fehlen einer Schülerin und stellt der Klasse dazu einige Fragen (S. 109).

Oder: Der Lehrer weist die Kinder an, die Rechtschreibsachen wegzupacken und die Rechensachen herauszulegen. Nachdem dies passiert ist, möchte er die Ergebnisse der Rechtschreibübung wissen (S. 109).

Zur Messung der Dimension „Schwung" (Gegensatz: Verzögerungen) achteten die Forscher auf folgende Formen des Lehrerverhaltens:

- Überproblematisierung (Der Lehrer verlangsamt den Arbeitsprozess durch Überproblematisierung von Benehmen, Verhaltenselementen, Arbeitsmitteln, Lehrstoffen.)
- Fragmentierung (Der Lehrer verursacht Verzögerungen, indem er eine Lerneinheit zerfallen lässt, sei es durch Separieren einzelner Gruppenmitglieder („Gruppenfragmentierung") oder durch Fragmentieren von Handlungseinheiten.)

- Misslungene Beispiele für Schwung (Beispiele für Verzögerungen)
  Der Lehrer ermahnt einen schwatzenden Schüler nicht knapp, sondern startet eine längere „Moralpredigt" über Benehmen im Klassenzimmer, die das erforderliche Maß der Beschäftigung mit dem Vorfall bei weitem übersteigt. Von Kounin ist dies schlicht als „Nörgelei" bezeichnet (S. 110).
  Ein zweites Beispiel: Während eine Schülerin beim Vorlesen ist, wird sie vom Lehrer unterbrochen, der mit einem Wortschwall darüber doziert, wie sie ihre Arme, ihr Buch und ihren Kopf zu halten habe. Die anderen Kinder werden danach auch mit derartigen Anweisungen versorgt, bevor der Lehrer endlich zum Weiterlesen auffordert (S. 111).
  Oder: Der Lehrer kümmert sich während einer Stillarbeitsphase um ein Schreibgerät eines Schülers: „John, hast du deinen Bleistift gefunden? Mich würde interessieren, was du mit ihm gemacht hast. Hast du ihn aufgegessen? Was ist denn bloß mit ihm geschehen? Welche Farbe hatte er denn? …" Nach noch weiteren Ausführungen ließ er nach schließlich 1,4 Minuten vom Thema ab (S. 111).
  Oder: Der Lehrer widmet sich in einer eineinhalbminütigen Rede der Tatsache, dass seine Schüler den Buchstaben „o" runder und größer schreiben sollen (S. 112ff.).
  Oder: Wie folgt bittet der Lehrer eine Gruppe, ihren Platz zu wechseln: „Johnny, du kommst hierher. Billy, nun kommst du… Mary, jetzt du…" Dies ging so, bis alle zehn Schüler der Gruppe – einzeln – ihren Platz gewechselt hatten (S. 113ff.).
  Oder: Der Lehrer weist die Schüler an, ihre Rechtschreibbücher unter den Bänken zu verstauen. Nach einiger Wartezeit, in der die Kinder dies erledigten, erteilt er den Auftrag, die Rechenbücher unter den Bänken hervorzuholen (S. 114).

3. Aufrechterhaltung des Gruppen-Fokus: Gruppenmobilisierung

Hierunter werden folgende Begriffe betrachtet: Gruppenmobilisierung (group alerting), Rechenschaftsprinzip (encouraging accountability) und Beschäftigungsradius (high participation formats)

Einmal betrifft es die Fähigkeit des Lehrers, die Klasse auch dann im Fokus zu behalten, wenn er sich einem einzelnen Schüler zuwendet. Zum andern zieht er die Gruppenmitglieder für ihre Tätigkeiten zur Verantwortung. Außerdem geht es um Verhaltensvorschriften und Arbeitsanforderungen für Schüler, die grade nicht drangenommen werden.

Folgendes Kategoriensystem wurde für die Messung des Gruppen-Fokus in Übungssituationen entwickelt:

- **Gruppenmobilisierung:** Wie gut gelingt es dem Lehrer, alle Schüler bei Aufmerksamkeit oder „auf dem Posten zu halten"?
  Kounin bewertete die Lehrer durch Auszählung konkreter positiv (Beispiel: Schüler nach dem Zufallsprinzip aufrufen, so dass alle mit drankommen rechnen müssen) und negativ (Beispiel: im Voraus bestimmen, wer drankommt) mobilisierender Verhaltensweisen in 30-Sekunden-Intervallen. Es wurden, nach den gezählten Merkmalen, fünf verschieden starke Ausprägungen von Gruppenmobilisierung folgend kategorisiert: 1. Stark 2. Mäßig 3. Schwach 4. Nicht vorhanden 5. Negativ.
  Beispiel: Die Klasse arbeitet in Gruppen, dabei wendet sich der Lehrer gezielt einer Gruppe zu, um ihr etwas separat zu erklären. Dabei vergisst er nicht auch auf die anderen Gruppen zu achten, dass sie arbeiten.
- **Rechenschaftsprinzip:** In welchem Umfang lässt der Lehrer die Gruppenmitglieder Rechenschaft über ihre Leistung ablegen? Die Bewertung des Lehrers im Hinblick auf die Befolgung des Rechenschaftsprinzips ergab sich an der Zahl der Schüler, deren Aufgaben vom Lehrer kontrolliert und die somit in Rechenschaft gezogen wurden. Lehrer wurden in 30-Sekunden-Intervallen kontrolliert und konnten von 1. stark bis 4. nicht vorhanden kategorisiert werden.
  Beispiel: Der Lehrer stellt eine Frage und bittet die Schüler ihre Hände zu heben, wer von ihnen die Antwort weiß. Dann kann er einen Schüler oder mehrere aufrufen.
- **Beschäftigungsradius:** Wie stark müssen sich Gruppenmitglieder, die grade nicht dran sind, an den Aktivitäten beteiligen? Es wurde unterschieden zwischen folgenden sechs Kategorien: 1. Starke Teilnahme 2. Gemäßigte Teilnahme 3. Lehrervortrag mit Übungen 4. Schwache Teilnahme 5. Negativer Beschäftigungsradius 6. Nichtbeschäftigung
  Beispiel: Die Kinder, die bei einer Rechenaufgabe grade nicht dran sind, haben auch die Aufgabe aktiv zu erledigen, z.B. durch Mitschreiben und Ergebnis Hochhalten, anstatt nur stillzusitzen und zuzuhören.
  Kounin weist auf die Schwierigkeiten der Messung der genannten Gruppen-Fokus-Dimensionen hin, da diese keine „richtig/falsch" – Aussage zulassen, wie es z.B. bei „Allgegenwärtigkeit" der Fall ist, bei der der Lehrer den richtigen Schüler zur Ermahnung erwischt oder eben nicht. „Der Gruppen – Fokus beglückt den Forscher leider nicht mit solchen klaren Alles-oder-Nichts-, Schwarz-oder-Weiß-

Alternativen" (S. 121). Die Forscher entschieden sich aus diesem Grund, Wertungen anhand der beschriebenen 30-Sekunden-Intervalle vorzunehmen.

Kounins Resultate der Dimensionen lauten wie folgt:

a) Gruppenmobilisierung: Diese Dimension steht in signifikanter Beziehung zum Schülerverhalten, was vor allem in Übungsphasen gilt.
b) Rechenschaftsprinzip: Kounins Rechnungen ergaben, dass das Rechenschaftsprinzip Verknüpfungen mit dem Schülerverhalten zeigte.
c) Beschäftigungsradius: Kounin fand keine Korrelation zwischen dieser Dimension und Mitarbeit oder Fehlverhalten. „Man darf zu dem Schluss kommen, dass die vorgegebenen Beschäftigungsradien als solche nicht nennenswert am Zustandekommen von Mitarbeit und an der Eindämmung von Fehlverhalten beteiligt sind" (S. 129).

4. Programmierte Überdrussvermeidung

Hier geht es um die Eigenart der Aktivitäten, mit denen sich die Schüler beschäftigen sollen.

Da die Dimension „Überdruss" nicht unmittelbar zu erfassen ist, versuchte Kounin Maßeinheiten für die „Überdruss-Potentiale" der Aktivitäten sowie für die „Überdruss-Symptome" bei den Schülern zu generieren. Die von ihm dazu vorgeschlagene Maßeinheit „Dauer der Aktivitäten" ergab keinerlei Korrelation, weder mit Mitarbeit noch mit Fehlverhalten der Schüler. Kounin folgert, dass die Dauer von Unterrichtseinheiten keine Bedeutung für die Klassenführung darstellt. Auch die vorgeschlagene Maßeinheit „Fortgang der Aktivitäten", was fehlende Repetivität der Lehreranweisungen und Fortschrittsempfinden der Schüler meint, taugte nicht, um Überdrussvermeidung messbar zu machen. Die Ungeeignetheit lag darin, dass innerhalb der auch hier gewählten 30-Sekunden-Intervalle zu wenig registriert werden konnte, was unter „Positive Merkmale" (z.B. Explizites Aufbauen auf der Arbeit vom Vortag) oder „Negative Merkmale" fiel (z.B. wenn der Lehrer einen Schüler eine Aussage wiederholen lässt, die bereits korrekt gewesen war).

Letztendlich kann Kounin die Dimension der Überdrussvermeidung mit zwei Kategorien erfassen:

- **Valenz und intellektuelle Herausforderung (higher participation formats)**
  Der Begriff positive Valenz bedeutet Gefallen, der Begriff negative Valenz bedeutet Ablehnung.
  Die Kategorie, die Kounin „Valenz und Herausforderung" nennt, sollte Feststellungen darüber ermöglichen, inwieweit der Lehrer direkte Versuche unternimmt, bei den Schülern mehr Begeisterung, Arbeitsbereitschaft oder Neugierde auf den Unterricht zu wecken. Diese motivationalen Anstöße, „die Bemühungen um Wahrung der positiven Valenz von Lernaktivitäten" (S. 136) maß Kounin z.B.

daran, ob der Lehrer echte Freude und Begeisterung zeigte („Jetzt kommt etwas Lustiges“) oder auf eine intellektuelle Herausforderung einer nachfolgenden Aufgabe hinwies („Jetzt werdet ihr eure Denkermützchen aufsetzen müssen“). Kounins Ergebnis lautet, dass die Bemühung von Wahrung der positiven Valenz sich „ziemlich erfolgreich in der Stimulierung von Mitarbeit und der Eindämmung von Fehlverhalten“ (S. 136) erwies.
Den Lehrkräften gelingt es also, alle Schüler für die Unterrichtsinhalte zu begeistern und ihre Arbeitsbereitschaft zu wecken. Die Lernaufgaben sind zwar intellektuell herausfordernd, aber zu bewältigen, die Anforderungen passen also zur Leistungsfähigkeit der einzelnen Schüler.
Beispiel: Während die eine Hälfte der Klasse vom Lehrer den Stoff nochmals erklärt bekommt, kann die bessere Hälfte der Klasse sich individuell oder in Gruppen mit weiterführendem Lernmaterial vertraut machen.

- **Abwechslung und Herausforderung bei der Stillarbeit**
  Hier geht es um Lernaktivitäten in Einzelarbeitsphasen, die methodisch phantasievoll gestaltet und intellektuell herausfordernd sind.
  Was Kounin weiterhin in seinen Studien zu messen versuchte, war, wie abwechslungsreich der Unterricht zu bezeichnen ist. Je vielfältiger die Aktivitäten ausfielen, je weniger dasselbe immer wieder getan werden musste, so argumentiert er, dürfte in Folge kein „Überdruss“ entstehen. Die Determinante „Abwechslung“ gliederte er in acht Kategorien (z.B. „Inhalt“, z.B. „Darbietungsweise des Lehrers“) und zählte diese klassenweise aus. Nach der ersten Rechnung der Werte, die keinerlei Korrelationen ergab, stellte die Forschergruppe fest, dass sie „Abwechslung“ nur anhand rein schulspezifischer Aktivitäten registrieren durften und Pausen ohne Lernbezug nicht mit einbeziehen durften. So ergaben sich durchwegs positive Korrelationen – allerdings keine mit Signifikanzniveau. Einen Schritt weiter korrelierte Kounin Abwechslungswerte ausschließlich bei der Unterrichtsform der Stillarbeit, fand positive Korrelationen für Mitarbeit und ausbleibendes Fehlverhalten bei ersten und zweiten Klassen und negative Korrelationen bei dritten bis fünften Klassen. Er folgert: „Es ist durchaus möglich, dass fühlbarer Lernfortschritt als Überdrussvermeidungsfaktor bei den älteren eine bedeutendere Rolle als bei den jüngeren spielt“ (S. 141). Er betont aber, dass die Ergebnisse für Reibungslosigkeit, Allgegenwärtigkeit und Überlappung altersunabhängig gelten, und kommt zu dem Schluss: „Die Resultate zu Abwechslung können bis jetzt nur als provisorische angesehen werden“ (S. 142).

3.2.3 Zwischenfazit

Insgesamt erscheint die Studie von Kounin recht angestaubt, was sowohl das Design als auch die teilweise unstrukturierte Darbietungsweise für den Leser betrifft. Die generierten Kategorien, die Gewinnung und Rechnung der Daten und die teilweise sehr kleinen Fallzahlen (z.B. bei Messung von Abwechslung N = 9, S. 141) würden heutzutage wohl kaum publiziert, respektive 1000fach zitiert werden. Doch die

Beschäftigung mit dem Gegenstand und der Versuch, Klassenführung empirisch zu erfassen, verliehen Jacob Kounin eine Vorreiterrolle. Ein Verdienst bleibt:
Seit den Studien von Kounin werden weniger die Interventionen bei Unterrichtsstörungen thematisiert als vielmehr der Präventionsgedanke. Bei den Forschungen zu Unterrichtsstörungen ging es künftig nun weniger um einzelne Problemschüler als vielmehr um die Klassen als Ganzes.

3.2.4 Ergänzung zu Kounin: „mental set" nach Marzano

In Bezugnahme auf Kounins Dimension der Allgegenwärtigkeit („withitnes") führt Marzano (2003) den Begriff „mental set" ein.
Dieser Begriff mag suggerieren, dass ein Lehrer entweder darüber verfügt oder eben nicht. Dies sieht Marzano ganz anders und schlägt drei Möglichkeiten („action steps") vor, um Allgegenwärtigkeit anbahnen zu können:

- Reagiere sofort!
  Dies ist dann gut möglich, wenn die Lehrkraft sich im ganzen Klassenzimmer aufhält, nicht an einem Platz fixiert ist und so Strömungen in der Klasse mitbekommt.
  Weiterhin sollte die Lehrkraft immer wieder in die Gesichter der Schüler schauen, sie gleichsam scannen. Bei auffallenden Schülern sollte Augenkontakt hergestellt werden. Wenn der Schüler nicht reagiert, sollte sich die Lehrkraft zu ihm hinbewegen. Wenn das auch nichts nützt, sollte möglichst ohne Aufhebens der Schüler zurechtgewiesen werden.
- Antizipiere Probleme!
  Wenn man „seine" Schüler kennt, kann man schon im Vorfeld mögliche Probleme abwälzen. Angenommen ein Schüler reagiert jeweils auf einen schweren Stoff ungehalten, zeigt sich frustriert, dass er wieder mal nichts versteht, kann man ihn schon im Vorfeld besänftigen und sich um ihn kümmern, also schon im Vorfeld deeskalierend wirken.
- Beobachte einen Expertenlehrer!
  Einen Lehrer, von dem man weiß, dass er souverän mit Störungen in seiner Klasse umzugehen weiß, lohnt es sich zu besuchen oder ihn auch zu bitten, dass er dem eigenen Unterricht beiwohnt. Möglicherweise kann man so ein paar neue Ideen erhalten.

3.3 Präsenz in Gedanken

Hier soll ein Aspekt behandelt werden, der auf den ersten Blick das Gegenteil von Präsenz bedeutet.
Es gibt Situationen, da wäre es ratsam, nicht vorschnell zu „präsent" zu reagieren, sondern erstmals Zeit zu gewinnen, automatisierte Handlungen zu unterbrechen, d.h. den eigenen routinisierten Handlungsspielraum zu durchbrechen. Denn diese

Handlungen können dem Lehrer im Wege stehen, um vorschnell sich für das „Falsche“ zu entscheiden.
Im Folgenden werden drei Strategien vorgestellt, die dem Konstanzer Trainings Modell (KTM, Humpert & Dann 2001) entlehnt sind. Dort werden sie empfohlen, um einem Lehrer zu helfen, den eigenen Handlungsspielraum zu erweitern.

- Die gedankliche Handlungsunterbrechung
  Es geht darum, eingefahrene Handlungsroutinen, die nicht immer optimal sind, durch inneres Probehandeln zu unterbrechen. Den Handlungsimpuls durch einen Denkimpuls zu unterbrechen, ist der erste Schritt für diese Unterbrechung. Als sehr günstig zeigt sich die gedankliche Unterbrechung der Handlung, wenn sie mit „positivem Denken“ verbunden ist.
  Förderlich erweisen sich sog. Gedankenstopper wie

  > „Jetzt erstmal nachdenken!
  > Das bringt mich nicht aus der Ruhe.
  > Erst denken, dann handeln!
  > Das schaffe ich schon.“

  Besonders wichtig sind solche gedanklichen Handlungsunterbrechungen in Situationen, die von negativen Gefühlen, wie Ärger oder Beschämung, begleitet sind, damit man nicht falsch handelt oder überreagiert.
  Freilich stellt sich der adäquate Einsatz dieser Gedankenstopper selten automatisch ein. Im KTM wird dieser Einsatz genau besprochen und auch eingeübt. Hier ist nicht der Ort, darauf näher einzugehen, nur so viel: Um Erfolg zu haben ist es wichtig, immer wieder den gleichen Satz beim Training zu üben, damit er auch in schwierigen Situationen im Kopf gegenwärtig ist und nicht von den restlichen Handlungsroutinen verdrängt werden kann. Wichtig beim Training der Handlungsunterbrechung ist, wie bei allen kognitiven Trainings, die systematische, regelmäßige Übung.
- Die ausgesprochene Handlungsunterbrechung
  Oft ist es sinnvoll den Gedankenstopper auszusprechen, damit die Handlungsunterbrechung noch wirksamer wird. Da dies im Unterricht aber eher problematisch ist und die Schüler negativ darauf reagieren könnten, ist es wichtig, einen Stopper zu wählen, der gleichzeitig einen Aufforderungscharakter für die Schüler hat, wie beispielsweise „Moment mal!“. Es kann aber auch sinnvoll sein, den Stopper nur ganz leise auszusprechen, so dass ihn niemand hört, er aber doch gesagt worden ist, so dass er gleichsam vom Kopf in den Kehlkopf wandert. Denn durch dieses leise Aussprechen wird der Gedankenstopper noch besser verankert, als wenn er nur „gedacht“ wird, da körperliche Begleiterscheinungen zusätzlich bei der Einführung des Stoppers in schwierigen Situationen helfen. Beim ausgesprochenen Gedankenstopper hat man den Vorteil, dass man negative Selbstaussagen schnell erkennt und diese dann in positive Sätze umformulieren kann.

- Die Zwischenhandlungen
  Das Einschieben gewisser Zwischenhandlungen ist der sicherste Weg zur Einübung der Handlungsunterbrechung. Zwischenhandlungen sind zum Beispiel zwei Schritte zurückzutreten, ans Fenster zu gehen, das Fenster zu öffnen, mehrmals kräftig durchatmen, sich bewusst aufrichten usw. Damit ist es sicher gestellt, dass Zeit verstreicht, in der alternative Gedanken möglich sind.
  Von vielen Lehrpersonen werden diese Zwischenhandlungen im Unterricht spontan, aber meistens nur relativ unsystematisch eingesetzt.
  Es ist auch wichtig, dass die Zwischenhandlungen so gewählt werden, dass sie die eigenen Handlungen unterstützen. Es wäre beispielsweise ein negatives Handlungsmuster, immer in schwierigen Situationen seine Brille zu putzen, das fällt den Schülern auf, und dann könnten sie Witze darüber machen. Das wäre kontraproduktiv für die Problemlösung.

3.4 Umgang mit Abweichungen/Fehlern

Im Umgang mit Fehlern ist Präsenz des Lehrers eine zentrale Voraussetzung. Auf das Konzept der Fehlerkultur wird im Punkt 6.6.1 näher eingegangen, im Folgenden wird die Rolle des Lehrers skizziert. Folgende Rahmenbedingungen sollen gegeben sein, damit ein Fehler zu einer fruchtbaren Lerngelegenheit werden kann:

1. den Fehler erkennen, also einsehen, dass etwas falsch ist, und insbesondere auch, was falsch ist,
2. verstehen, wie es dazu gekommen ist, also den Fehler als Fehlkonzept erklären können,
3. die Möglichkeit haben, den Fehler zu überwinden, also eine richtige Vorgehensweise oder Vorstellung zu erwerben.

Rolle der Lehrkraft: Präsenz

Die folgenden Vorschläge sollen helfen, wie nach Oser und Spychiger (2005) ein Lehrer mit Fehlern umgehen kann:

- Die Lehrperson muss situativ schnell folgende Entscheidungen treffen:
  Ist es der auftauchende Fehler für das Stundenziel wert, eigens behandelt zu werden?
  Weist der Fehler auf einen systematischen Fehler hin?
  Handelt es sich um einen Flüchtigkeitsfehler?
  Ist jetzt sofort oder später eine Bearbeitung des Fehlers sinnvoll?
- Die Lehrperson kann Nachfrage-Techniken zur Konsolidierung von Abgrenzungswissen und Fehlerwissen einsetzen; während es bei Abgrenzungswissen darum geht abzuklären, inwiefern etwas nicht zu einer Sache gehört, geht es bei Fehlerwissen darum abzuklären, was in einer bestimmten Situation nicht getan werden darf.

- Die Lehrperson kann metakognitive Impulse zur gemeinsamen Suche nach Fehlermustern und Ursachen geben.
- Die Lehrperson kann Aufgaben für das gezielte Einspeisen typischer Fehler verwenden (zum Finden und Widerlegen von typischen Fehlern, zum Finden von versteckten Fehlern, zum Identifizieren und Erklären von Fehlermustern, zum Rekonstruieren von Fehlerursachen in kognitionsorientierten Aufgaben, zum Entwickeln von Fehlerbearbeitungsstrategien).

4 Regulation/Verhaltenskontrolle

Einen ersten Überblick gibt die Skala „Kontrolle des Verhaltens“ des bereits erwähnten Linzer Diagnosebogens zur Klassenführung (LDK: Mayr u.a. 2002).
Er besteht aus folgenden empirisch abgesicherten Items, d.h. die interne Konsistenz der Items ist so hoch, dass man von einer reliablen Skala sprechen kann. Hier sind die Schüleritems der Sekundarstufe abgedruckt, wie sie ihre Lehrerin sehen:

> „Bei ihr wissen wir genau, welches Verhalten sie von uns erwartet.“ (klare Verhaltenserwartungen)
>
> „Sie achtet darauf, dass wir im Unterricht immer beschäftigt sind.“ (Beschäftigung der Schüler)
>
> „Sie kontrolliert laufend, wie wir arbeiten und was wir können.“ (Kontrolle der Lernarbeit)
>
> „Sie bemerkt alles, was in der Klasse vor sich geht.“ (Allgegenwärtigkeit)
>
> „Sie äußert sich anerkennend, wenn sich Schüler so verhalten, wie sie es haben möchte.“ (Verstärkung erwünschten Verhaltens)
>
> „Sie greift gleich ein, wenn ein Schüler zu stören anfängt.“ (rasches Eingreifen bei Störungen)
>
> „Wenn sich Schüler bei ihr falsch verhalten, müssen sie mit Sanktionen rechnen.“ (Bestrafung unerwünschten Verhaltens)

Die klassische Funktion von Classroom Management wird deutlich, es geht darum, die Regeln aufzustellen und bei ihrem Einhalten die Schüler zu verstärken und bei Nichtbeachtung eben zu sanktionieren. Wissenschaftliches Classroom Managements konnte sich – wie bereits oben erwähnt – im Gefolge mit dem Behaviorismus entwickeln. Doch gehen wir kurz einen Moment in der Geschichte weiter zurück.

Die Benediktsregel
Das in der abendländischen Tradition wohl einflussreichste und nachhaltig wirksamste Regelwerk für Gruppen von Menschen ist die Regel des Heiligen Benedikt (Holzherr 2005). Benedikt, dem Ordensgründer des gleichnamigen Ordens der Benediktiner, ist im ausgehenden Römischen Reich etwas Einmaliges gelungen: Er stellte ein Führungsbuch für den Gebrach des Klostervorstehers, des Abtes, auf, in dem er detailliert beschreibt, wie er mit dem „bunten Haufen“ von Männern jeglichen Alters, die sich einmal in einem Kloster ansammelten, umgehen solle.
So beschreibt Benedikt im Kapitel 2, 31/32, wie der Abt sein soll:

> „Er wisse, wie schwer und mühevoll die Aufgabe ist, die er übernimmt,
> Seelen leiten und der Eigenart vieler dienen,
> dem einen mit freundlichen Worten, einem andern mit Tadel,
> einem dritten mit gutem Rat.
> Dem Charakter und der Fassungskraft jedes Einzelnen

suche er zu entsprechen
und sich allen so verständnisvoll anzupassen,
dass er an der ihm anvertrauten Herde
nicht nur keinen Schaden leidet,
sondern sich am Gedeihen einer guten Herde freuen kann“ (Holzherr 2005, S. 80/81).

Später im Kapitel 64 „Von der Einsetzung des Abtes“ schreibt Benedikt (17f.):

„Bei seinen Anordnungen sei er weitsichtig und besonnen.
Ob sein Auftrag, den er erteilt,
Göttliches oder Weltliches betrifft,
wisse er zu unterscheiden und Maß zu halten.
Er denke an die Unterscheidungsgabe des heiligen Jakob, der sprach:
Wenn ich meine Herden unterwegs anstrenge,
gehen alle an einem einzigen Tag zugrunde“ (Holzherr 2005, S. 374).

Benedikt nennt diese Unterscheidungsgabe die Mutter der Tugenden. Lateinisch steht der Begriff „discretio“, was auch mit „das rechte Maß“ übersetzt werden kann.

4.1 Regeln aufstellen/einüben/einhalten

Kiel u.a. (2013) unterscheiden bei Regelsystemen zwischen Verfahrens- und Verhaltensregeln:

„Verfahrensregeln betreffen organisatorische Abläufe und Prozesse. Sie sollen sicherstellen, dass Schülerinnen und Schüler benötigte Arbeitsmaterialien wie Hefte, Stifte, Bücher, Taschenrechner usw. mit in die Schule bringen oder entsprechend vorbereiten“ (S. 70).

„Verhaltensregeln gestalten die soziale Interaktion zwischen den Schülerinnen und Schülern sowie zwischen Lehrperson und Schülerschaft“ (S. 70).

Ein Regelsystem im Klassenzimmer ist also nur dann wirksam, wenn beide Arten von Regeln ineinandergreifen.
Dass Regeln und Anweisungen in allen Klassenstufen Sinn ergeben, kann wirkungsvoll Marzano (2003) in seiner bereits erwähnten Metaanalyse nachweisen. Wenn Regeln eingeführt werden, sind von der Grundschule bis zur Sekundarstufe II die Werte für Störungen ähnlich gering. Dabei ist wichtig, dass die Regeln zusammen mit den Schülerinnen und Schülern ausgehandelt werden, sie sind als ein Kontrakt zwischen beiden Seiten zu betrachten (Curwin & Mendler 1988). Dabei kommt es auf drei Dinge an:

- Wie so viele Dinge im Leben so bedarf auch Unterricht einiger Regeln.
- Wie diese konkret in einer Klasse auszusehen haben, sollte zusammen mit der Klasse ausgehandelt werden. Die Schüler sind eingeladen, mit dem Lehrer über dessen Vorschläge zu diskutieren, doch auch Alternativvorschläge zu machen.
- Letztendlich muss für alle Beteiligten klar sein, wie sie die nächste Zeit damit miteinander auskommen können.

Ähnlich gering sind Unterrichtsstörungen, wenn die Kinder bereits im Elternhaus zum Einhalten von Regeln angehalten werden. Auch hier wiederum ist ein beiderseitiges Aushandeln sinnvoll.

Marzano (2003) betont, dass es bei den vielen bestehenden „best practice" Vorschlägen für eine echte Wirksamkeit vor allem auf drei Dinge ankommt:

- Die Schüler müssen das Regelsystem verstanden haben.
- Die Schüler müssen das Regelsystem auch akzeptieren.
- Vom Lehrer muss es solange eingeübt werden, bis es zur Routine wird.

Zusammengefasst geht es bei Regeln um:

- Aufstellen
- Einüben
- Einhalten.

Vang (2013, S. 87) stellt folgende Kriterien für effektive Klassenregeln auf:

- Die Regeln müssen allgemein genug formuliert sein, dass sie eine große Palette an Fehlverhalten abdecken.
- Die Regeln sollen positiv formuliert sein.
- Die Regeln sollen in einfachen Worten ausgedrückt sein, dass sie auch alle verstehen und sich einprägen können.
- Die Regeln müssen mit der gesamten Schulpolitik stimmig sein.
- Sie können mit logischen, einfachen, verständlichen Konsequenzen angereichert werden.
- Die Anzahl der Klassenregeln sollte nicht mehr als fünf betragen.

Im Folgenden sollen prominente Forscherteams zu Wort kommen, was diese zur Thematik Regulierung im Klassenzimmer vorschlagen. Es geht, wie gesagt, nicht darum, praxisorientierte Leitfäden zusammenzustellen – damit könnten mehr als ein Buch gefüllt werden –, sondern auf solche Autoren zurückzugreifen, die nachweislich in dem Gebiet auf Forschungsergebnisse verweisen können. So sollten Regeln vermieden werden, die einen hohen Plausibilitätsgrad aufweisen, aber keine empirisch nachgewiesene Evidenz haben, wie bspw. folgenden Tipp:

> „Benutze Sie bitte gegenüber ihren Schülern NIE das Wort ‚Klassenregeln', weil es antiquiert klingt und bei vielen Assoziationen von Zwang und Freiheitsbeschneidung auslöst" (Eichhorn 2014, S. 8).

4.1.1 Forschergruppe um Evertson (Evertson, Emmer & Worsham 2006; Emmer & Evertson 2009)

Neben Kounin ist im amerikanischen Raum das Team um die Forscherin Evertson zu nennen. Stellvertretend für eine ihrer zahlreichen Studien sei folgende Primärstudie genannt. Anschließend werden Merkmale von Klassenführung aufgezeigt.

Ein Jahr lang untersuchte die Forschergruppe um Evertson 27 Klassen der 3. Elementarstufe. Dabei wurden zum Halbjahr zwei Gruppen gebildet, die Klassen mit den effektiveren und weniger effektiven Lehrern. Rückblickend wurde das Managementverhalten der ersten Schulwochen beider Lehrergruppen analysiert. Die effektivere Lehrergruppe führte gleich zu Beginn in Regeln ein und griff bei Fehlverhalten sofort ein. Nachfolgende Studien – auch in der Sekundarstufe – zeigten, dass die Etablierung eines Classroom Managements gleich zu Beginn eines Schuljahres sowie das konsequente Einhalten derselben die Leistungen der Schüler förderten.
In über 20 Jahre dauernder Forschungsarbeit entwickelten und evaluierten die Autoren elf Punkte, die bei einem effektiven Klassenmanagement in unterschiedlichen Schulstufen zu berücksichtigen sind. Da diese Punkte in unterschiedlichen Publikationen, auch in eigens herausgegebenen Ratgebern für unterschiedliche Jahrgangsgruppen der Autorengruppe immer wieder auftauchen, kommt es vor, dass die Reihenfolge der Handlungsdimensionen, auch wenn sie sich aufeinander beziehen und nicht isoliert voneinander zu betrachten sind, je nach Publikation leicht unterschiedlich ist. Diese elf Punkte finden auch in der deutschsprachigen Literatur zum Thema Beachtung (vgl. Helmke 2003; Mägdefrau 2010):

1. Klassenraum vorbereiten
   Es geht vor allem darum, dass Staus und Störungen im Vorfeld vermieden werden.
2. Regeln planen und Verfahrensweisen klar festlegen
   Zu Schuljahresbeginn wird klar festgelegt, was in der Klasse erlaubt und verboten ist.
3. Konsequenzen festlegen
   Belohnungen und Bestrafungen werden für angemessenes sowie unangemessenes Verhalten eingeführt.
4. Unterbindung von unangemessenem Verhalten
   Schülerfehlverhalten wird sofort und konsistent unterbunden.
5. Regeln und Prozeduren unterrichten
   Neben einem Festlegen von Regeln zu Schuljahresbeginn muss im Laufe des Schuljahres immer wieder darauf hingewiesen werden, notfalls müssen neue hinzutreten.
6. Gemeinschaftsfördernde Aktivitäten
   Zum Schuljahresbeginn wird über Aktivitäten wie Ausflüge, Spiele, gemeinsame Projekte das Zusammengehörigkeitsgefühl entwickelt.
7. Strategien für evtl. Probleme
   Rechtzeitig werden Strategien geplant, wie man mit potentiellen Problemen umgeht.
8. Überwachen des Schülerverhaltens
   Schüleraktivitäten und deren soziale Prozesse werden genau beobachtet, um früh auftauchende Probleme identifizieren zu können und die Wirksamkeit der eigenen Handlungen zu reflektieren.

9. Vorbereiten des Unterrichts
   Der Unterricht muss gut vorbereitet sein, so dass auch für die heterogene Schülerschaft unterschiedlich schwierige Lernaktivitäten möglich sind.
10. Verantwortlichkeit des Schülers
   Schülern wird ihre Verantwortlichkeit für die Ergebnisse ihrer Arbeiten klargemacht, und sie werden dabei unterstützt, ihre Selbstwirksamkeit zu entwickeln.
11. Unterrichtliche Klarheit
   Der Unterricht wird klar strukturiert, dabei werden ausreichend redundante Informationen gegeben.

Im Folgenden sollen die drei ersten Punkte näher aufgeschlossen werden, um einerseits zu zeigen, wie „einfach“ Wissenschaft „verkauft“ werden kann, und um andererseits zu zeigen, wie sinnvoll so „Einfaches“ auch sein kann. Bezug wird genommen auf einen der vielen Ratgeber des Autorenteams, hier konkret: Classroom Management for Middle and High School Teachers (Emmer & Evertson 2009).

Zu 1: Klassenraum vorbereiten
Die Autoren nennen fünf Regeln zur sinnvollen Raumaufteilung:
1. Die Raumaufteilung muss mit dem Unterrichtsarrangement und den Aktivitäten übereinstimmen. In einer lehrergesteuerten Unterrichtsphase oder zu Demonstrationszwecken beispielsweise sollten die Sitze so angeordnet sein, dass alle Schüler gut sehen können.
2. Hochfrequentierte Bereiche wie der Türbereich oder das Lehrerpult oder die Computer sollen leicht zugänglich und nicht verstellt sein.
3. Es sollte gewährleistet sein, dass der Lehrer seine Schüler gut überblicken kann.
4. Häufig benutzte Lehr- und Lernmaterialien sollten leicht zugänglich sein.
5. Es sollte sichergestellt sein, dass alle Schüler freien Blick auf die Tafel/Overhead etc. haben.

Zu 2: Regeln planen
Obwohl bei diesem Punkt viele unterschiedliche Regeln möglich sind, sollte, so die Ansicht der Autoren, ein Satz von sechs Regeln genügen, um zentrale Verhaltensaspekte zu berücksichtigen:
1. Bringe alle benötigten Materialien mit in das Klassenzimmer!
2. Sei auf deinem Platz und arbeitsbereit, wenn der Stundenbeginn angezeigt wird!
3. Respektiere in der Klasse alle Personen und sei zu ihnen höflich!
4. Höre zu und bleib auf deinem Platz, wenn ein anderer spricht!
5. Respektiere anderer Eigentum incl. des Schulmobiliars!
6. Befolge alle Schulregeln!

Zu 3: Verfahrensweisen klar festlegen

Auf ein „Minipünktchen" soll eingegangen werden, um aufzuzeigen, wie man sog. „daily hassles" rechtzeitig begegnen kann. Dieser Punkt soll wörtlich zitiert werden, verbunden mit der Frage, welcher Lehrer sich bei uns um solch eine „Nichtigkeit scheren" würde, oder anders gefragt, weshalb wir uns wundern, wenn es sogar in Staatsexamensklausuren vorkommt, dass diese von Lehramtsstudierenden mit Bleistift geschrieben werden.

Zu dieser Situation: Der Autor hält seit Jahrzehnten Staatsexamensvorbereitungskurse, er hat es also mit Studierenden zu tun, die schon mal ein Abitur geschrieben haben, die kurz vor dem Abschluss ihres Studiums stehen. Inhaltlich wird genau geachtet, dass die von der Lehrerprüfungsordnung geforderten Themen auch behandelt werden – es soll eben ein „guter" Vorbereitungskurs sein. Doch auf „Banalitäten" hinzuweisen, nicht mit Bleistift die vierstündige Klausur zu schreiben, das kommt dem Autor erstmals nicht in den Sinn, obwohl er dann bei der Korrektur hin und wieder solche Überraschungen erlebt.

> „You´ll have to decide whether students may use pencil or pen and what color or colors of ink are acceptable" (S. 52).

Die Autoren betonen, dass auf ein solch einmal aufgestelltes Regelsystem in einer Klasse immer wieder hingewiesen werden muss, damit es „in Fleisch und Blut" übergeht. Auch müssen die genannten Techniken in ein unterstützendes und vertrauensvolles Klima eingebettet sein.

4.1.2 Classroom Organization and Management Program (COMP) (Evertson & Harris 1999)

Evertson und Harris (1999) entwickelten ihre vielfältigen Erkenntnisse zu einem Trainingsprogramm. Dabei gehen sie von folgenden Prinzipien und Zielen aus:

Prinzipien

Dabei geht es darum, den Lehrern keine Rezepte an die Hand zu geben, sondern dass es Lehrern gelingt ihre eigenen Erwartungen von Unterricht mit den Schülern zu kommunizieren und dann auch umzusetzen. Folgende vier Prinzipien sind handlungsleitend:

1. Effektive Klassenführung geht von Prävention anstatt Intervention aus.
2. Klassenführung und Unterrichten sind miteinander verwoben.
3. Schüler sind aktiv beteiligt in der Lernumgebung.
4. Professionelle Mitarbeit unterstützt Änderungen im Lehrerhandeln.

Ziele

Folgende Ziele werden formuliert:

- Management Skills der Lehrer verbessern
- Bedingungen schaffen, dass die Schüler es lernen, ihr eigenes Lernen zu organisieren

- Verbesserung der Aufgabenorientierung der Schüler
- Reduzierung unangemessenen und störenden Verhaltens
- Förderung der Eigenverantwortung der Schüler für ihr Lernen und Verhalten
- Verbesserung der schulischen Leistungen

Inhalt
COMP beinhaltet Lernmodule zu folgenden Bereichen:
- den Klassenraum vorbereiten
- Planung und Unterrichten von Regeln und Routinen
- Entwicklung des Rechenschaftsprinzips bei den Schülern
- Aufrechterhalten von normkonformem Schülerverhalten
- Planung und Organisation von guter Lehre
- Durchführung guter Lehre und Aufrechterhaltung von Schwung im Unterricht
- Gestaltung des Schulanfangs
- Klima, Kommunikation und Selbstorganisation

Umsetzung
Los geht es mit einem zweitägigen Workshop, in dem die zentralen Elemente kollegial bearbeitet werden. Der Workshop besteht aus folgenden Schritten:
- Zunächst wird eine theoretische Einführung in die einzelnen Lernmodule gegeben.
- Die Teilnehmer reflektieren anhand einer Checkliste bisherigen Unterricht, was bisher gut war und was besser werden könnte.
- Hier werden Forschungsergebnisse mitgeteilt und reflektiert.
- Diese Ergebnisse werden nun auf den Unterricht heruntergebrochen, es wird überlegt, wie zentrale Punkte im Klassenzimmer implementiert werden können.
- Anhand vorgegebener Fallstudien und Vignetten wird überlegt, wie die Punkte sich umsetzen lassen.
- Nun wird überlegt, wie einzelne Punkte sich in den konkreten Unterrichtsalltag jedes Teilnehmers verwirklichen lassen.
- Schriftlich wird ein individueller Plan entworfen, auf dem ca. 10 Änderungen für die nächste Zeit festgehalten werden.
- Dann wird dieser Plan in einer sechs bis achtzehn Wochen dauernden Erprobungsphase im Klassenzimmer umgesetzt. Anschließend werden in einem erneuten Workshop die Erfahrungen ausgetauscht.

Wirksamkeit
Die Wirksamkeit des Trainings konnte in verschiedenen Studien nachgewiesen werden. Obige Ziele konnten in einem Zeitraum von über 10 Jahren anhand durchgeführter Programme bei 112 Schulen, 340 Lehrern, 429 Klassen und insgesamt über 10 000 Schülern unterschiedlichster Jahrgangsstufen erreicht werden.
Abschließend möge folgendes Zitat stehen:

„These studies consistently reveal significant change in seventeen teacher variables, four student behavior variables, and two student outcome variables" (Evertson & Harris 1999, S. 72).

4.1.3 Marzano (2003)

Marzanao teilt die Regeln in folgende allgemeine Kategorien ein.

Allgemeines Verhalten im Klassenzimmer

In der Primarstufe benennt er:

- Höflichkeit und Hilfsbereitschaft im Umgang mit anderen
- Respekt vor dem Besitz der anderen
- Lehrer und andere nicht unterbrechen
- Andere nicht schlagen oder schubsen

In der Sekundarstufe benennt er:

- Alle Unterrichtsmaterialien dabei haben
- Zu Unterrichtsbeginn am Platz sitzen
- Zu anderen höflich und respektvoll sein
- Je nach Situation sprechen und nicht sprechen
- Den Besitz anderer respektieren

Autoren wie Emmer, Evertson und Worsham (2003) gehen davon aus, dass in der Primarstufe fünf bis acht, in der Sekundarstufe sieben Regeln ausreichen. Eichhorn (2014) spitzt dies noch mehr zu: „Es ist besser, Sie haben ‚nur' zwei Klassenregeln, um die Sie sich intensiv kümmern, als sieben, für die Sie sich nur halbherzig einsetzen" (S. 39).

Beginn des Tages

In der Primarstufe benennt er:

- ganz besondere soziale Aktivitäten
  „pledge of alliance" (In US-Schulen beginnt der Tag mit einem Treueschwur auf die Nation.)
- administrative Aktivitäten (z.B. Anwesenheit kontrollieren, Geld einsammeln)
- das Klassenzimmer, die Tische aufräumen
- das Unterrichtsmaterial aufräumen

In der Sekundarstufe benennt er:

- Anwesenheit kontrollieren
- die Arbeit der Schüler verlangen, die am Vortag nicht da waren
- sich mit Schülern beschäftigen, die zu spät kommen
- am Ende klare Erwartungen an die Hausaufgaben formulieren

Rogers (2013) gibt den ersten drei Minuten einer neuen Unterrichtsstunde eine besondere Bedeutung: „In jeder Unterrichtsstunde sind die ersten drei Minuten entscheidend. Der Lehrer muss die Aufmerksamkeit der Schüler bekommen und erhalten – und auf die Inhalte seines Unterrichts lenken" (S. 93). Rogers nennt folgende Regeln (S. 93/4):

- Lassen Sie Ihren Blick durch die Klasse wandern, halten Sie nicht zu lange Augenkontakt mit einzelnen Schülern!
- Halten Sie Ihre Anweisungen kurz!
- Benutzen Sie nach Möglichkeit positive Formulierungen!
- Vermeiden Sie Fragen wie „Könntet ihr jetzt bitte ruhig sein und zuhören?" Solche Fragen äußern keine Bitte, die man erfüllen kann oder auch nicht.
- Verwenden Sie Begriffe, die sich direkt auf das erwünschte Verhalten beziehen: „Kommt jetzt bitte zur Ruhe ... Schaut nach vorn ...Hört zu!"
- Konzentrieren Sie sich auf das konkrete Fehlverhalten oder die entsprechende Regel!
- Sprechen Sie störendes Verhalten kurz an!
- Lassen Sie sich nicht auf Wortgefechte mit Schülern ein! Blocken Sie verbal ab oder signalisieren Sie teilweise Zustimmung, und konzentrieren Sie sich dann wieder auf die entsprechende Regel oder den Unterricht!
- Ignorieren Sie bewusst nonverbales Folgeverhalten, wo immer es geht! Lenken Sie den Fokus auf das erwartete Verhalten bzw. die entsprechende Regel!

Wechsel/Verlassen des Klassenzimmers

Folgende Maßregeln gelten bei Marzano für alle Jahrgangsstufen:

- Verlassen des Klassenzimmers und Rückkehr
- Verhalten auf dem WC, in der Bibliothek, in der Cafeteria, in der Pause
- Verhalten bei Feuer und sonstigen Vorfällen
- Festlegen der Mittagsessenszeit

Umgang mit Unterrichtsmaterialien und Einrichtungsgegenständen

Weiterhin will Marzano den Gebrauch der Materialien wie Bücher/Hefte oder das Austeilen von Heften klar geregelt sehen. Auch soll geregelt sein, wo und wie Klassenmaterialien aufbewahrt werden. Er möchte regeln, wie der Arbeitsplatz des Lehrers und der Schüler auszusehen hat, wie sie jeweils ihre Materialen ablegen und aufbewahren können.

Regeln für Gruppenarbeit und Frontalunterricht

Auch legt er Wert darauf, dass Gruppenarbeit in geregelten Bahnen abläuft, was das Verhalten der Schüler in ihren Gruppen, zwischen den Gruppen und auch zum Lehrer betrifft. Marzano sieht wohl, dass hier ein Störungspotential vorliegt, dem durch ein klares Reglement vorgebeugt werden soll. Hierauf wird im Kap. 5.3.3 näher eingegangen.

Im Frontalunterricht will er geregelt sehen, dass alle Schüler zuhören können, wie sie sich im Unterricht einbringen können, wie sie miteinander kommunizieren sollen.

4.1.4 Rogers (2013): Neues Schuljahr

Rogers (2013) setzt sich intensiv mit dem Thema „neues Schuljahr – neue Klasse" auseinander. Er konstatiert: „Die ersten Wochen des neuen Schuljahres sind entscheidend, um eine positive, gut funktionierende Beziehung zwischen Lehrer und Schüler aufzubauen" (S. 80).
Auf einer Zeitleiste geht er von drei großen Phasen im Miteinander einer Klassengemeinschaft aus (S. 42):

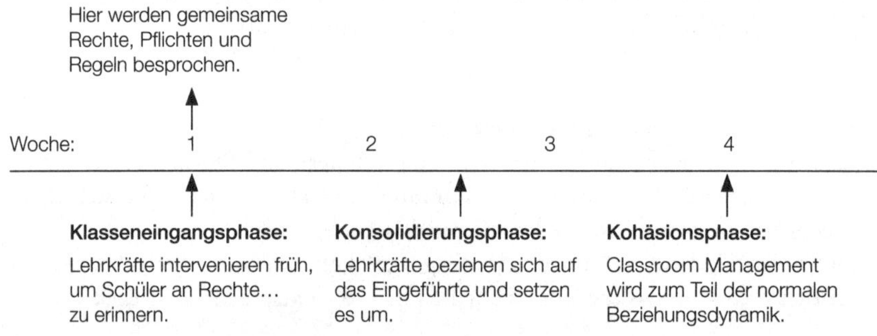

Dabei listet Rogers auf, welche Themen zu Beginn angesprochen werden sollten (S. 42-43):

- Betreten des Klassenzimmers
- Sitzordnung
- Verhalten am Platz, auch Regeln, z.B. für Zuhören, Melden, Beteiligung am Unterricht
- Umgang mit Aufbewahrungs- und Ordnungssystemen
- Signale des Lehrers, um die Aufmerksamkeit der ganzen Klasse zu bekommen
- Regeln/Abläufe für den Übergang zwischen unterschiedlichen Lernformen
- Abläufe für das Aufräumen des eigenen Arbeitsplatzes
- Signale und Abläufe für den Stundenschluss und das Verlassen des Klassenzimmers
- Verteilung von Material
- Trinken/Essen
- Toilettengänge
- wiederholtes Zuspätkommen
- Über die Stunde hinaus geht es auch um Abläufe für Pausen, Hausarbeiten.

4.2 Rituale

Was heißt Ritual (fester Brauch)? sagte der kleine Prinz. Auch etwas in Vergessenheit Geratenes, sagte der Fuchs. Es ist das, was einen Tag vom anderen unterscheidet, eine Stunde von der anderen Stunde ... (aus Antoine de Saint Exupéry, Der kleine Prinz). Mit diesen wenigen Zeilen wird ausgedrückt, warum Rituale, feste Bräuche in unserem Leben wichtig sind. Sie helfen, uns zurecht zu finden. Jeder kennt von sich Rituale, sie werden geliebt, sie werden täglich vor bestimmten Herausforderungen wiederholt. Sie vermitteln ein Gefühl von Kontrolle, sie bringen die Welt zum Stehen, schaffen ein Vorher und ein Nachher, sie durchschneiden den Alltag und in diesem Schnitt herrscht kurz Ruhe (vgl. Stillich 2017).
Wenn man im Netz unter „Rituale" googelt, ist man überrascht, wie viele Portale sich hier auftun, auch im pädagogischen Kontext für Erzieher, Pädagogen ganz allgemein (z.B.: http://www.lehrportal-fuer-erzieher.de/wunderwelt-rituale/).
Rituale prägten stets das Alltags- und damit auch das Schulleben (vgl. Stollberg-Rilinger 2013). Kaiser (2000) fasst den Stellenwert von Ritualen in der Geschichte der Schulpädagogik komprimiert zusammen. Doch im Gegensatz zu unserem Alltagsleben erging es den Ritualen im schulischen Kontext ähnlich wie den Regeln: Seit den 70er Jahren des letzten Jahrhunderts waren sie nicht mehr angesagt. Ein Beispiel mag genügen: Die Generation des Verfassers dieser Zeilen war in den 70er Jahren doch verunsichert, wie man sich mit einem bestandenen Abitur aus der Schule verabschieden könne. Eine Verabschiedung in einem festlichen Rahmen mit feierlicher Übergabe der Abiturzeugnisse war nicht angesagt. In diesem Fall wurde von der Schule das Abiturzeugnis in das Elternhaus geschickt, der Abiturient war irgendwo weg, so dass die „stolzen" Eltern erstmals allein mit dem Zeugnis da saßen.
Zum einen wurden Rituale im institutionalisierten Kontext als Symbol gesellschaftlicher Zwänge fehlinterpretiert. Zum anderen war in einer empirisch-analytisch orientierten Erziehungswissenschaft bzw. wissenschaftlich ausgerichteten Pädagogik, die in Deutschland mit dem Namen Heinrich Roth („Die realistische Wendung in der Pädagogischen Forschung", 1962) verbunden ist, erstmals kein Platz mehr für empirisch nicht nachgewiesene Phänomene.
Ganz anders heute: Von Einschulungsfeiern bis hin zu universitären Examensbällen: Hier handelt es sich mittlerweile um gesellschaftliche und besonders familiäre „Großereignisse". Neben der zunehmenden Bedeutung von Ritualen auf der gesellschaftlichen Ebene wird auch seitens der Wissenschaft Ritualen auf der individuellen Ebene eine große Bedeutung beigemessen. Der Hirnforscher Ernst Pöppel (2006) betont die große Bedeutung, die Ritualen zukommt. Sie seien so etwas wie das Leben erleichternde Automatismen, Routinen. Man wendet sie an, ohne sie reflektieren zu müssen. Das Geheimnis der Rituale besteht darin, dass sie Ausdruck des impliziten Wissens sind. Sie vereinfachen das Leben, wir gewinnen Zeit, denn

wir müssen sie nicht reflektieren. „Ungefragt und ungesagt weiß man Bescheid; mit klärenden Worten verwirrt man sich“ (Pöppel 2006, S. 323).

Stollberg-Rilinger (2013) gibt eine Definition, die disziplinübergreifend angesehen werden darf:

> „Als Ritual im engeren Sinne wird hier eine menschliche Handlungsabfolge bezeichnet, die durch Standardisierung der äußeren Form, Wiederholung, Aufführungscharakter, Performativität und Symbolizität gekennzeichnet ist und eine elementare sozial strukturbildende Wirkung besitzt“ (S. 9).

Hier ist nicht der Ort, weiter über eine Ritualdefinition nachzudenken, wie sie bspw. in den Disziplinen Geschichte oder Ethnologie geführt wird. Es geht allein um Schule, Schulleben und vor allem Unterricht. Deshalb mag die Eingrenzung bei Kaiser (2000) hilfreich sein, die eher von „Ritualorientierung des Unterrichts und Schullebens“ (S. 15) spricht, da sie „für schulische Rituale die Bezeichnung etwas zu ‚hoch gegriffen‘“ (S. 15) hält. Auch gibt sie zu bedenken, dass jede beliebige pädagogische Maßnahme als Ritual bezeichnet werden kann, die Besonderheit eines Rituals würde sich abschleifen (S. 100).

4.2.1 Funktionen

Kaiser (2000, S. 35) fasst in einer Tabelle Pro- und Contra-Argumente von Ritualen zusammen (Tab. 3). Es wird deutlich, dass nicht einseitig ein hohes Lied auf Rituale gesungen werden darf.

Tab. 3: Pro und Contra von Ritualen

Argumente	Gegenargumente
Strukturierungs- und Orientierungshilfe	Rituale fixieren Lernende auf die Lehrkräfte
Soziales Miteinander wird geregelt	Esoterisch abgehoben und anti-aufklärerisch
Rituale machen das Unterrichtsgeschehen durchschaubar	Rituale disziplinieren (eigene Anmerkung: gemeint im Sinne von bestrafen, Angst einflößen)
Rituale erleichtern den Ablauf von Unterricht	Rituale vernebeln
Rituale entsprechen den Ordnungsbedürfnissen der Kinder	Rituale stereotypisieren
Rituale fördern den Weg zu Selbständigkeit	Rituale unterwerfen
Menschen brauchen Verlässlichkeit	Rituale sind überholt
Rituale überwinden die heutige Zeithetze	Zeitverschwendung
Rituale befriedigen ästhetische Menschenwünsche	

Wenn auch die Zusammenfassung deutlich macht, dass Rituale in sich widersprüchlich sind, so soll doch auf das Positive abgehoben werden: Für schulische Kontexte gilt, dass generell Ritualen eine orientierungsstiftende Funktion zugeschrieben wird: Sie strukturieren die Arbeit im Unterricht, geben dem Zusammenleben eine verlässliche Orientierung, gliedern die Schulzeit und geben jedem Einzelnen Sicherheit.

4.2.2 Ritualisierte Handlungsabläufe/Gestaltungsmöglichkeiten

Im Folgenden soll es nicht um Rituale im Schulleben, auch nicht in Schulprojekten gehen, sondern ganz in der Diktion des Buches, Führung im Klassenzimmer, sollen Rituale auf das Leben einer Schulklasse begrenzt sein. Es soll um Verhaltensmuster im Unterricht für wiederkehrende Situationen gehen. Diese tragen wesentlich zum Unterrichtsfluss bei. Ihr Einsatz erleichtert z.B. den Übergang zwischen Unterrichtsstunden oder unterschiedlichen Arbeitsformen. Sie leisten auch einen Beitrag zum Sozialverhalten der Schüler, zur Lehrer-Schüler-Interaktion, sie wirken sich positiv auf das Klassenklima aus und geben Struktur und Orientierung.
Eichhorn (2013, S. 33) geht systematisch auf Rituale im Unterricht mit folgenden drei Fragen ein:

- „Was erwarte ich von meinen Schülern bei dem Ritual?
- Aus welchen Bestandteilen besteht es?
- Wie führe ich es ein?“

Verschiedene Gliederungspunkte sind denkbar, in zeitlicher, räumlicher, arbeitsstruktureller Hinsicht. Hier geht es nicht um Vollständigkeit – hierzu gibt es eine reiche Literatur (bspw. Kaiser 2000; Petersen 2001) –, es sollen zentrale Gelenkstellen im Unterricht akzentuiert werden.

- **zeitlich**

In zeitlicher Hinsicht sind Wochen-, Tages-, Stundenbeginn und entsprechend das Ende zentrale Klassenereignisse.
So ist in den Grundschulen der Morgenkreis am Montag fast schon ein etabliertes Ritual. Dabei sind die Varianten von didaktisch-methodischen Morgenkreisinhalten äußerst vielfältig. Das Sammeln der Wochenenderlebnisse bis zur Planung der neuen Woche sind nur zwei Möglichkeiten. „Von der Grundschule lernen“ könnte ein Motto für das Fachlehrerprinzip in den weiterführenden Schulen heißen. Wenn bspw. an den weiterführenden Schulen konsequent die neue Woche mit einer Doppelstunde beginnt und die vom Klassenleiter gehalten wird, wäre es schon möglich, dieses in den Grundschulen etablierte Ritual zu übernehmen.

Wie es jede Lehrkraft zu Stundenbeginn und auch am Ende hält, mag sehr individuell sein. Hilfe dabei kann sein, mal kurz beide Perspektiven, sowohl die Leh-

rer- als auch die Schülerseite, zu betrachten. Mit einem Stundenwechsel geht beim Fachlehrer ein Klassenwechsel, beim Schüler ein Fachwechsel einher. Beides bedeutet Eischnitte für beide Gruppen:
Wie halte ich es als Lehrer? Gönne ich mir eine kurze Erholungspause und/oder gestalte ich bewusst die Ankommenszeit? Ich mag von Klasse zu Klasse hetzen, oder ich halte kurz vor der neuen Klassentür inne, atme vielleicht mal durch und vergegenwärtige mir die nun neue Klasse. Und dann, beginne ich sofort mit dem Unterrichten oder signalisiere ich eine Einstimmung auf das nun folgende neue Fach? Ich kann mit einem Gruß beginnen, eine Minute der Stille den Schülern einräumen, die sie nutzen können, Materialien der Vorstunde wegzupacken, der jetzigen hervorzuholen. Hausaufgabenkontrolle zu Beginn hat sicherlich eine ebenso wichtige Funktion wie das Führen von Listen und Klassenbüchern, doch ob diese Dinge, wie des Öfteren beobachtet werden kann, am Anfang einer Unterrichtsstunde durchgeführt werden müssen, soll offen bleiben. Petersen (2001) gibt für einzelne Fächer sinnvolle Anregungen, wie spielerische Einstiege in die neue Fachstunde gelingen können, und für sie ist wichtig, dass diese Einstiege mit Schülerbeteiligung gestaltet werden.
So kann man den Fachunterricht mit ritualisierten Wiederholungen beginnen, indem beispielsweise Schüler fachbezogene Quizfragen aus dem vorausgehenden Unterricht zusammentragen. Ein thematischer Bezug wird hergestellt, Basiswissen wird kontinuierlich trainiert, und dies auf eine die Autonomie fördernde spielerische Weise. In gesellschaftlichen Fächern kann Schülern Gelegenheit gegeben werden, kurz aktuelle politische Nachrichten vorzustellen. In allen Fächern kann eine Stunde mit dem Vorlesen eines Stundenprotokolls beginnen, das die Schüler reihum anfertigen. In den naturwissenschaftlichen Fächern kann der Beginn für eine Knobelaufgabe etc. genutzt werden. In den künstlerischen Fächern kann reihum ein Schüler sein Lieblingsbild oder seinen Lieblingssong vorstellen. Petersen (2001, S. 134) formuliert es so: „Wenn es gelingt, für jedes Fach solche **symbolischen Einstiege** zu erfinden, die wie eine *Erkennungsmelodie* wirken, profitieren davon nicht nur Lernatmosphäre und Intensität. Es ordnet sich für die Schüler etwas, wie auch der neue Lehrer und die Lehrerin sich mit einem ritualisierenden Einstieg etwas Muße gönnen, um in der anderen Klasse anzukommen".
Inhaltlich kann es auch Sinn ergeben, mit einem Advance Organizer das Stunden- oder Wochenprogramm oder eine Unterrichtssequenz visualisiert vorzustellen. Vorteil dabei ist, dass am Ende der Stunde/Woche/Unterrichtssequenz die absolvierten Etappen nochmals in Erinnerung geholt werden können (Petersen 2001). Dabei kann eine kleine Feedbackrunde hilfreich sein. Die kann informell mündlich erfolgen, auch Signalkarten können sehr zeitsparend eingesetzt werden (z.B.: rot: Stunde war heute nicht so toll; orange: Stunde ging heute gerade so; grün: Stunde war heute klasse), auch vorbereitete Zettelchen lassen sich ökonomisch einsetzen (z.B.: Wie gut habe ich heute mitgearbeitet? gut/mittel/schlecht; Wie gut hat die Zusam-

menarbeit geklappt? gut/mittel/schlecht; Wie interessant war heute das Thema für mich? sehr/mittel/gar nicht).
Auch ein Tages- und Wochenabschluss ist eine individuelle Angelegenheit, variiert von Lehrer zu Lehrer, von Klasse zu Klasse. Doch auch hier ein paar Gedanken: Ergibt am Ende des Unterrichtstages eine Aufräumzeit Sinn oder will ich der Putzfrau das Aufräumen des Klassenzimmers überlassen? Wie möchte ich es hier mit meinem Erziehungsauftrag halten? Die Schüler verlassen über ein Wochenende ihren Arbeitsplatz Schule: Will ich mich in einem Wochenabschlusskreis von meinen Schülern verabschieden, will ich jeden Einzelnen per Handschlag in das Wochenende entlassen?
Auf folgende zwei besondere Anlässe im Laufe eines Schuljahres soll hier nur hingewiesen werden:

- Geburtstage: Wie kann eine Wertschätzung aussehen?
- Krankheit/Schülerabsenzen: Wie kann signalisiert werden, dass in der Klassengemeinschaft ein Schüler fehlt?

Rezepte für solche zeitlich klar fixierten Klassenereignisse verbieten sich, doch die Begrüßungs- und Verabschiedungsrituale oder andere Anlässe sollten die Wünsche der gesamten Klasse mitberücksichtigen.

- **räumlich**

Im Jahre 1991 verlieh die amerikanische Zeitschrift „Newsweek“ den Einrichtungen im italienischen Reggio einen Oskar für eine Pädagogik, die den Raum als dritten Erzieher miteinbezieht (Beek 2001; Göhlich 2001). Mittlerweile wurde auch im Schulwesen die Klassenraumgestaltung als Einflussgröße für das Lernen entdeckt (Kahlert, Nitsche & Zierer 2013; Stadler-Altmann 2016).
Sind die räumlichen Möglichkeiten vorhanden, ist zu überlegen, das Klassenzimmer in bestimmte Funktionsecken zu strukturieren. So könnte man neben einer „Action-Zone“ des gemeinsamen Lernens im hinteren Bereich eines Klassenzimmers eine Bewegungszone und Lese- und Entspannungszone einrichten. Diese unterschiedlichen Raumzonen, markiert durch unterschiedliches Mobiliar, signalisieren unterschiedliches Handeln.
Auch ist zu überlegen, inwieweit die Klassenraumtür eine Funktion einnehmen kann. Eine offene Tür mag bedeuten, die Schüler haben die Möglichkeit, den Flur als offenen Lernort miteinzubeziehen oder auch, andere Schüler wie die der Parallelklasse haben Zutritt. Eine geschlossene Tür kann „Bitte nicht stören!“ signalisieren.

- **arbeitsstrukturell**

Es sollen zwei Themen angesprochen werden, die im Unterricht zu disziplinären Schwierigkeiten oder Unsicherheiten führen mögen, und bei denen ein ritualisierter Handlungsablauf für weniger Irritationen sorgen kann. Ersteres Thema ist Petersen (2001) entnommen, letzteres ging aus eigenen Forschungsarbeiten hervor.

Rückgaberituale für Klassenarbeiten

Wer kennt die Situation nicht aus eigener Erfahrung? Eine Klassenarbeit wird zurückgegeben, doch außer der gezeigten Freude der sehr guten und guten Schüler löst die Herausgabe wenig Begeisterung aus, im Gegenteil, gerade die leistungsschwächeren Schüler, die ja aus ihren gemachten Fehlern etwas lernen sollten, legen die Arbeit sehr schnell beiseite, möchten sie am liebsten ignorieren. Petersen(2001, S. 122f.) schlägt eine Schrittfolge bei der Rückgabe von Klassenarbeiten vor, bei der alle Schüler profitieren können, indem sie die Fehlerbearbeitung als einen natürlichen Arbeitsvorgang kennenlernen:

1. „Lies dir deine Arbeit mit ihren Fehlern und Korrekturen genau durch. Das kritische Studium der eigenen Arbeit beginnt mit der Lektüre des Lehrerkommentars als erste Voraussetzung, sich mit Bewertung und Note ernsthaft auseinander zu setzen.
2. Überprüfe, ob der Lehrer richtig korrigiert und gezählt hat. Indem jeder in die Rolle eines Kontrolleurs schlüpft, erhöhen sich die Chancen zu größerer Distanz zur eigenen Leistung.
3. Wenn du dazu Fragen hast, trage dich in die Warteliste des Lehrers oder Lehrerin ein. Individuelle Nachfragen sind selbstverständlich, werden ernst genommen und nacheinander abgearbeitet. Die Wartezeit wird zur Erledigung unstrittiger Fehler genutzt. Oft klären sich die Probleme in der Zwischenzeit im Gespräch mit der Nachbarschaft.
4. Beginne schon mit der Berichtigung. Innerhalb einer bestimmten Zeit die Korrektur zu beenden, heißt sich tatkräftig darauf einzulassen, die Zeit für sich konstruktiv zu nutzen, um aus der kooperativen Überarbeitung für künftige Arbeiten zu profitieren.
5. Suche die richtige Lösung im Wörterbuch, Heft oder Fachbuch. Der Einsatz der Hilfsmittel wird hiermit gezielt propagiert."…
6. „Wenn du Hilfe brauchst, wende dich an einen Helfer oder an das Korrekturbüro. Dieser Schritt verweist die Schüler auf die Kompetenzen, die ihresgleichen besitzen, orientiert auf Selbstständigkeit und Kooperation. Oft sind die Mitschüler die kompetenteren Erklärer, weil sie schülernäher und in angemesseneren Worten erklären können als wir Lehrer."… „Wenn Korrekturbüros oder Prüfstationen eingerichtet werden, könnten diese von Schülern besetzt werden, die mit ihren eigenen Korrekturen rasch fertig wurden."…
7. „Gemeinsame Schlussrunde: Was war in der Arbeit/bei der Berichtigung und Verbesserung besonders schwierig? Welche Trainingsprogramme brauchst du? Was hast du jetzt verstanden? Was hat dir besonders geholfen?"…
8. „Die Berichtigungen werden wechselseitig von Schülern kontrolliert, mit einem schriftlichen Kommentar versehen und beurteilt. Durch dieses Verfahren wird die Verantwortung für die Korrekturen an die Betroffenen selbst verwiesen. Sie sind als Produzenten und Lernende zugleich gefordert."

Schließlich sammelt der Lehrer nach abgeschlossener Korrektur die Arbeiten ein und ist so gut über das Niveau von Bearbeitung und Korrektur informiert.

Rituale beim Gruppenunterricht

Auf zwei kritische Punkte bei der Gruppenarbeit soll hingewiesen werden, wie sie Diegritz und Haag (2009) herausgearbeitet haben:

- Verhalten der Lehrkraft während der Gruppenarbeit
  Während der Gruppenarbeit sollen ja die Schüler arbeiten und nicht der Lehrer. Im Gegenteil, wenn sich der Lehrer zu sehr in die laufenden Gruppenarbeiten einmischt, führt dies eher zu defizitären Gruppenergebnissen. Andererseits ist es für einzelne Gruppen schon eine komfortable Situation, kurz mal den Lehrer anzufordern, der dann auch bereitwillig sich an die Gruppentische begibt. Deshalb bietet sich folgendes Ritual an, um eher dysfunktionale Interventionen zu vermeiden:
  - Der Lehrer zieht sich nach Beendigung des Arbeitsauftrages bewusst zurück (z.B. am Pult arbeiten oder Tafelanschrift vorbereiten).
  - Der Lehrer beobachtet die Gruppen nur aus der Ferne.
  - Der Lehrer läuft nicht ständig durch die Klasse. Sonst provoziert er nur unnötige Interventionen.
- Beendigung als Übergang zur Auswertung
  Das geschickte Beenden der Gruppenarbeit ist keine leichte Aufgabe. Generell gilt, dass die Gruppen nicht abrupt aus der Gruppenarbeit herausgerissen werden sollten, sondern eine Übergangszeit zur Verfügung haben sollten, um die laufenden Arbeiten abschließen zu können und sich auf die Auswertungsphase einzustimmen. Zu empfehlen ist die Vereinbarung nonverbaler Zeichen zur Beendigung der Gruppenarbeit, etwa der Einsatz eines Lichtsignals, einer Tischglocke oder einer Spieluhr.

4.3 Disziplinsystem

Zunächst soll geklärt werden, was man unter Fehlverhalten eigentlich versteht. Darunter kann man eine bedrohliche Handlung verstehen, die einem geordneten Unterrichten entgegen steht, die das Recht der Mitschüler zum Lernen verletzt, die eine unsichere Situation schafft, Eigentum beschädigt, andere schädigt und schulisches Lernen nicht zulässt (Vang 2013, S. 82). Diese Aufzählung ist deshalb wichtig, um ein Gefühl zu entwickeln, welches „Fehlverhalten" man
- ignorieren kann
- vorsichtig anmahnen und ansprechen soll
- mit Konsequenzen ahnen soll
- man weiterverfolgen muss, evtl. Absprache mit Kollegen, Schulpsychologen, Schulleitung, Trainingsraum etc.

Vornweg werden zwei zentrale behavioristische Erkenntnisse vorangestellt, die als Basiswissen im Umgang mit Disziplin vorausgesetzt werden müssen. Denn allzu oft wird negative Verstärkung mit Bestrafung verwechselt (s. Tab. 4).

Verstärkungslernen

An Labortieren experimentell gewonnene Erkenntnisse und Gesetzmäßigkeiten über das Lernen wurden systematisch auf menschliches Lernen übertragen und damit auch im Schulkontext verwendet. Ein klares Regelwerk, Lehrerlob und Ignorieren wurden zu Schlagwörtern verhaltenstheoretisch begründeter Klassenführung. Positive und negative Verstärkung, Löschung und Bestrafung, d.h. entweder ein Entzug von etwas Positivem oder Zuführung von etwas Negativem, sind empirisch bewährte Mittel der Steuerung im Klassenzimmer. Die Operationen in Tab. 4 verdeutlichen das Gemeinte:

Tab. 4: Schema des Verhaltensaufbaus und Verhaltensabbaus

Positive Verstärkung	Positiver Reiz folgt auf ein erwünschtes Verhalten.	Verhalten nimmt zu.
Negative Verstärkung	Negativer Reiz wird nach einem erwünschten Verhalten entfernt.	Verhalten nimmt zu.
Indirekte Bestrafung	Positiver Reiz wird nach einem unerwünschten Verhalten entfernt.	Verhalten nimmt ab.
Direkte Bestrafung	Negativer Reiz folgt auf ein unerwünschtes Verhalten.	Verhalten nimmt ab.
Löschung	Pos./neg. Reiz wird nach einem gezeigten Verhalten unterbrochen.	Verhalten nimmt ab.

Verstärkungslernen wurde zu einem zentralen Baustein der pädagogischen Verhaltensmodifikation und damit auch für Steuerungsprozesse im Klassenzimmer. Durch den Einsatz von Verstärkungstechniken können Lehrkräfte das Zielverhalten ganzer Klassen positiv beeinflussen.

Die Grundidee ist, dass ein Hinweisreiz dem Schüler mitteilt, dass bestimmte Verhaltensformen in bestimmten Situationen erwünscht und andere nicht erwünscht sind. Wenn der Schüler das erwünschte Verhalten zeigt, wird es augenblicklich verstärkt, was die Wahrscheinlichkeit des Wiederauftretens des Verhaltens erhöht.

Premack-Prinzip

Das Premack-Prinzip wurde von dem US-amerikanischen Psychologen David Premack formuliert (1965). Es ist eine Fortentwicklung der Theorie des Belohnungslernens (Operantes Konditionieren). Premack konnte zeigen, dass Verstärkung nicht unbedingt ein biologisches Bedürfnis (z.B. nach Nahrung) befriedigen muss, sondern dass jedes Verhalten, das spontan häufiger gezeigt wird als ein anderes, dieses verstärken kann. So ist z.B. beim Kind das Spielen eine Verhaltensweise mit hoher spontaner Auftretenshäufigkeit, die deshalb vom Erzieher als Verstärker für eine Verhaltensweise mit niedriger Auftretenshäufigkeit (z.B. Vokabeln lernen) benutzt werden kann.

Premack führte folgendes Experiment mit Kindergartenkindern durch: Zuerst wurden die Kinder in ihrem freien Tun beobachtet, um Verhaltenshäufigkeiten festzustellen und damit mögliche Verstärker zu identifizieren. Einige Kinder spielten in diesem Zeitraum lieber mit einem Spielautomaten, andere aßen lieber Bonbons. Man teilte sie nach ihren Vorlieben in zwei Gruppen ein. Nachfolgend konnte man in der Spielautomatengruppe das Bonbonessen mit dem Spielen verstärken und in der Bonbongruppe das Spielen mit Bonbons. Man konnte jedoch in keiner Gruppe das höher wahrscheinliche Verhalten mit dem weniger wahrscheinlichen verstärken.

4.3.1 Disziplinäre Interventionen nach Marzano (2003)

Marzano teilt aufgrund seiner Metaanalyse seine disziplinären Interventionen folgendermaßen auf (in Klammer sind die Effektstärken angegeben; vgl. 1.1).

Lehrerreaktionen (.99)

Verbale und nonverbale Signale sind die einfachsten, doch wirksame Mittel, um erwünschtes Verhalten zu verstärken und unerwünschtes zu unterbinden. Um eine unangemessene Aktion zu signalisieren, taugen:

- Augenkontakt herstellen, indem sich der Lehrer dem Schüler nähert
- ein Fingersignal oder ein Kopfschütteln
- eine verbale Ermahnung, möglichst unauffällig und subtil.

Doch wenn diese Signale nicht ausreichen, sollte der Schüler direkt ermahnt werden.

Bestimmte Anerkennung (.82)

Hier sind Wertmarkenverstärker gemeint (auch als Token-System bekannt geworden), die Schüler für erwünschtes Verhalten erhalten und die sie später gegen irgendeine Belohnung eintauschen können.

Möglichkeiten für die Gruppe (.98)

Hier lassen sich unabhängige und abhängige Gruppentechniken unterscheiden. Im ersten Fall wird von jedem Schüler gefordert, dass er das ausgemachte Zielkriterium erfüllt, bspw. jeder Schüler muss sich melden, bevor er spricht. Bei abhängigen Techniken ist ein Teil der Gruppe von solchen Maßnahmen ausgenommen. Der Lehrer erwartet bspw. ein Melden nur von ausgewählten Schülern, die sich daneben benehmen. Bei dieser Maßnahme muss man als Lehrer natürlich vorsichtig agieren, um nicht einzelne in Verlegenheit zu bringen oder gar zu stigmatisieren.

Direkte Maßnahmen (.56)

Solche Maßnahmen sind eher als negative denn als positive Konsequenzen für ein Schülerverhalten geeignet. „Isolation time" nennt Marzano die Maßnahme, die ein Entfernen aus dem Klassenzimmer in einen eigenen Raum meint. Als bekanntestes Auszeitraum Modell hat sich in Deutschland die Trainingsraum Methode etabliert (vgl. 4.4).

Elterninformation (.55)
Marzano berichtet, dass Eltern eine Information über unangemessenes sowie angemessenes Schülerverhalten als sinnvollste Maßnahme halten.

4.3.2 aus behavioristischer Sicht: „Bestrafung"

Ein Problem und Dauerthema im pädagogischen Kontext bleibt die Frage der Bestrafung. Schon von Skinner wurde der Nachteil gesehen, dass Bestrafen negative Gefühle wie Angst oder Wut auslösen und so das Arbeiten in der Schule nachhaltig beeinträchtigen kann.
Aus behavioristischer Sicht wurden viele Aspekte zur Bestrafung experimentell im Labor und auch empirisch in Feldforschungen beigetragen:
Biehler und Snowman (1990) fassen die Grenzen von Bestrafung so zusammen (S. 344):

1. Milde Bestrafung (wie normalerweise durchgeführt) unterdrückt unerwünschtes Verhalten nicht dauerhaft, im günstigsten Fall nur kurzfristig.
2. Bestraftes Verhalten kann weiterhin gezeigt werden, wenn der Strafende abwesend ist.
3. Bestrafung kann bei einigen Schülern sogar dazu führen, dass unerwünschtes Verhalten ansteigt, und zwar dann, wenn Lehrerbestrafung als Aufmerksamkeit und damit als positiver Verstärker wahrgenommen wird.
4. Bestrafung kann unerwünschte emotionale Nebeneffekte auslösen bis zu Schulangst, Unpünktlichkeit, ja sogar Fernbleiben vom Unterricht.
5. Lehrer zeigen mit Bestrafung ein Modellverhalten, von dem sie nicht wollen, dass es Schüler übernehmen.
6. Effektives Bestrafen muss oft hart und unmittelbar nach einem aufgetretenen unerwünschten Verhalten erfolgen. Doch gegen hartes Bestrafen gibt es gesetzliche und ethische Vorbehalte.

Wenn Strafen sein müssen, dann ist darauf zu achten, dass

- „sie oder er [die Schülerin/der Schüler] genau weiß, wofür die Bestrafung erfolgt;
- die Bestrafung nicht zu einem Zeitpunkt erfolgt, zu dem die Schülerin oder der Schüler aufgeregt ist;
- die Schülerin bzw. der Schüler nach der Bestrafung wieder in das Unterrichtsgeschehen integriert wird, ohne dass die Lehrerin oder der Lehrer nochmals auf den Regelverstoß Bezug nimmt;
- das Verhalten bei seinem Beginn und nicht erst bei Beendigung bestraft wird;
- regelkonformes Verhalten systematisch verstärkt wird" (Julius 2014, S. 280).

Kauffman (2005, S. 306-307) schlägt aufgrund eines Reviews des Forschungsstands über Bestrafung folgende Richtlinien im Umgang mit Bestrafung vor.

1. Bestrafung sollte für ernstes Fehlverhalten reserviert sein, das mit einer Beeinträchtigung der sozialen Beziehungen einhergeht.
2. Bestrafung sollte in Verbindung mit einem Verhaltensaufbau und Programmen durchgeführt werden, die positive Konsequenzen für entsprechendes Verhalten betonen.
3. Bestrafung sollte von Personen durchgeführt werden, die warmherzig gegenüber den Tätern sind und wenn diese ein akzeptables Verhalten zeigen.
4. Bestrafung sollte sachlich durchgeführt werden, nicht angstbesetzt, bedrohend oder moralisierend.
5. Bestrafung sollte fair, einheitlich und sofort erfolgen, sie sollte klar vorhersehbar, sofort und nicht aus einer Laune heraus oder zeitlich versetzt erfolgen.
6. Bestrafung sollte verhältnismäßig erfolgen, auf geringes Fehlverhalten sollte eine geringe, auf ernsthafteres Fehlverhalten eine stärkere Bestrafung erfolgen.
7. Bestrafung, wenn möglich, sollte eher eine Einbuße an Privilegien/Belohnungen oder ein Entzug von Aufmerksamkeit beinhalten als aversive Reize.
8. Bestrafung sollte sich auf das Fehlverhalten beziehen und dem Delinquenten die Möglichkeit der Wiedergutmachung einräumen.
9. Bestrafung sollte ausgesetzt werden, wenn ihre Wirkung nicht sofort klar wird. Es ist besser, nicht zu bestrafen als ineffektiv zu bestrafen, da sonst die Toleranz für aversive Konsequenzen wächst.
10. Für alle Beteiligten sollte es klar fixierte Regeln für Bestrafung geben.

Rechtsverstöße
Das bisher Gesagte ist zu relativieren, wenn es sich um Rechtsverstöße und Straftaten handelt. Eichhorn (2013) spricht von der „juristischen Karte“ und von einem „vernachlässigten Trumpf“ (S.29).
Darunter versteht er Rechtsverstöße, die bundesweit verfolgt werden können.

Hierunter zählen:
- Sich ohne Erlaubnis aus dem Unterricht entfernen
- Unentschuldigtes Fernbleiben von der Schule

Straftaten, die von Gerichten geahndet werden können, sind:
- Cybermobbing
- Sachbeschädigungen an der Schule
- Körperverletzung

Null Toleranz Philosophie
In den 90er Jahren ist im Zuge von eskalierender Gewalt in den Schulen in den Vereinigten Staaten der Ruf nach mehr Bestrafung unter dem Label „zero tolerance“ (Noguera 1995) laut geworden. Dies führte zu einem Anwachsen der vorläufigen Suspension vom Unterricht bis zum endgültigen Ausschluss.

Generell gibt es gute Argumente für Aufrechterhalten von Disziplin in der Schule. Solche sind beispielsweise:

- die Sicherheit von Schülern sowie Lehrern wird gewährleistet
- nur in einem Klima der Sicherheit ist Lernen möglich
- im Sinne der behavioristischen Definition von Bestrafung wird die Rate zukünftiger Verfehlungen reduziert.

In der Philosophie von „Null Toleranz" kommen noch folgende Argumente hinzu:

- der Glaube an die abschreckende Funktion einer Schulstrafe
- das Entfernen von Hauptunruhestiftern verbessert das Schulklima für alle
- die Frage, was wohl ohne Strafe passiert.

Skiba und Rausch (2006) geben gegen diese Philosophie zweierlei zu bedenken:

1. Zu inkonsistent wurde mit den Suspensionen verfahren, so wurde gegen relativ harmlose Verfehlungen zu hart vorgegangen.
2. Bisher liegen keine belastbaren Daten für einen Erfolg dieser Philosophie vor, weder die Sicherheit in Schulen noch das Schülerverhalten habe sich verbessert. Im Gegenteil, bei größeren Raten von Ausschlüssen habe sich an den entsprechenden Schulen das Klima verschlechtert, die Schulleistungen seien abgefallen, die Wahrscheinlichkeit zukünftigen Fehlverhaltens habe zugenommen, und – ein typisches Phänomen für die USA – Kinder aus afro-amerikanischen Familien und sozial schwächer gestellten habe es überrepräsentativ getroffen.

Die Autoren folgern, dass die Nachteile bei dieser Philosophie bei weitem deren Vorteile überwiegen.
So gibt es eine Gegentendenz gegen die „Null Toleranz Philosophie", deren Pfeiler so formuliert sind:

- „Null Toleranz" Disiziplinmaßnahmen sollten nur für die schlimmsten Verhaltensüberschreitungen angewendet werden, wobei dieses Verhalten explizit zu definieren ist.
- Anstelle einer Strafe für alle sollten gestufte Disziplinarmaßnahmen erstellt werden.
- Alle Übertretungen sollten sorgfältig definiert werden. Dies schützt vor ungleichen Konsequenzen auf Schülerseite und die Schulseite vor willkürlichen Strafen.
- Das Überlegen von Präventivmaßnahmen sollte Vorrang vor Strafkatalogen haben.
- Kooperationen aller Beteiligten, also der gesamten Schulfamilie, sollten angedacht werden.
- Es sollte eine Evaluation aller Schulprogramme im Umgang mit Disziplinstörungen und Gewalt erfolgen.

4.3.3 Verhaltensverträge

Es wird eine bewährte Intervention vorgestellt, die man in der Medizin als „Breitbandtherapeutikum" bezeichnen würde, und die universell einsetzbar ist, Verhaltensverträge (vgl. im Folgenden Bellingrath 2014).

Verhaltensverträge sind sinnvoll, entweder um ein erwünschtes Verhalten zu erzielen oder ein unerwünschtes zu verringern. Sie basieren auf Konditionierungsvorgängen, wie sie die behavioristisch orientierte Lernpsychologie herausarbeiten konnte.

Goldene Regeln für ein Gelingen

Ein solcher Vertrag besteht aus folgenden zehn, einfach gehaltenen Regeln:

„1. Die Belohnung innerhalb des Vertrags sollte sofort erfolgen.
2. Erste Verträge sollten für kleine Schritte sorgen und sie belohnen.
3. Belohne häufig mit kleinen Beträgen.
4. Der Vertrag sollte eher Leistung als Gehorsam fordern und sie belohnen.
5. Belohne die Leistung nach der Durchführung.
6. Der Vertrag muss fair sein.
7. Die Vertragsbedingungen müssen klar sein.
8. Der Vertrag muss ehrlich sein.
9. Der Vertrag muss positiv sein.
10. Der Vertragsabschluss muss als Methode systematisch angewendet werden." (Bellingrath 2014, S. 474).

Klärung folgender Fragen

Folgende Fragen sind bei dem Einsatz von Verhaltensverträgen im Vorfeld zu überlegen und zu klären. Es soll einmal von einem typischen Problemfall im Schulalltag ausgegangen werden, dass Hausaufgaben nicht erledigt werden. Dabei sind folgende Fragen im Vorfeld zu entscheiden:

- Welches Zielverhalten wird angestrebt?, z.B. hier: Die Hausaufgaben werden regelmäßig vor dem Abendessen erledigt.
- Welche Belohnungen werden in Aussicht gestellt, welche werden für Tauschverstärker vergeben? Wofür können sie eingetauscht werden?, z.B. hier: Für zwei Wochen, also 10 Tage erledigte Hausaufgaben gibt es einen Kinobesuch.
- Wie lange soll der Vertrag laufen?
- Welche Personen sind mitinvolviert?, z.B. hier: Die Bezugsperson, die eher zu Hause ist.

Anwendungsbereiche

Verhaltensverträge sind bei unterschiedlichen Verhaltensweisen wirksam, Einschränkungen gelten nur bei verzögertem Entwicklungsstand (sehr junge Kinder) und eingeschränkter kognitiv-verbaler Kompetenz (geistig behinderte, autistische Kinder und Jugendliche). Hier einige Anwendungsbereiche:

- Angst vor der Klasse zu sprechen, mündlich geprüft zu werden
- Angst vor jeglicher Art von Prüfungen
- geringe Selbstwirksamkeitseinschätzung hinsichtlich schulischer Leistungen
- Schulschwänzen, Verweigerung der Mitarbeit, fehlende Hausaufgaben
- Unaufmerksamkeit, Ablenkbarkeit
- Lernstörungen wie mangelnde Lesekompetenz, geringe Lesemotivation, Beeinträchtigung grundlegender Rechenfertigkeiten

Konkretes Beispiel für einen Verhaltensvertrag

Peter schiebt das Erledigen seiner nachmittäglichen Hausaufgaben vor sich her, in seinen Augen „Wichtigeres" kommt meistens dazwischen. Wenn seine Eltern um 17.00 Uhr nach Hause kommen und gemeinsam zu Abend essen wollen, muss Peter meistens gestehen, dass er mit seinen Hausaufgaben immer noch nicht fertig ist. Der Schulpsychologe, an den sich die Eltern wenden, schlägt folgendes Vorgehen vor:

Es wird ein Lernvertrag zwischen den Eltern und Peter abgeschlossen. Ziel des Vertrages ist, die tägliche Hausaufgabendurchführung an ein klares und überschaubares Regelwerk zu binden, Felix soll sein Hausaufgabenverhalten besser in den Griff bekommen.

Der Vertrag könnte so aussehen:

Lernvertrag

1. Spätestens eine Stunde nach dem Heimkommen beginne ich mit den Hausaufgaben an meinem häuslichen Arbeitsplatz.
2. Ich lege zu Beginn fest, womit ich anfange. Dabei schätze ich ein, wie lange ich für jedes Fach brauche.
3. Während meiner festen Lernzeiten lasse ich mich von niemandem stören. Ich sage diese Zeiten auch meinen Freunden, so dass diese mich während dieser Zeit nicht anrufen.
4. Ich werde zusätzlich täglich 10 Minuten in meinem Problemfach Englisch Vokabeln wiederholen.
5. Wenn ich diesen Vertrag zwei Wochen durchhalte, belohne ich mich mit einem Kinobesuch (oder Schwimmbadbesuch oder Einkaufsbummel) mit Freunden.

Datum Unterschrift

4.3.4 Umgang mit Disziplin – durch psychotherapeutische Schulen neu gewendet

Das Aufkommen der psychotherapeutischen Schulen seit Mitte des letzten Jahrhunderts gerade in Amerika führte zu vielen theoretischen Erkenntnissen, die zunächst in der klinischen Einzelfallforschung generiert wurden und erstmals nicht im Kontext von Schule.

Hier seien stellvertretend zwei prominente Richtungen genannt, die sich in der Lehrerausbildung, auf psychotherapeutischer Basis, engagierten.

Individualpsychologie

Dreikurs (1897-1972) traf in Wien auf Alfred Adler und war beeindruckt, wie er die Erfahrungen aus Psychiatrie und Psychotherapie für die Erziehung nutzbar machte. Inspiriert von Alfred Adler gründete er nach seiner Emigration das Alfred Adler Institute in Chicago und setzte in den USA die Wiener Tradition der Verbindung von Neurosenprophylaxe und Lehrerausbildung fort. Er fand Zugang zu Ärzten, Psychiatern und Lehrern und gründete Kinder- und Elternberatungsstellen. Ein Bestseller in Deutschland wurde seine „Psychologie im Klassenzimmer" (1973), die amerikanische Übersetzung des 1957 herausgegebenen Buches mit dem Titel „Psychology in the Classroom".

Der Grundtenor seiner großen Fangemeinde – dieser Begriff sei dem Autor erlaubt, hat er doch während seines Studiums als auch in den ersten Berufsjahren hoch engagierte, ja glühende Anhänger in Seminaren, Workshops, Fortbildungen erlebt – mag man auf den Nenner bringen: „Bei Problemen mit Schülern im Klassenzimmer – erst mal Dreikurs lesen"!. Anhand von über 60 Beispielen zeigt Dreikurs, wie Lehrkräfte mit schwierigen Schulkindern erfolgreich umgehen können.

An Stelle von Druck oder Belohnung, so sein Credo, gehe es für den Erzieher darum, die natürlichen und logischen Folgen für ein Fehlverhalten zu entdecken, die jedes Kind akzeptieren könne. Wenn ein Kind beispielsweise zu ungestüm mit seinem Spielzeug umgeht und es kaputt macht, heißt die natürliche Folge, dass es mit dem Spielzeug nicht mehr spielen kann, da es dieses ja selbst zerlegt hat. Wenn ein Schüler beispielsweise eine Wand im Klassenzimmer vollschmiert, heißt die logische Folge, mitzuhelfen, dass diese Wand wieder sauber wird. Ein sorgfältiger Umgang mit diesen „Strafinstrumenten" kann intrinsische Motivation, Selbstkontrolle und persönliche Verantwortung wachsen lassen.

Bei diesem Vorgehen geht es um einen engen Begriff von Klassenführung im Umgang mit Störenfrieden, die durch Anwendung gruppendynamischer und psychologischer Methoden wieder in die Klassenordnung eingegliedert werden können. Dabei steht im Fokus die Verhaltensänderung eines Schülers, nicht seine Person.

Humanistische Psychologie

Carl Rogers (1902-1987), der Mitbegründer der Humanistischen Psychologie, der die klientenzentrierte Gesprächstherapie entwickelte, propagiert ein „Lernen in Freiheit" (1984): Anstelle von Lenkung und direkter Führung oder auch Belehrung geht es ihm um einen Umgang, der gekennzeichnet ist durch Wertschätzung, Einfühlung, nicht wertendes Verstehen.

Thomas Gordon (1918-2002), der ebenfalls zu den Pionieren der Humanistischen Psychologie gehört, übertrug die Philosophie von Rogers auf das Vorbeugen und Lösen von Konflikten. Weltweit bekannt geworden ist er durch seine „Familienkonferenz" (1989; im Original: „Parent Effectiveness Training" 1970). 1974 entwickelte er ein „Teacher Effectiveness Training" (deutsch: „Lehrer-Schüler-Konferenz" 1977). Hier werden praxisnahe Lösungsvorschläge aufgezeigt, wie im Klassenzimmer Konflikte bewältigt werden können. Probleme entstünden bei Schülern und Lehrern, wenn deren beider Bedürfnisse frustriert würden. Aktives Zuhören und

Ich-Botschaften sind zentrale Möglichkeiten, Konflikte in der Schule zielgerichtet zu lösen und den Unterricht produktiver zu gestalten.
Bei diesen klinischen Ansätzen geht es vor allem um den Aspekt Umgang mit Disziplinstörungen – einem Aspekt von Klassenführung. Einerseits können diese Ansätze kaum auf empirische Effektivitätsstudien verweisen, andererseits wurden einige der Ratschläge systematisch im Kontext von Schule untersucht und auch für erfolgreich erachtet. Dies mag der Grund sein, dass auch heute noch einige Autoren dieser klinischen Ansätze nicht nur in Neuauflagen immer wieder neu publiziert werden, sondern auch in aktuellen Schulprogrammen auftauchen.

4.4 Lernerzentrierte Arrangements

Seit der Kognitiven Wende in den 60/70er Jahren des letzten Jahrhunderts wird unter den neuen kognitiven, sozial-kognitiven und sozio-kulturellen Perspektiven Lernen und Lehren neu gesehen. Der Mensch wird nun als selbstgesteuert gesehen, der durch kognitive Denk- und Verstehensprozesse lernt und die wahrgenommenen Reize selbstständig und aktiv verarbeitet. Lernen wird zu einem sozialen Aushandeln mit der Umgebung. So verwundert es nicht, dass auch Evertson und ihre Mitarbeiter den Begriff des Classroom-Managements, der zunächst auf Umgang mit Disziplin und Interventionen beschränkt war, im Laufe der Jahre auf Lehrerhandeln erweiterten, das lernförderliche Lernumgebungen gestalten will. Ziel jeglichen Unterrichts muss es ein, die Schüler unabhängig von Lehrern zur Selbstständigkeit zu erziehen und dass sie für ihr Lernen selbst verantwortlich sind. Evertson spricht von „learning-centered classrooms", Freiberg (1999, S. 59) von einem „personenzentrierten" Modell der Klassenführung.

Freiberg (1999) stellt vergleichend gegenüber (vgl. Tab. 5), was Umgang mit Disziplin in Lehrer-zentrierten und Person-zentrierten Klassenzimmern bedeutet (S. 13):

Tab. 5: Unterschiedliche Auffassungen von Klassenführung

Lehrerzentrierte Klassenzimmer	Personzentrierte Klassenzimmer
Der Lehrer ist der alleinige Führer. Management ist eine Form von Aufsicht.	Die Führung wird geteilt. Management ist eine Form von Anleitung.
Lehrer sind für Büroarbeit und Organisation verantwortlich.	Schüler unterstützen die Organisation.
Disziplin geht vom Lehrer aus. Wenige Schüler unterstützen den Lehrer.	Disziplin geht vom Schüler aus. Alle Schüler haben die Chance, den Lehrer bei seiner Arbeit zu unterstützen.

Lehrerzentrierte Klassenzimmer	**Personzentrierte Klassenzimmer**
Lehrer erstellen die Regeln und geben sie weiter. Konsequenzen werden für alle Schüler gleich festgelegt.	Regeln werden in einer Art Vertrag von Lehrern und Schülern gleichermaßen erstellt. Konsequenzen berücksichtigen individuelle Unterschiede.
Belohnungen sind meist extrinsisch. Schüler erhalten begrenzte Verantwortlichkeiten.	Belohnungen sind meist intrinsisch. Schüler sind an Verantwortlichkeiten mitbeteiligt.
Einige Mitglieder der Gemeinde haben Zutritt in die Klassenzimmer.	Partnerschaften mit der Geschäftswelt und der Gemeinde werden eingegangen, um die Lernangebote zu erweitern.

Was die Rolle der Schüler betrifft, benutzt Freiberg die Bilder des Touristen und des Bürgers („Tourist vs. Citizen") und kontrastiert beide Typen je nach Lernumgebung. In seinem personzentrierten Ansatz sieht er die Schüler als Bürger (vgl. S. 80) (vgl. Tab. 6).

Tab. 6: Unterschiedliche Auffassungen von Schülern

Tourist	**Bürger**
Schüler sind passiv Lernende.	Schüler sind aktive Lerner.
Sie bearbeiten relativ einfache Arbeitsblätter.	Sie bearbeiten kleine Projekte in Gruppen.
Sie arbeiten für sich.	Sie arbeiten in Gruppen.
Sie arbeiten ab, was der Lehrer vorgibt.	Sie entwickeln neue Ideen.
Sie verfassen selten Texte.	Sie arbeiten täglich an Texten.
Ihre Arbeiten werden selten ausgestellt.	Die Arbeiten erfahren Öffentlichkeit.
Sie diskutieren selten Gründe für ihre Antworten.	Sie machen sich über ihre Antworten Gedanken.
Sie arbeiten kaum interaktiv in der Klasse.	Sie interagieren von sich aus mit Lehrern und Mitschülern.
Es ist ihr Klassenzimmer.	Es ist unser Klassenzimmer.
lehrerkontrollierte Disziplin	gemeinsam verantwortete Disziplin
Sie haben wenige Freunde in der Klasse.	Sie haben mehrere Freunde in der Klasse.
Sie kommen relativ spät in die Klasse.	Sie kommen frühzeitig in die Klasse.
Sie haben mehrere Fehlzeiten.	Sie haben weniger Fehlzeiten.
Sie verhalten sich neutral gegenüber der Schule.	Sie freuen sich und engagieren sich in der Schule.

Evertson und Neal (2006) setzen sich sehr detailliert mit dem neuen Konzept von Classroom Management auseinander. Anhand von vier Tabellen werden die zentralen Dimensionen von Unterricht sehr detailliert beschrieben, und es werden die Unterschiede des bisherigen Verständnisses eines Lehrer-zentrierten Classroom-Managements hin zum Lerner-zentrierten Modell zusammengestellt. Es handelt sich um die vier Dimensionen (vgl. Übersetzung aus Mägdefrau 2010, S. 58):

1. Verständnis von Unterricht, das auf selbstregulative Fähigkeiten der Lernenden zielt und Verständigung über Ziele, Inhalte, Methoden oder Sozialformen beinhaltet
2. gemeinsame Entscheidung über die Gestaltung der Lernumgebung und der Arbeitsformen
3. Verständigung über Strategien von Klassenführung und Steuerung, über ein Regelsystem und die Überwachung der Regeleinhaltung
4. Umgang mit Ergebnissen, Leistungen und ihrer Beurteilung.

Ein wörtlich wiedergegebenes Beispiel aus der letzten Dimension soll den Wechsel von einer lehrer- hin zu einer lernerzentrierten Einstellung verdeutlichen (S. 13):

> „Responsibility for assessment"
>
> „Moving from" (bisheriges Verständnis): „Teacher is the sole assessor."
> „Moving toward" (neues Verständnis): „Combination of teacher assessment, student selfassessment, and peer assessment."

Trainingsraum-Methode

Ganz im Geiste eines lernerzentrierten Vorgehens im Umgang mit Unterrichtsstörungen kann man als eine Möglichkeit die Trainingsraum-Methode einordnen. Diese wird im fallbasierten Arbeitsbuch von Kiel, Kahlert, Haag und Eberle (2011/2017) beschrieben, woraus hier u.a. zitiert wird.

Die Trainingsraum-Methode ist ein Programm zur langfristigen Reduktion von Unterrichtsstörungen. Schüler, die sich nicht an Regeln halten, werden aufgefordert, den sogenannten „Trainingsraum" aufzusuchen, um dort mit einer in Konfliktbewältigung geschulten Person einen „Rückkehrplan" zu erarbeiten. Das Modell bezieht sich auf ein amerikanisches Konzept zur Entwicklung von schulischem Sozialverhalten, das deutschen Verhältnissen angepasst wurde (Bründel & Simon 2013). Dabei wird davon ausgegangen, dass das Verantwortungsbewusstsein junger Menschen durch eine strukturierte Vorgehensweise systematisch gestärkt werden kann. Die Schüler sollen lernen, die Rechte anderer zu respektieren, die Konsequenzen ihrer Handlungen zu überdenken und über ihr Verhalten selbst zu entscheiden. Ziel ist, durch einen Appell an die Einsicht mehr (Selbst-)Disziplin und Eigenverantwortung für das eigene Handeln zu schaffen. Die Methode, Störern

„Auszeiten“ außerhalb des Klassenzimmers zu ermöglichen, dient nicht nur deren Aggressionsabbau, sondern der Entlastung aller an der Konfliktsituation beteiligten Personen. Lehrer können durch diese Unterstützung ihrer Doppelaufgabe, erzieherische Probleme bei gleichzeitiger Aufrechterhaltung des Unterrichtsflusses lösen zu müssen, besser gerecht werden, und lernwillige Schüler müssen nicht zu sehr unter den Störungen durch andere leiden.
Die Trainingsraum-Methode basiert auf drei Grundregeln, die in der Schulgemeinschaft nicht verhandelbar sind:

1. Jeder Schüler hat das Recht, ungestört zu lernen.
2. Jeder Lehrer hat das Recht, ungestört zu unterrichten.
3. Jeder muss stets die Rechte der anderen respektieren.

Der Methode liegt ein fester Ablaufplan zugrunde:

1. Bei Regelverletzungen wird der betreffende Schüler von der Lehrperson mit fünf Fragen konfrontiert, die das eigene Verhalten und dessen Konsequenzen bewusst machen sollen:
   - Was tust du gerade?
   - Gegen welche Regel verstößt du?
   - Was passiert, wenn du gegen diese Regel verstößt?
   - Wofür entscheidest du dich?
   - Wenn du wieder störst, was passiert dann?

   Wichtig ist, dass der Schüler selbst und nicht der Lehrer das störende Verhalten benennt. Daraufhin muss der Schüler eigenverantwortlich die Entscheidung treffen, ob er einlenkt und im Klassenzimmer bleibt oder in den Trainingsraum geht. Er weiß, dass er diese Entscheidungsfreiheit nicht mehr hat, wenn er in der Klasse nochmals gegen die Regeln verstößt. Dann hat er keine andere Wahl mehr, als den Trainingsraum aufzusuchen.
2. Signalisiert der Schüler der dort anwesenden Betreuungsperson seine Bereitschaft zur Mitarbeit, hat er nun die Gelegenheit, ihr die Konfliktsituation aus seiner Sicht zu schildern, sich in die Perspektive der anderen Beteiligten hineinzuversetzen und zu überlegen, welche Möglichkeiten es für ihn gibt, sich in Zukunft anders zu verhalten. Wichtig ist dabei, dass ein schriftlicher „Rückkehrplan“ erstellt wird, der Zielvereinbarungen fixiert, damit deren spätere Erreichung überprüft werden kann. Verweigert der Schüler jedoch seine Mitarbeit, entscheidet er sich dafür, im Trainingsraum zu bleiben. Die Weigerung gilt wiederum als Störung, auf die der pädagogische Helfer mit dem Stellen der fünf Leitfragen reagiert.
3. Tritt auf Dauer keine Besserung des Verhaltens ein, sind die Eltern zu einem Beratungsgespräch hinzuzuziehen.

Bründel und Simon (2013) fassen Gewinn und Chancen so zusammen:

für die Schüler:
- Ich störe, werde aber nicht abgelehnt.
- Ich mache mir die Regelverletzung bewusst.
- Ich überlege und bedenke die Konsequenzen.
- Ich bin für mein Tun selbst verantwortlich.
- Ich werde unterstützt.
- Ich denke darüber nach, was ich verändern kann.

für die Lehrer:
- Ich habe die Chance, einen weitgehend störungsfreien Unterricht zu halten.
- Weniger Ermahnungen, kein Feilschen, keine langen Diskussionen.
- Stringentes Vorgehen bei Störungen.
- Ich trage Verantwortung nur für mein eigenes Tun.
- Ich bin verantwortlich für das, was ich „aussende", nicht für das, was ankommt und was die Schüler daraus machen.

Zusammengefasst können die einzelnen Schritte des Implementierungsprozesses so gestaltet werden (vgl. Bründel & Simon: http://www.trainingsraum-methode.de/implementierung/index.shtml)
- Interesse/Vorinformation
- Kollegiumsinterne Fortbildung
- Entscheidung des Kollegiums
- Entscheidung der Schulkonferenz
- Auswahl der Trainingsraumlehrer
- Schaffung organisatorischer Voraussetzungen
- Schulung der Trainingsraumlehrer
- Elterninformation
- Schülerinformation
- Beginn mit den untersten Jahrgängen
- Interne oder externe Supervision der Trainingsraumlehrer
- Allmähliche Fortführung mit der gesamten Schülerschaft
- Evaluation

Und die bisher erfolgte Einführung und Evaluation dieser Methode führt mittlerweile dazu, dass bei Schulumbauten heute Standard ist, einen solch separierten Raum einzuplanen – ein Indiz, dass diese Methode im Schulalltag akzeptiert und angekommen ist.

4.5 Ein Fallbeispiel – tägliche Belastungen im Schulalltag

Der Autor ist sich bewusst, dass die Lektüre dieses Buches den Leser nicht automatisch in die Lage versetzt, mit Disziplinproblemen nun professionell umgehen zu können. Hierzu reicht reines deklaratives Wissen nicht. Im Folgenden soll aufgezeigt werden, wie eine Vorgehensweise eher erfolgversprechend sein kann:
Das Autorenteam Kiel, Kahlert, Haag und Eberle beschäftigt sich in einem Arbeitsbuch mit herausfordernden Situationen in der Schule (2011, 2017). Darin schildern sie u.a. auch Fälle, die prototypisch für eine große Belastung von Lehrkräften im Schulalltag stehen, nämlich tägliche zermürbende Auseinandersetzungen, vor allem mit Mittelstufenschülern, über an sich als selbstverständlich geltende Verhaltensregeln.
Ein solcher Fall wird hier wiedergegeben, an dem exemplarisch aufgezeigt werden soll, wie professionell mit täglichen Belastungen im Schulalltag umgegangen werden kann. Dieser Fall soll der Reihe nach beleuchtet und zerlegt werden, nicht um dem Leser ein Patentrezept an die Hand zu geben, das in einem anders gelagerten Fall möglicherweise nicht zielführend ist, sondern um Möglichkeitsräume aufzuzeigen, die auch für ähnliche Fälle geeignet sein können (vgl. S. 81-90).

1. Falldarstellung

O-Ton einer Lehrerin einer achten Jahrgangsstufe:

Sie haben mich gefragt, was mich im Schulalltag am meisten belastet. Ich finde es schlimm, mich den Schülern gegenüber immer wieder rechtfertigen bzw. durchsetzen zu müssen. Das ist sehr zermürbend.
Es wird immer versucht, die Verantwortung auf andere abzuschieben. Das reicht bis ins Elternhaus hinein. Ein Beispiel: Es ist schon fast eine „Selbstverständlichkeit" geworden, dass die meisten Schüler ihren Müll einfach auf den Boden fallen lassen. Eine Schülerin hatte ihr Heft nicht dabei; sie schrieb nicht mit, und ihre Jacke lag vor ihr auf dem Tisch. Deswegen habe ich sie ermahnt, dass sie auf einem Blatt Papier mitschreiben sollte. Ein anderer Schüler sagte dann, dass die Schülerin eine Mandarine esse, die sie hinter der Jacke versteckt halte und dass sie die Schalen auf den Boden geworfen habe. Die Schülerin behauptete, die Schalen seien nicht von ihr. Da diese schon vertrocknet waren, habe ich ihr geglaubt, sie aber aufgefordert, sie trotzdem aufzuräumen. Da es bei uns einen Schülerputzdienst gibt, der am Ende der sechsten Stunde putzt, hätten bestimmt schon andere Schüler Müll von ihr aufgeräumt. Ich sagte zu ihr, dass ich möchte, dass sie die Schalen aufhebt, wenn ich sie darum bitte. Daraufhin wurde sie sehr aggressiv, und es kam zu einer Auseinandersetzung. Dann gab ich ihr einen Verweis, weil sie sich ganz massiv meiner Anweisung widersetzt hat. Als die Schülerin behauptete, ich würde sie mobben und „auf dem Kieker haben", ging ich einfach aus dem Klassenzimmer. In der nächsten Stunde hat sie sich entschuldigt. Daraufhin habe ich sie aufgefordert, darüber nachzudenken, was sie eigentlich gesagt und mir unterstellt hatte. Wenn die Schüler persönlich werden, dann trifft mich das immer.
Das Gute bei uns im Kollegium ist, dass wir miteinander reden. Das ist nicht überall so. Für jemanden, der neu da ist oder Probleme hat, ist es sehr schwierig, wenn er nicht im Kollegium darüber reden kann. Schon das Wissen, dass sich die Schüler auch bei anderen Lehrern so aufführen, ist beruhigend und hilft einem.

2. Fallbearbeitung

Lehrkräfte neigen dazu, von einer wahrnehmbaren Störung gleich auf eine interpretierende, bewertende Ebene zu springen und das Phänomen nicht einfach für sich stehen zu lassen. Sie tun dies nicht aus Ignoranz, sondern aus der Tatsache heraus, dass sie sofort eine Lösung für das Problem suchen, um den Unterrichtsfluss unnötig zu unterbrechen. Dabei kann es zu Fehlinterpretationen und zu Missverständnissen mit den Schülern kommen. Wenn beispielsweise ein Schüler sich ständig mit seinem Nachbarn beschäftigt, ihn anspricht, stört, ja laut wird, wird die Lehrkraft möglicherweise dem Schüler nicht gerecht, wenn er ihn anpöbelt mit einer Bemerkung, jetzt reicht es mir aber. Möglicherweise wurde der Schüler schon länger von seinem Nachbarn provoziert und er wusste sich nichts anders zu wehren.
Deshalb soll im Folgenden bei der Bearbeitung der geschilderten Ausgangssituation zwischen folgenden vier Ebenen unterschieden werden (Die Antworten zu den jeweils formulierten Fragen werden unmittelbar gegeben.

2.1 Identifizieren

Mit welchen Schwierigkeiten wird die Lehrkraft konfrontiert? Hier geht es um das Wer, Was, Wie, Wo.
Mögliche Antwort:
Eine Schülerin widersetzt sich der Aufforderung, Mandarinenschalen vom Boden aufzuheben, wobei unklar ist, ob die Schalen von ihr stammen. Die Schülerin reagiert zunehmend aggressiv und wirft der Lehrkraft Mobbing vor.

2.2 Interpretieren

Es geht um das Warum, Wozu. Dies ist sowohl die Ebene der Gründe für etwas, die zeitlich vor einem Phänomen liegen können, als auch die Ebene der Gründe, die nach den Absichten fragen.

(1) Ein Raster kann helfen, Situationen im Unterricht zu analysieren und zu beurteilen. Rainer Winkel (2009) hat einen Diagnosebogen zur Analyse von Unterrichtsstörungen erarbeitet, der einen differenzierten Blick auf Formen von Störungen, auf die Frage wer oder was gestört wird, auf Störungsrichtungen, -folgen und mögliche Ursachen erlaubt. Mit solch einer differenzierten Betrachtung können monokausale Erklärungen vermieden werden, die dem komplexen Gefüge Unterricht nicht gerecht werden.
Betrachten Sie den Fall nochmals unter Einbeziehung des Diagnosebogens! (s. Material 1: Diagnosebogen: am Ende des Unterkapitels)! Wie kann die beschriebene Situation aus Ihrer Sicht interpretiert werden?
Mögliche Antwort:
Bitte beachten Sie: Allein auf Basis der beschriebenen Situationen können die Unterrichtsstörungen kaum abschließend interpretiert werden, da einige Angaben fehlen bzw. Kontextbedingungen oder auch vorausgehende Vorfälle nicht

klar erkennbar sind. Es handelt sich an dieser Stelle entsprechend um mögliche Lösungsräume.

Formen von Störungen	• Disziplinstörung (Regeln werden nicht eingehalten) • Provokation und Aggression
Ebene, auf der die Störung als solche definiert wird	• Lehrkraft • Beeinträchtigung des Lehr-Lern-Prozesses (Lehrkraft verlässt Klassenzimmer)
Störungsrichtung	• Schüler – Lehrer • Schüler – Norm
Störungsfolgen	Unterbrechung, andere Folgen (z.B. auf das Klima in der Klasse) nicht klar erkennbar
Mögliche Ursachen	Denkbar: Langeweile, pubertäres Verhalten, Einfluss durch Peergroup, mangelndes Durchsetzungsvermögen der Lehrkraft, geringe Zusammenarbeit im Kollegium...

(2) Interpretieren Sie das Verhalten der Schülerin unter Berücksichtigung der Reaktanztheorie! (s. Material 2: Bedrohung der (Wahl-)Freiheit: Die Reaktanztheorie: am Ende des Unterkapitels)
Mögliche Antwort:
Im Umfeld der Schule sind im Sinne der Reaktanztheorie relativ viele „Freiheiten“ durch Regeln beschränkt. Ganz allgemein wird die Freiheit des Schülers durch die Schulpflicht eingeschränkt. Die Schülerin zeigt in der Situation oppositionelles Verhalten (Aggression gegen Lehrkraft), da ihr Handlungsspielraum eingeschränkt wird (Aufforderung zum Aufheben der Mandarinenschalen).

2.3 Bewerten

Es geht um positive oder negative Urteile gemäß einem definierten Bewertungsmaßstab. Wie bewerten Sie das Verhalten der Lehrerin?
Mögliche Antwort:
Die Lehrerin entscheidet sich für eine Bestrafung (Verweis) und versucht so, die Situation zu beenden. Der Widerstand der Schülerin wird geweckt, woraufhin die Lehrerin die Klasse verlässt. Der Konflikt wird durch die Bestrafung eher verschärft als gelöst. Die Lehrerin riskiert, dass sich die Beziehung zwischen ihr und der Schülerin verschlechtert. Sie versucht zwar einerseits, konsequent auf die Einhaltung von Regeln zu drängen, jedoch um den Preis, dass eine Fortführung des Unterrichts kaum mehr möglich erscheint.

2.4 Handlungs- und Möglichkeitsräume

Hier geht es darum, Möglichkeitsräume, also ein Handeln in Alternativen zu entwickeln.

(1) Welche Handlungsoptionen hat die Lehrkraft vor dem Hintergrund der Theorie „Freiheit in Grenzen“ (Schneewind & Böhmert 2008)? (s. Material 3: Erziehungsstil „Freiheit in Grenzen“: am Ende des Unterkapitels)
Mögliche Lösungsräume:
Das Konzept „Freiheit in Grenzen“ ist im Sinne einer erzieherischen Grundhaltung auch auf das Verhältnis Lehrer – Schüler anwendbar. Es geht darum, den Schülern sowohl hohe Wertschätzung entgegenzubringen und Eigenständigkeit zuzulassen als auch klare Grenzen zu ziehen:
- Hohe Wertschätzung: Einzelgespräch außerhalb des Unterrichts, kooperative Strategien etc.
- Hohes Maß an Fordern und Grenzen setzen: gegebenenfalls Tadel, Androhung von Konsequenzen, Hinweis auf Regeln etc.
- Hohes Maß am Gewähren von Eigenständigkeit: selbstgesteuertes Lernen ermöglichen, demokratische Klassenführung etc.

(2) Wie kann eine wirksame Intervention im beschriebenen Fall aussehen?
Mögliche Antworten:
Lehrerzentrierte Strategien bei akuten Vorfällen, jeweils in Abhängigkeit von der Schwere der Störung, zum Beispiel durch:
- Nonverbale Signale
- Bewusstes Ignorieren
- Direkte Aufforderung an Schüler, das unerwünschte Verhalten nicht zu zeigen
- Tadeln, Androhung von Strafe
- Hinweis auf Regeln
- Sitzordnung ändern
- Klasse oder einzelne Schüler nach möglichen Lösungen fragen
- Arbeiten mit Anreizen
- Einzelgespräch außerhalb des Unterrichts

Kooperative Strategien (im Vordergrund stehen kollektive, also die Klasse betreffende Probleme und kollektiv ausgerichtete Strategien der Problemlösung):
- Konfliktlösungsgespräche (bilateral)
- Kooperative Verhaltensänderung (u.a. den Konflikt zum Thema eines Klassengesprächs machen)
- Konstruktives Konfliktgespräch nach Gordon (Lehrer-Schüler-Konferenz)
- Elterngespräch über den Konflikt
- Gegebenenfalls Schulpsychologen/Schulsozialarbeit hinzuziehen

(3) Wie kann man als Lehrer bzw. als Kollegium oder Schulgemeinschaft präventiv vorbeugen? Sammeln Sie weitere Möglichkeiten der Prävention!
Möglichkeiten der Prävention

Lehrer:
- Grundsätze des Klassenmanagements beachten, z.B. breite Aktivierung, Vorbereitung von Unterrichtsabläufen, Unterrichtsfluss herstellen, Abwechslung
- Regeln gemeinsam festlegen
- Meta-Kommunikation bei starken Störungen

Schule/Kollegium:
- Regeln, Schulvertrag, Schulklima, Schulentwicklung

Material 1: Diagnosebogen

a) **Mögliche Formen von Unterrichtsstörungen**
   - Disziplinstörungen
   - Provokationen und Aggressionen
   - Akustische und visuelle Störungen, allgemeine Unruhe, Konzentrationsstörungen
   - Störungen aus dem Außenbereich des Unterrichts
   - Lernverweigerung und Passivität
   - Demotivationen
   - Neurotisch bedingte Störungen

b) **Auf welcher Ebene wird die Unterrichtsstörung als solche definiert?**
   - Ausschließlich vom Lehrer?
   - Ausschließlich von den Schülern?
   - Vom beeinträchtigten Lehr- und Lernprozess her?

c) **Lassen sich Störungsrichtungen ausmachen?**
   - Schüler – Schüler
   - Schüler – Lehrer
   - Lehrer – Schüler
   - Lehrer – Lehrer

   - Objekt – Schüler
   - Schüler – Objekt
   - Objekt – Objekt
   - Lehrer – Objekt

   - Norm – Schüler
   - Schüler – Norm
   - Norm – Lehrer
   - Lehrer – Norm

d) **Lassen sich Störungsfolgen ausmachen?**
   Beispiele: kurze Stockung, längere Unterbrechung, Blockade, allgemeine Verstimmung, Einfluss auf Lehrinhalte, Lehrmethoden oder Kommunikation in der Klasse

e) **Wo liegen mögliche Ursachen?**
   Eher im schulisch-unterrichtsbezogenen Kontext?
   - Lehrerzentrierter Verbalunterricht
   - Angstbesetzter Schulalltag
   - Geheime Lehrplanstrategien
   - Fehlendes Interesse für Lehrinhalte
   - Schulorganisatorische Probleme
   - Fehlende Möglichkeiten des Abreagierens
   - Weitere Ursachen

   Eher im psychisch-sozialen Kontext?
   - Beim Schüler
   - Beim Lehrer
   - In der Lehrer-Schüler-Interaktion
   - Im familiären Hintergrund
   - In der Peergroup
   - In der medialen Reizüberflutung
   - Weitere Ursachen

Material 2: Bedrohung der (Wahl-)Freiheit: Die Reaktanztheorie

Die Reaktanztheorie basiert auf der Annahme, dass der Mensch grundlegend motiviert ist, seine Freiheit – hier im Sinne seiner Handlungsspielräume – zu erhalten. Mit Reaktanz wird oppositionelles Verhalten beschrieben, welches entsteht, wenn der Mensch eine Einschränkung seiner Wahlfreiheit erlebt und das Ziel hat, diese Freiheit wieder herzustellen.

Die Ausprägung der Reaktanz ist stärker:

- je mehr Freiheiten bedroht sind,
- je wichtiger die bedrohte Freiheit dem Individuum ist,
- je stärker die Freiheitsbedrohung ist.

Wenn also von vielen Handlungsoptionen nur eine wegfällt, ist die Reaktanz geringer, als wenn z.B. durch Verbote alle Möglichkeiten bis auf eine einzige eliminiert werden.

Deshalb haben Verhaltensvorschriften ein besonders hohes Potenzial an Reaktanz – einem Schüler z.B. mittels Verboten ein bestimmtes Verhalten vorzuschreiben bedeutet letztlich nichts anderes, als ihm die anderen möglichen Handlungsoptionen zu nehmen. Häufig kommt es zu einer „Aufwertung der eliminierten Alternative", d.h. gerade das, was verboten ist, übt einen hohen Reiz aus.

Typische Reaktionen als Ausprägung der Reaktanz sind Trotzreaktionen (bewusste Zuwiderhandlungen) oder das übersteigerte Ausführen von Anweisungen (z.B. wenn ein Schüler auf die Anweisung, sich ordentlich hinzusetzen, übertrieben aufrecht sitzt und die Hände auf den Tisch legt) ebenso wie allgemeine Verstimmung oder gar Aggression.

Material 3: Erziehungsstil „Freiheit in Grenzen"

Erziehungsstile im Sinne einer erzieherischen Grundhaltung von Eltern werden in der Literatur nach unterschiedlichen Kriterien diskutiert. Schneewind hat mit seiner Gegenüberstellung von „Freiheit in Grenzen" (autoritativ), „Grenzen ohne Freiheit" (autoritär) und „Freiheit ohne Grenzen" (Laisser-faire bzw. vernachlässigend) eine anschauliche Darstellung vorgelegt.

Für positive Erziehungskompetenzen sind nach dem Stand der Forschung drei Dimensionen charakteristisch, auf denen das Konzept „Freiheit in Grenzen" beruht. Dieses zeichnet sich durch ein hohes Maß an elterlicher Wertschätzung, Fordern und Grenzen Setzen sowie Gewähren und Fördern von Eigenständigkeit aus.

Damit lassen sich die beiden anderen genannten Erziehungskonzepte leicht abgrenzen.

Eine Erziehung nach dem Grundsatz „Grenzen ohne Freiheit" (autoritärer Stil) bedeutet demnach, dass die Eltern viele Forderungen an die Kinder stellen und enge Grenzen ziehen, diesen andererseits aber wenig Wärme und Wertschätzung entgegenbringen sowie wenig Spielräume für eigenständiges Handeln zulassen.

> „Freiheit ohne Grenzen" letztlich kann sich in einer nachgiebig-verwöhnenden oder einer vernachlässigenden Erziehung ausprägen. Bei ersterer wird den Kindern ein hohes Maß an Wertschätzung entgegengebracht und viel Eigenständigkeit zugestanden, allerdings wird wenig von den Kindern gefordert. Eine vernachlässigende Erziehung zeigt sich darin, dass sich Eltern eher zurückweisend verhalten und wenig Kontrolle ausüben.
>
> „Mit dem Konzept ‚Freiheit in Grenzen' ist gemeint, dass Eltern unter Berücksichtigung der Individualität und des Entwicklungsstands ihres Kindes sowohl deren Bedürfnisse nach einem liebvollen akzeptierenden und unterstützenden Verhalten beantworten als auch an ihre Kinder Forderungen stellen sowie klare Grenzen für unerwünschtes Verhalten setzen. Neben den Aspekten ‚elterliche Wertschätzung' und ‚Fordern und Grenzen Setzen' kennzeichnet das Prinzip ‚Freiheit in Grenzen' noch eine wichtige dritte Dimension. Es ist die ‚Gewährung und Förderung von Eigenständigkeit', die es Kindern und Jugendlichen wiederum entsprechend ihrer Individualität und ihres jeweiligen Entwicklungsstandes ermöglicht, Erfahrungen als Konsequenzen ihres eigenen Handelns zu machen und damit zu selbstverantwortlichen und eigenständigen Personen heranzuwachsen" (Wissenschaftlicher Beirat für Familienfragen 2005, S. 56).

Zahlreiche Studien haben gezeigt, dass ein am Prinzip „Freiheit in Grenzen" orientierter Erziehungsstil zur prosozialen und autonomen Persönlichkeitsentwicklung von Kindern und Jugendlichen einen wichtigen Beitrag leisten kann. Freiheit in Grenzen impliziert allerdings auch, dass elterliche Erziehungsbemühungen nicht immer konfliktfrei ablaufen – insbesondere gilt dies im Hinblick auf die kindliche Eigenwilligkeit.

Dafür ist es erforderlich, dem Entwicklungsstand des Kindes angemessene Regeln zu vereinbaren und Grenzen zu setzen, die mit den übergeordneten Entwicklungszielen im Einklang stehen. Hierzu besteht eine grundsätzliche Dialektik zwischen elterlichem Grenzen Setzen und kindlichem Grenzen Testen. Dabei gilt es durchaus zu bedenken, dass Eltern – in manchen Situationen oder bei manchen (z.B. scheuen) Kindern – auch die Aufgabe zufällt, statt Grenzen zu setzen, Grenzen zu überwinden. Wenn es jedoch um inakzeptables Kindsverhalten geht, stellt es eine erhebliche erzieherischer Herausforderung für die Eltern dar, einem derartigen Verhalten Einhalt zu gebieten – und zwar einerseits unter Anerkennung der kindlichen Eigenwilligkeit, andererseits aber auch mit der erforderlichen Klarheit und Konsequenz des Einhaltens von vereinbarten Regeln und Grenzen.

4.6 Zwischenfazit

Zunächst bestand Klassenführung hauptsächlich aus dem reaktiven Umgang mit Störungen und der richtigen Lehrerreaktionen auf unerwünschte Verhaltensweisen der Schüler. Im Mittelpunkt stand der Lehrer. Er war alleine verantwortlich für die Herstellung von Disziplin, Ruhe und Ordnung. Mithilfe von verhaltenstheoretisch begründeten Operationen wie Belohnungen, Lob, Tadel und Sanktionen versuchte er den Schülern das erwünschte Verhalten klar zu machen.

So ist das traditionelle Ziel für den Lehrer gewesen, Disziplin zu erhalten und wiederherzustellen, damit reibungslos Lernen ermöglicht wird. Dieses „control“ goal (vgl. Elias & Schwab 2006) ist nach wie vor eine zentrale und notwendige Voraussetzung für Lernen in der Schule.

> „Historically, classroom management has been defined as a collection of behaviorist strategies based primarily on rewards and punishments, all of which are designed to make students behave“ (McEwan, Gathercoal & Nimmo 1999, S. 98).

Zur ersten Wende kam es durch die Studien von Kounin Ende der 70er Jahre.

Während vor Kounins Studien Klassenführung hauptsächlich aus dem reaktiven Umgang mit Störungen bestand, wurde Klassenmanagement stärker proaktiv. Die Prävention von Störungen rückte nun vermehrt in den Fokus.

Die Forschung beschäftigte sich mit der Frage, was ein Lehrer tun müsse, damit Störungen erst gar nicht auftreten. Auch in diesem neuen Verständnis macht allerdings das Verhalten der Lehrkraft den Unterschied und ist entscheidend dafür, ob Ordnung und Struktur im Unterricht vorhanden ist. Somit wird auch in dieser Auffassung die Chance nicht genutzt, mehr Verantwortung an die Schüler zu übergeben. Der Lehrer bleibt Alleinverantwortlicher. Gemeinsame Entscheidungsfindungen, gemeinsames Gestalten der Lernumgebung und gruppenorientiertes Konfliktlösen werden erst später vermehrt in den Fokus von Klassenmanagement gerückt. Doch hier muss betont werden: Die Ergebnisse Kounins leisten im aktuellen Verständnis immer noch einen wichtigen Beitrag.

Einen großen Schritt zum Wandel des Verständnisses hin zu einem lernerzentrierten Classroom Management vollziehen die wissenschaftlichen Arbeiten von Brophy (1996), Evertson u.a. (2006) und Weinstein (1999).
Seit den Ansätzen der 90er Jahre ist das Augenmerk nicht nur auf die Lehrerseite, sondern auch auf die Schülerseite gelegt worden. Klassenführung soll nun beitragen, dass die Schüler Selbstständigkeit und Selbstregulation im Aneignen von Lernstoff entwickeln und gemeinsame Verantwortung bei Konflikten tragen. Woolfolk (2001) beschreibt die neue Anforderung an das Klassenmanagement als „management for self-management".
In dem Maße, in dem zunehmend Schulen neben dem Leistungsaspekt auch soziales und emotionales Lernen in den Fokus nehmen, wird auch der Begriff weiter gefasst. So sehen Elias und Schwab (2006) als zentrales Ziel von Classroom Management, eine Lernumgebung zu schaffen, bei der sowohl schulisches Lernen als auch soziale und emotionale Fähigkeiten und Fertigkeiten gefördert werden, um in dieser Welt zu bestehen. Classroom Management muss beides, Ordnung aufrechterhalten und ein umfassendes Lernen ermöglichen.

> „…a major change is occurring in our thinking about classroom management. In general terms, this change can be characterized as a shift from a paradigm that emphasize the creation and application of rules to regulate student behaviour to one that also attends to students' needs for nurturing relationships and opportunities for self-regulation" (Weinstein 1999, S. 151)

Im Allgemeinen kann festgestellt werden, dass sich das Verständnis von Klassenführung zu einem mehrdimensionalen Geflecht gewandelt hat, das heutzutage viel mehr Facetten aufweist als noch vor 50 Jahren. Weinstein (1999) spricht von einem neuen Paradigma von Classroom-Management, das aus vier Weiterentwicklungen besteht (S. 154f.):

- vom Management als ein Bündel von Tricks zu einem Management sinnvoller Entscheidungsprozesse: Hier bedarf es im Unterricht einer ständigen Reflexion und Zusammenarbeit.
- von Gehorsam zur Selbstregulation: Schüler lernen, Verantwortung für ihr Verhalten, ihre Entscheidungen, ihr Handeln und Lernen zu übernehmen.
- von Lehrer-Anweisungen zu Vertrauen und Fürsorge: Über Strategien, die Kommunikation und Selbstorganisation zu verbessern und zu ermöglichen, haben die Lehrer Möglichkeiten, das Klassenklima positiv zu beeinflussen.
- von arbeitsorientierten Klassenzimmern zu lernorientierten:
  Dieses neue Paradigma von Classroom-Management geht einher mit einem neuen Verständnis von Lehren und Lernen, wie es im Zuge des Konstruktivismus entwickelt wurde. Um Unterrichtsgestaltung und um diese „neue Lernkultur" geht es im nächsten Kapitel.

5 Strukturierende Unterrichtsgestaltung

Einen ersten Überblick über diese Dimension gibt die Skala „Gestaltung des Unterrichts“ des bereits erwähnten Linzer Diagnosebogen zur Klassenführung (LDK: Mayr u.a. 2002).
Hier sind wiederum die Schüleritems der Sekundarstufe abgedruckt, wie sie ihre Lehrerin sehen:

„Was wir bei ihr lernen, bringt auch etwas für das spätere Leben.“ (bedeutsame Lernziele)

„Sie gliedert die Unterrichtsstunde in Abschnitte, die gut aufeinander passen.“ (strukturierter Unterricht)

„Bei ihr wissen wir genau, was wir zu arbeiten haben.“ (klare Arbeitsanweisungen)

„Sie unterrichtet interessant.“ (interessanter Unterricht)

„Sie kann sehr viel in ihrem Fach.“ (Fachkompetenz)

„Sie beginnt jede Stunde freudig und zuversichtlich.“ (positive Erwartungshaltung)

„Wenn sie etwas verspricht oder ankündigt, dann hält sie das auch ein.“ (Verlässlichkeit)

Merkmalskataloge guten Unterrichts haben heute Hochkonjunktur in der Lehrerbildung, und zwar meiner Einschätzung nach in allen Phasen der Lehrerbildung. Hier wird den Praktikern ein Bündel an Merkmalen zur „Befolgung“ an die Hand gegeben, das auf empirisch belastbaren Befunden beruht. In moderner Lesart können diese Merkmale auch als Standards und Kompetenzen in der Lehrerbildung betrachtet werden. Darauf gehen Frey und Jung in einer Analyse ein. „Der Kompetenzbegriff wird nicht einheitlich definiert bzw. unterschiedliche Begrifflichkeiten – Kompetenz, Standards, Fertigkeiten, Qualifikation u.v.a. – werden für äquivalente oder sich überlappende Inhalte genutzt“ (Frey & Jung 2011, S. 54).
Freilich soll nicht verschwiegen werden, dass die Attraktivität solch vorliegender Merkmalskataloge nicht ohne Bedenken ist, auf die Bohl und Kucharz (2010, S. 62ff.) mit Recht hinweisen. So gelten die hier untersuchten Merkmale meistens für eher lehrerzentrierten Unterricht, inwieweit sie auf offene Unterrichtsformen übertragbar sind, bleibt in der Forschung eher unklar. Und Kontextbedingungen wie z.B. Klassengröße, unterschiedliche Fächer oder auch unterschiedliche Lernziele sind hierbei weniger erforscht. Tabelle 7 zeigt eine repräsentative Zusammenstellung solcher Merkmalskataloge.

Tab. 7: Merkmalskataloge erfolgreichen Unterrichts (Bedeutung des Fettdrucks s. Text)

Meyer 2004	Lipowsky 2009
klare Strukturierung	**Strukturiertheit des Unterrichts**
hoher Anteil echter Lernzeit	Inhaltliche Klarheit und **Kohärenz** des Unterrichts
lernförderliches Klima	Feedback
inhaltliche Klarheit	Kooperatives Lernen
sinnstiftendes Kommunizieren	Übungen
Methodenvielfalt	**Kognitive Aktivierung**
individuelles Fördern	Unterstützendes Unterrichtsklima
intelligentes Üben	
transparente Leistungserwartungen	
vorbereitete Umgebung	

Kleinknecht (2011) weist zudem darauf hin, dass die einzelnen Merkmale einen unterschiedlich hohen Abstraktionsgrad aufweisen. Dies trifft für eine strukturierende Unterrichtsgestaltung zu. Während Feedback bspw. eine klar definierte Tätigkeit eines Lehrers umschreibt, verweist die strukturierende Unterrichtsgestaltung auf ein breites Spektrum von Verhaltensweisen. So machten Klieme, Schümer und Knoll (2001) den Vorschlag, die unterschiedlich komplexen Merkmale folgenden drei Qualitätsdimensionen zuzuordnen:

- eine störungspräventive Klassenführung und klare Strukturierung der Inhalte
- ein schülerorientiertes Sozialklima und eine konstruktive Unterstützung
- ein kognitiv-aktivierendes Unterrichtsangebot.

Ganz im Sinne Kleinknechts Äußerung eines unterschiedlich hohen Abstraktionsgrads der Merkmale lassen sich die in der Tabelle fettgedruckten Merkmale unter der hier zu behandelnden Dimension einer strukturierenden Unterrichtsgestaltung subsumieren. Damit wird die Bedeutung dieser Dimension im „Konzert" aller anderen Merkmale deutlich.

Vorrangige Aufgabe einer Lehrkraft muss es sein, neben der Verhaltensregulation Unterricht vorbereitet so zu gestalten, dass ein störungsfreier Ablauf gewährleistet ist und die zur Verfügung stehende Lernzeit optimal genutzt wird. Zu einer Klassenführung gehört somit eine inhaltliche und organisatorische Strukturierung des Unterrichts (5.1), solche Maßnahmen, die eine Reduzierung der Schulklassengröße ermöglichen (5.2), eine kognitive Aktivierung der Klasse, indem instruktionale und konstruktionale Elemente sinnvoll aufeinander abgestimmt sind (5.3) und ein Interesse anregender Unterricht (5.4).

5.1 Strukturierung des Unterrichts

Lehrende müssen Lernumgebungen und Lernprozesse für eine Klasse vorstrukturieren. Es geht um vielfältige didaktische Entscheidungen im Unterricht.
Unterrichtsplanungsmodelle stehen im Folgenden nicht im Fokus – dies führte vom Gegenstand der Klassenführung zu weit weg. Das heißt jedoch nicht, dass die Planungsempfehlungen aufgrund vorliegender Forschungsergebnisse nicht sinnvoll sind (vgl. Haag 2016; Haag & Streber 2017). Außerdem geht aus einer aktuellen Studie (Richter & Pant 2016) hervor, dass durchschnittlich die Lehrkräfte 19 Prozent ihrer wöchentlichen Arbeitszeit für die Unterrichtsvorbereitung aufwenden. Unterrichtsplanung ist ein Professionsmerkmal des Lehrerberufs. Folgerichtig definiert die Kultusministerkonferenz 2014 Standards für die Lehrerbildung in den Bildungswissenschaften, die angehende Lehrkräfte erfüllen sollen. So lautet die Kompetenz 1:

> „Lehrerinnen und Lehrer planen Unterricht unter Berücksichtigung unterschiedlicher Lernvoraussetzungen und Entwicklungsprozesse fach- und sachgerecht und führen ihn sachlich und fachlich korrekt durch" (KMK 2014).

5.1.1 Formal: Artikulation

Eine zentrale Vorüberlegung betrifft die Phasierung des Unterrichts, d.h. die zeitliche Strukturierung einzelner Lehr-Lern-Schritte. Die Frage, wie eine Unterrichtsstunde aus zeitlicher Sicht gestaltet werden kann, wird für gewöhnlich unter dem Begriff der Artikulation oder der Verlaufsformen verhandelt. Artikulationsschemata oder Verlaufsformen dienen der Unterstützung bei der Strukturierung des Unterrichts im Rahmen der Unterrichtsplanung (vgl. auch im Folgenden: Kiel, Haag, Keller-Schneider und Zierer 2014, S. 87ff.).
Im Folgenden werden drei Artikulationsschemata vorgestellt: Erstens das Modell von Johann Friedrich Herbart (1806), zweitens M. David Merrills (2002) „First Principles of Instruction" und drittens das AVIVA-Schema (Städeli, Grassi, Rhiner & Obrist 2010).

Herbart: Formalstufen des Unterrichts

Johann Friedrich Herbart (1806) hat den Begriff der „Artikulation" in den pädagogischen Sprachgebrauch eingeführt und dessen Bedeutung bis heute geprägt. Er stellt folgendes Artikulationsschema auf, das im Unterricht Anwendung finden muss, wenn Lehren und Lernen erfolgreich sein sollen. Herbart analysierte den Lernprozess als eine Abfolge von Stufen:

- Phase der Vertiefung
  - Klarheit über das Vorwissen schaffen
  - Assoziation bedeutet Aufnahme neuer Wissenselemente
- Phase der Besinnung
  - Einbau der neuen Wissenselemente in das System des vorhandenen Wissens
  - Durch Einüben wird das neue Wissen als Methode anwendbar.

Grundsätzlich unterscheidet Herbart zwei Phasen, die sich im steten Wechsel ablösen und austauschen: Die Vertiefung in die Sache und die Besinnung auf das Gelernte über die Sache. Jede dieser Phasen selbst ist unterteilt in zwei Stufen: Die Vertiefung erfolgt erstens über die Stufe der Klarheit, in der den Schülern die Sache in allen Einzelheiten vor Augen geführt wird, und zweitens über die Stufe der Assoziation, in der das Gelernte mit bereits Bekanntem verknüpft wird. Die Besinnung erfolgt erstens über die Stufe des Systems, in der das Gelernte in einen größeren Zusammenhang gestellt und eingeordnet wird, und über die Stufe der Methode, in der das Gelernte angewendet und geübt wird.
Glöckel (1990) weist dabei auf das Überbleibende von Herbart hin: Bei seinen Stufen, die zunächst schematisch aussehen, dachte Herbart keineswegs an ein Schema für Einzelstunden. Es ging ihm um etwas Grundsätzliches, den anzustrebenden Wechsel unterschiedlicher Einstellungen des Bewusstseins. „Dies ist Herbarts eigentliche Einsicht: Qualitativ unterschiedliche geistige Akte müssen vollzogen werden, wenn der Lernprozeß richtig verlaufen und zu einem soliden Abschluss gelangen soll“ (Glöckel 1990, S. 103).

Merrill: First Principles of Instruction
M. David Merrill fasst seine Überlegungen zum Unterricht in seinen „First Principles of Instruction“ folgendermaßen zusammen (2002):

1. „Learning is promoted when learners are engaged in solving real-world problems.“ „Real world problems“ sind Fragestellungen aus der Lebenswelt der Lernenden.
2. „Learning is promoted when existing knowledge is activated as a foundation for new knowledge.“

   Die Aktivierung von vorhandenem Vorwissen und die Möglichkeit, Wissensstrukturen miteinander zu verknüpfen gelten als wesentliche Garanten erfolgreichen Unterrichtens.
3. „Learning is promoted when new knowledge is demonstrated to the learner.“

   Die moderne Lerntheorie macht deutlich, dass die fachgerechte Präsentation von Wissen durch Veranschaulichungen, reales Handeln oder Simulationen sehr fruchtbar ist.
4. „Learning is promoted when new knowledge is applied by the learner.“

   Es geht um problemorientierte Anwendungen, damit erworbenes Wissen nicht träge bleibt. Dabei sollten unterschiedliche, variierende Fragestellungen bearbeitet werden.
5. „Learning is promoted when new knowledge is integrated into the learner's world.“

   Erworbenes Wissen soll im Alltag demonstriert, eingesetzt und verteidigt werden, wenn es etwa als unsinnig, nicht angemessen oder falsch „angeklagt“ wird.

Formuliert man diese Prinzipien in Anweisungen um, dann lauten sie:

1. Wählen Sie als Ausgangspunkt des Unterrichts möglichst ein Problem aus der Lebenswelt der Schülerinnen und Schüler!
2. Sorgen Sie dafür, dass es Situationen gibt, in denen Vorwissen über den Unterrichtsgegenstand aktiviert wird!
3. Demonstrieren Sie neues Wissen z.B. durch Veranschaulichungen, reales Handeln oder Simulationen! Dies kann durch Sie selbst, aber auch durch Schüler geschehen!
4. Gestalten Sie den Unterrichtsverlauf oder Unterrichtsgang so, dass Schüler ihr Wissen auf variierende Probleme anwenden können!
5. Regen Sie an, das neue Wissen oder neue Fähigkeiten außerhalb des Unterrichts zu demonstrieren, einzusetzen und nötigenfalls zu verteidigen!

Städeli u.a.: Das AVIVA-Modell

Das Akronym AVIVA bezeichnet folgende fünf Phasen:

- **Ankommen und einstimmen**
  In dieser Phase soll die Aufmerksamkeit der Schüler auf den Lerngegenstand gelenkt werden. Eine Einstiegsmotivation ist das Ziel. Eine klassische Variante des – in diesem Fall kognitiven – Ausrichtens ist der sogenannte informierende Unterrichtseinstieg, in dem die Lehrkraft einen Überblick über die kommende Stunde gibt und kurz über Thema, Lernziele und Arbeitsschritte aufklärt. Eine weitere Möglichkeit des kognitiven Ausrichtens kann in Form eines „stummen Impulses" erfolgen, bei dem man die Schüler ohne weitere Angaben mit einem nonverbalen Impuls (z.B. einem Gegenstand, einem Bild, einem Experiment) konfrontiert und möglichst frei assoziieren lässt. Eine eher affektive Variante des Unterrichtseinstiegs ist es z.B., die Schüler mit einem Widerspruch oder einer Provokation zu irritieren und damit eine Reaktion der Schüler herauszufordern.
- **Vorwissen aktivieren**
  In dieser Phase sollenen das Vorwissen und die Vorerfahrungen angesprochen werden. Dies kann z.B. über ein Brainstorming oder eine Mindmap geschehen und ermöglicht es den Schülern, sich dem neuen Sachverhalt auf der Basis von bekanntem Wissen und Können zu öffnen. Auf diesem Weg werden vorhandene kognitive Strukturen aktiviert, und es wird die Voraussetzung dafür geschaffen, altes und neues Wissen verknüpfen zu können.
- **Informieren**
  In dieser Phase sollen die Einzelheiten zum Lerngegenstand aufgenommen werden. Hier geht es primär um die Vermittlung neuer Inhalte. Dies kann durch eine Einzel- oder Gruppenarbeit, durch eine darbietend-aufnehmende oder eine zusammenwirkende Arbeits- und Aktionsform geschehen.

- **Verarbeiten**
  In dieser Phase soll das Gelernte gesichert werden. Diese Phase bezeichnet das aktive Auseinandersetzen mit neuen Inhalten, in der Regel mittels Aufgaben. Als Aufgaben bezeichnet man in diesem Zusammenhang Anforderungen, die komplexerer Natur sind und sich nicht spontan beantworten lassen. Das Verarbeiten beinhaltet das Finden von Lösungen, die Vernetzung und den Transfer von Wissen genauso wie das Entwickeln von mentalen Modellen. Insofern sind entsprechende Übungsformen und Überprüfungen wichtig. Nachfragen der Schüler sind ernst zu nehmen.
- **Anwenden**
  In dieser Phase soll der Lernprozess selbst reflektiert werden und damit metakognitive und selbstregulative Überlegungen angestellt werden: „Wie ist der Lernprozess aus meiner Sicht verlaufen?“, „Wo habe ich Schwierigkeiten gehabt?“, „Wie konnte ich die Schwierigkeiten lösen?“ und „Was kann ich daraus für zukünftige Lernprozesse mitnehmen?“, können Beispielfragen in diesem Zusammenhang sein. Auch geht es hier um die Überprüfung des Erreichens von Lernzielen bzw. die Leistungsfeststellung durch die Lehrkraft.

Das AVIVA-Schema stellt kein starres Modell der Unterrichtsplanung dar, die einzelnen Phasen können auch mehrfach durchlaufen werden. So ist es z.B. denkbar, mehrere Phasen des Informierens mit Phasen des Verarbeitens zu kombinieren, während des Unterrichts nochmals Vorwissen zu aktivieren oder die Klasse im Unterrichtsverlauf erneut auszurichten.

Die Modellierung des Unterrichtsablaufes muss von jedem Lehrer selbst entschieden werden. Die heute existierenden und auch die soeben vorgestellten Artikulationsschemata dürfen nicht als fest gezurrte Raster verstanden werden. Vor diesem Hintergrund ist auf den Begriff des „fruchtbaren Moments im Bildungsprozess“ hinzuweisen, der von Friedrich Copei (Erstauflage 1930; 1966) in pädagogischen Gebrauch gekommen ist, doch auf Lessings Laokoon zurückgeht (vgl. Sprenger 1960). (Eine sehr klare Darstellung des bei Copei geschilderten viel zitierten Milchdosenbeispiels und eine Verbindung zu Merrills fünf Instruktionsprinzipien finden sich bei Kiel 2012, S. 24ff.). Copei macht mit seinem Milchdosenbeispiel darauf aufmerksam, dass sich nicht alle Bildungsprozesse bis ins kleinste Detail vorhersagen und somit auch planen lassen. Im konkreten Milchdosenbeispiel befindet sich die Klasse auf einer Schulwanderung, zufällig hatte ein Junge eine Büchse kondensierter Milch mitgebracht, die schon deshalb mit Interesse betrachtet wird, da sie den meisten Landkindern etwas Neues ist. Beim Hantieren mit der Dose, indem erst ein Loch, dann zwei Löcher in den Büchsendeckel gebohrt werden, wird das Prinzip des Luftdrucks in Verbindung mit wenigen Eingriffen durch den Lehrer verstanden.

Es kann vorkommen, dass sich das Lernen aufgrund nicht berücksichtigter oder überraschender Wendungen in eine völlig andere Richtung bewegt, als man ursprünglich gedacht hat. Dies hat nicht zuletzt für die zeitliche Planung Folgen. Insofern besteht für eine Lehrkraft die Aufgabe und Herausforderung, zeitlich flexibel mit dem Verlauf einer Unterrichtsstunde umzugehen und auftuende Verschiebungen zu erkennen und zu nutzen. Für den Aufbau einer Unterrichtsstunde ist diese Flexibilität im Auge zu behalten.

5.1.2 Organisatorisch: vorbereitete Lernumgebung

Im Folgenden geht es um eine Lernumgebung mit dem Zusatz vorbereitete Lernumgebung. Der Begriff der Lernumgebung geht auf eine konstruktivistische Sicht von Unterricht zurück und bringt zum Ausdruck, dass das Lernen von ganz verschiedenen Kontextfaktoren abhängig ist, die in unterschiedlichem Ausmaß planvoll gestaltet werden können. Eine durch Unterricht hergestellte Lernbedingung besteht aus einem Arrangement von Unterrichtsmethoden, Unterrichtstechniken, Lernmaterialien und Medien. „Dieses Arrangement ist durch die besondere Qualität der aktuellen Lernsituation in zeitlicher, räumlicher und sozialer Hinsicht charakterisiert und schließt letztlich auch den jeweiligen kulturellen Kontext ein." (Reinmann-Rothmeier & Mandl 2001, S. 604).
Hier bei dem Punkt der strukturierenden Unterrichtsgestaltung geht es um die Zeit und den Ort, in und an dem Unterricht stattfindet.

Lernzeit

Ein zentraler Aspekt ist der hohe Anteil echter Lernzeit. Es ist ein Gütezeichen eines Lehrers, die echte Lernzeit bei den Schülern hoch zu halten. Wenn man in der Geschichte die theoretischen Modelle zur Erklärung schulischen Lernens betrachtet, ist Lernzeit die älteste identifizierte Einzelvariable. Caroll (1963) geht in seinem Modell davon aus, dass der Grad des Lernerfolgs eine Funktion des Verhältnisses von tatsächlich benötigter und tatsächlich aufgewendeter Lernzeit ist (vgl. Grün 2000, S. 5f.):

Die tatsächlich benötigte Zeit setzt sich zusammen aus
- der aufgabenspezifischen Begabung (relativ wenig benötigte Zeit spricht für eine hohe Begabung)
- der Fähigkeit, dem Unterricht zu folgen.

Die tatsächlich aufgewendete Zeit wird beeinflusst durch
- die Ausdauer, d.h. die Zeit, die ein Schüler bereit ist, für das Lernen aufzuwenden; diese Ausdauer wird von der Unterrichtsqualität beeinflusst.
- die zugestandene Lernzeit, d.h. die vom Lehrer gegebenen Lerngelegenheiten.

Helmke (2003, S. 104f.) gibt ein Rahmenmodell, das die unterrichtlichen Zeitfaktoren sehr klar veranschaulicht:

Auf der Angebotsseite unterscheidet er die
- nominale Unterrichtszeit (= die im Stundenplan angesetzte Anzahl von Unterrichtsstunden),
- tatsächliche Unterrichtszeit (= Anzahl der tatsächlich gehaltenen Unterrichtsstunden),
- nutzbare Unterrichtszeit (= tatsächliche Unterrichtszeit minus Zeit für andere Aktivitäten).

Auf der Nutzungsseite des Schülers unterscheidet er die
- Schüleranwesenheit (= physische Präsenz; also kein Fehlen durch Krankheiten oder Schuleschwänzen),
- aktive Lernzeit (= tatsächlich genutzte Lernzeit = "time on task"). Bei Hattie (2013) beträgt die Effektstärke dieser aktiven Lernzeit d = .38, entspricht also dem Durchschnitt (d = .40) seiner als wirksam festgestellten Maßnahmen.

Meyer (2004) gibt folgende Ratschläge, um die echte Lernzeit zu erhöhen. Zu einem klaren Zeitmanagement gehören:
- Pünktlichkeit: Und dies gilt für beide Seiten; Schüler müssen sich für ihr Zuspätkommen entschuldigen!
- Auslagerung von „non instructional activities": Darunter versteht Meyer die lästigen Tätigkeiten wie Geld einsammeln, Entschuldigungen oder Beschwerden jeder Art zur Kenntnis nehmen. Hier sieht er in jeder Schulklasse Rationalisierungsreserven.
- Gewährung von Freiräumen: Dieser Punkt steht nicht im Widerspruch zum vorherigen. Es muss auch Zeiten der Verschnaufpausen geben dürfen.
- Langsamkeits- und Schnelligkeitstoleranz: Den unterschiedlichen Arbeitstempi der Schüler muss entsprochen werden, z.B. durch innere Differenzierung (vgl. 5.2.1).
- Bewegungsübungen: Still sitzen war einmal ein Markenzeichen eines „ideal braven" Schülers: Hier ein Gedicht als Beleg aus einem Lesebuch für Erstklässler um 1930:

  „Der Knabe lernt daheim mit Fleiß,
  bis ganz genau er alles weiß.
  Und dann er gern zur Schule geht
  Und betet fromm das Schulgebet.
  Und in der Schule gibt er acht,
  dass er dem Lehrer Freude macht,
  schreibt seine Aufgab' mäuschenstill,
  wie es die Ordnung haben will." (aus: Träbert 2012, S. 18)

„Mäuschenstill" schreiben und so dasitzen wird heute durchaus kritischer gesehen. Dem Bewegungsdrang der Schüler sollte auch im Unterricht entsprochen werden.

„Bewegte Schule"

Letzterer Punkt bei Meyer soll deshalb ausgeführt werden, weil er nicht nur den Sportlehrer, sondern auch die Stellung des Fachlehrers im Unterricht betrifft. Aus

Unkenntnis kann es zu Unsicherheiten, vermeintlichen Defiziten im Umgang vor Ort kommen.
Im Internet lassen sich viele Beiträge finden, wiedermal auch in diesem Punkt, wenn es um den Bewegungsmangel bei den heutigen Kindern und Jugendlichen geht. So finden sich Schlagzeilen wie „Wir zwingen Kinder dazu, still zu sitzen." (http://www.zeit.de/2013/07/ADHS-Studien).
Entsprechende wissenschaftliche Studien belegen die mangelnde Bewegung der Kinder und Jugendlichen. Stellvertretend wird aus dem Abschlussbericht einer groß angelegten Studie im Auftrag des Bundesministeriums für Familie, Senioren, Frauen und Jugend (Bös u.a. 2009) zitiert:

> „Der Forschungsstand zur motorischen Leistungsfähigkeit weist auf Leistungsverluste gegenüber früheren Generationen hin" (S. 28).
>
> „Die WHO (2008) empfiehlt für Kinder und Jugendliche eine moderate körperliche Aktivität von mindestens einer Stunde an jedem Tag. Diese Vorgabe wird... lediglich von 15,3% der 4- bis 17-jährigen Kinder und Jugendlichen in Deutschland erfüllt. Dabei zeigt sich ein deutlicher Geschlechts- und Alterseffekt: 17,4% der Jungen und nur 13,1% der Mädchen erreichen den empfohlenen Umfang an körperlicher Aktivität von einer Stunde mindestens moderater Aktivität an sieben Tagen pro Woche. Im Vor- und Grundschulalter ist der Anteil der Kinder, die diese Aktivitätsrichtlinie erfüllen, größer als bei den Kindern und Jugendlichen zwischen 11 und 17 Jahren. Im internationalen Vergleich ... wird deutlich, dass Deutschland in diesem Bereich des Gesundheitsverhaltens im hinteren Drittel der in die Studie einbezogenen Länder zu finden ist. Die MoMo-[Name der Studie: Motorik-Modul] Daten legen dabei im Trend nahe, dass sich die Situation in den letzten Jahren eher verschlechtert als verbessert hat" (S. 300).

Fakt ist, dass Kinder viel Bewegung brauchen und sich leicht ablenken lassen. Und die Wissenschaft gibt hierfür auch Belege. Bei der Befragung sowohl von Eltern als auch von Lehrkräften zeigt sich, dass Unkonzentriertheit den ersten Rang an Belastungsfaktoren im Kindes- und Jugendalter einnimmt, zumeist direkt gefolgt von Hyperaktivität (vgl. Berg & Imhof 2010).
Doch die Frage, inwieweit der Regelunterricht dezidiert auf Bewegungsmangel eingehen sollte, ist nicht eindeutig zu entscheiden, natürlich abgesehen von diagnostizierten „Fällen" von Hyperaktivität. Bei dem Thema wird wieder einmal deutlich, dass die Schule als Reparaturbetrieb für familiäre, gesellschaftliche Defizite aufzukommen hat, so manch geäußerte Stimme im Internet zumindest deutet darauf hin.
Für vorliegendes Thema gilt: Eine geschickte Rhythmisierung zwischen Phasen intensiver Anspannung und Phasen der Entspannung sollte den Unterricht prägen – mehr sollte es erstmals nicht sein.
Freilich bleibt zu überlegen, inwieweit im Bereich der Schule die Rahmenbedingungen für die Qualität der Sport- und Bewegungsförderung zu verbessern sind.
Bei dem Thema „Bewegung" geht es um die „Handschrift" des einzelnen Lehrers. Wer hier ganz individuell in seinem Unterricht Defizite verspürt und meint, etwas tun zu müssen, kann sich heute bestens informieren unter dem Schlagwort „Beweg-

te Schule". In der Schweiz wurde in den 80er Jahren eine Initiative gestartet, die mittlerweile international ausstrahlt. Die Bewegung darf man als Erfolgsstory bezeichnen, hier kam sprichwörtlich Bewegung in eine bewegungsarme Schule. „Bewegtes Lernen", „Bewegtes Sitzen", „Bewegungspausen", zu diesen Themen gibt es mittlerweile eine reichhaltige Literatur, auch von Fallstudien vor Ort, die zeugen, wie sich über die Grundschule hinaus Möglichkeiten und Grenzen einer „bewegten Schule" umsetzen lassen (z.B. Thiel, Teubert & Kleindienst-Cachay 2006).

Lernraum
Bereits im Punkt 4.2 wurde bei den Ritualen auf räumliche Aspekte eingegangen. Mit Bezug auf Maria Montessoris (2005) starken Begriff einer „vorbereiteten Umgebung" geht es um das anregungsreiche Klassenzimmer. Nach Meyer (2004) sind Klassenräume dann „vorbereitete Umgebungen", wenn sie

„(1) eine gute Ordnung,
(2) eine funktionale Einrichtung
(3) und brauchbares Lernwerkzeug bereithalten,
so dass Lehrer und Schüler
(4) den Raum zu ihrem Eigentum machen,
(5) eine effektive Raumregie praktizieren
(6) und erfolgreich arbeiten können" (S. 121).

Die Begriffe sprechen für sich. Wenn Schulräume zu Identifikationsräumen werden sollen, erscheint es freilich sinnvoll, Schüler bei der Gestaltung miteinzubeziehen. Wenn Schüler die Möglichkeit bekommen, bei der Gestaltung ihres Klassenzimmers, beim Streichen der Wände oder auch seiner Reinigung mitzuhelfen, erhöht sich das Verantwortungsgefühl für die Schulräume und ihre Einrichtung. Doch möglicher Kritik soll hier gleich begegnet werden: Wegen mangelnder Finanzen, die sich auf die Hygiene einer Schule wie fehlendes Putzpersonal auswirken können, dürfen Schüler nie zu „Hilfsmalern" oder „Hilfsputzpersonal" instrumentalisiert werden. Solche Maßnahmen lassen sich allein pädagogisch begründen, nicht strukturell.
Ein klarer Indikator, dass hier der Lehrer seine „Hausaufgaben" in seinem Verantwortungsbereich gemacht hat, dürfte sein, inwieweit das Klassenzimmer beim Betreten einen gepflegten und aufgeräumten Eindruck macht – das kann auch eine geputzte Tafel miteinschließen, ist allein aber kein Qualitätsmerkmal. Für eine mehr oder weniger funktionale Einrichtung, was Möblierung, Farbgebung, Licht und Beleuchtung, Raumakustik, Klima und Belüftung betrifft, ist er allein weniger bis gar nicht verantwortlich.

5.2 Psychologische Reduzierung der Schulklassengröße (Dollase)

Dollase (1995, 2012) versteht unter dem Begriff der Komplexitätsreduktion eine „virtuelle oder psychologische Reduzierung der Schulklassengröße". Grundgedanke

ist, dass man den Nachteil, den einfach mal eine zu große Zahl an Schülern in einer Klasse mit sich bringt, kompensieren kann. Hierzu bedarf es einer pädagogischen Energie, die von unterschiedlichen Instanzen kommen kann, dem Schulsystem, den Eltern, Lehrern, Schülern oder auch Medien. Dollase geht es um eine „psychologische", d.h. „gefühlte" Verkleinerung: Jeder Schüler hat das Gefühl, mehr vom Lehrer zu haben und dass die große Zahl nicht stört.
Und um diese psychologische Reduzierung der Schulklassengröße erfolgreich meistern zu können, spricht Dollase von der Zusammensetzungsstrategie. Hierunter fallen alle Maßnahmen zur Homogenisierung der Schülerschaft. Im deutschsprachigen Raum werden hier vor allem die Strukturmaßnahmen der äußeren und inneren Differenzierung diskutiert.

5.2.1 Differenzierung

Differenzierung in der Schule findet nach unterschiedlichen Strukturprinzipien statt. Dabei geht es darum, die nach vielen Kriterien vorfindbare natürliche Heterogenität der Lernenden zu ordnen (vgl. Paradies & Linser 2006). In Anlehnung an Fends schultheoretische Betrachtungen (2008), bei denen er das Bildungssystem mehrebenentheoretisch konzeptionalisiert, entwickeln die Autoren Trautmann und Wischer (2011) ein Schema, in dem sie die wesentlichen Aspekte von Differenzierung zusammenstellen. Sie gehen von drei Ebenen des Schulsystems aus:

- Makroebene (interschulische Differenzierung): Schultypen, -formen
- Mesoebene (intraschulische Differenzierung): Klassen, Kurse, zusätzliche Angebote
- Mikroebene (unterrichtliche Differenzierung): Gruppen-, Einzelarbeit.

Zur äußeren Differenzierung zählt Saalfrank (2012) die interschulische Dimension, die intraschulische Dimension (z.B. Zweige in einer Schule oder Wahlfächer) und die Schulprofildimension. Äußere Differenzierung ist überwiegend durch organisatorische Kriterien geprägt, die sich weitgehend dem Entscheidungsrahmen einzelner Lehrkräfte entziehen.

Innere Differenzierung

> „Untersuchungsergebnisse zur innerschulischen Differenzierung liegen reichlich vor, aber sie widersprechen sich. Einige Studien berichten von unverkennbaren Fortschritten im Lernerfolg infolge homogener Differenzierung; aus anderen geht hervor, dass in dieser Hinsicht die heterogene Differenzierung vorteilhaft ist; wieder andere zeigen keinen wesentlichen Unterschied zwischen beiden Methoden" (Yates 1972, S. 80/81).

Die Gründe sind vielfältiger Art: Zum einen sind sie in der methodischen Anlage der Studien zu sehen. Verzerrte Stichproben oder unzureichende Stichprobengrößen, ein zu kurz gewählter Zeitraum oder auch invalide Messinstrumente lassen sich hier anführen. Zum anderen sind sie in der Art des Treatments zu suchen. Wenn auf eine erfolgte Differenzierung für die unterschiedliche Gruppen derselbe Unterricht stattfindet, also keine passgenaue Förderung erfolgt, läuft das ganze Procedere der Differenzierung ins Leere. Damit wird als weiterer Grund die Rolle des Lehrers gesehen. Es liegt in seiner Macht, was er aus den Bedingungen macht oder eben nicht.

Folgende Gründe erscheinen zielführend:

„1. Heterogenität verlangt Differenzierung, aber alle Kinder sollten beim gemeinsamen Inhalt bleiben.
2. Das Ausmaß der Lernhilfen muss so gestaltet sein, dass alle Kinder Lernfortschritte wahrnehmen können.
3. Es ist soviel Differenzierung zu schaffen, dass alle Kinder angemessen lernen können.
4. Die differenzierten Aufgaben müssen in den gemeinsamen Unterricht eingebettet sein. Die Lernaufgaben müssen zum gemeinsamen Lernen beitragen und dorthin führen.
5. Die Kinder mit Lernproblemen brauchen die Person des Lehrers/der Lehrerin besonders“ (Rohlfs 2008, S. 34/35).

Köller (2012) lenkt ganz klar die Sichtweise auf den Unterricht vor Ort: „Unterm Strich hängt letztendlich der Lernerfolg an der Quantität und Qualität des Unterrichts“ (S. 7).

Für innere Differenzierung oder auch Binnendifferenzierung bilden die Lernvoraussetzungen der Schüler und die regelmäßige Beobachtung ihrer Lernprozesse die entscheidenden Grundlagen. Individualisierung bedeutet also, jedem Schüler die Chance zu geben, sein motorisches, intellektuelles, emotionales und soziales Potenzial umfassend zu entwickeln und ihn dabei durch geeignete Maßnahmen zu unterstützen, wie durch die Gewährung ausreichender Lernzeit, durch spezifische Fördermethoden, durch angepasste Lernmittel und gegebenenfalls durch Hilfestellungen weiterer Personen mit Spezialkompetenzen (vgl. Meyer 2004, S. 97). Der pädagogische Wert einer solchen Individualisierung liegt nicht darin, möglichst homogene Gruppen zu schaffen, sondern allein oder in Kleingruppen sich selbst erfahren und so weiterentwickeln zu können.

In Tabelle 8 orientiere ich mich an den von Saalfrank (2012) vorgeschlagenen Dimensionen der inneren Differenzierung.

Tab. 8: Dimensionen der inneren Differenzierung (nach Saalfrank 2012, S. 72ff.)

Unterrichtsorganisatorische Dimension	**Didaktische Dimension**	**Unterrichtsgestaltungsdimension**
Einzelne Schüler oder Lerngruppen werden bezüglich bestimmter Kriterien durch den Lehrer gruppiert:	Alle Differenzierungsmaßnahmen richten sich nach dem jeweiligen individuellen Lernen der Schüler. Kriterium ist unterschiedliches Material:	Die Variation des Unterrichts richtet sich nach dem Grad der Individualisierung:

Unterrichtsorganisatorische Dimension	Didaktische Dimension	Unterrichtsgestaltungsdimension
• Ziele (z.B. heterogene Ziele in Fördergruppen mit unterschiedlichen Schwierigkeiten) • Inhalte (z.B. individualisierte Aufgabenstellungen) • Methoden und Medien (z.B. Präsentationstechniken) • Sozialformen (z.B. Einzel- und Partnerarbeit) • Lernvoraussetzungen (z.B. Interessenbezogene Lerngruppen) • Organisation und Zufall (z.B. Lerngruppen, die sich aus der Sitzordnung ergeben)	• Lerninteresse • Motivation • Lerntempo • Lernstile • Lernpräferenzen	• individualisierter Unterricht (z.B. Wochenplanarbeit, Freiarbeit) • kooperativer Unterricht (z.B. Projektunterricht, Gruppenunterricht) • gemeinsamer Unterricht (z.B. Klassenunterricht) • Blended Learning

Die Botschaft von Dollase (2012) lautet: „Aller (guter) Unterricht muss in Richtung auf ‚Vollbeschäftigung' und ‚individuellen Rapport' mit jedem einzelnen Schüler angelegt sein, d.h. die psychologische Reduzierung der Gruppengröße muss optimiert werden, damit möglichst viele Schüler den Zustand eines gefühlten individuellen Rapports … erreichen" (S. 55). Damit dies konkret im Unterricht gelingen kann, muss ein Lehrer über eine adaptive Lehrkompetenz verfügen.

5.2.2 Adaptive Lehrkompetenz

Hattie (2012) geht davon aus, dass erfolgreiche Lehrkräfte Experten mit adaptiven Kompetenzen sind: „Teachers are adaptive learning experts who know where students are on the continuum from novice to capable to proficient, when students are and are not learning, and where to go next, and who can create a classroom climate to attain these learning goals" (S. 111). Wenn das Lehren und Lernen für möglichst viele Schüler mit verschiedenem Vorwissen, unterschiedlichen Lernvoraussetzungen und je unterschiedlich verlaufenden Lernprozessen erfolgreich abläuft, spricht man von einem guten Unterricht mit der dafür kennzeichnenden Qualität, dass das Gelernte nicht nur erworben, sondern auch verstanden worden ist. Eine Lehrkraft, die es schafft, „das Lehr-Lern-Geschehen unter bestmöglicher Berücksichtigung

- der inhaltlichen Anforderungen des Unterrichtsinhaltes (Sachkompetenz),
- der Vielfalt der Wissens- und Lernvoraussetzungen und der Lernverläufe der Schüler sowie der situativen Aspekte des Lernens (diagnostische Kompetenz),
- der Möglichkeiten und Chancen der didaktischen Gestaltung der Lernsituationen (didaktische Kompetenz),

- der pädagogischen Maßnahmen zur Steuerung, Führung und Begleitung einer Schülergruppe oder Klasse (Klassenmanagement) erfolgreich zu orchestrieren, verfügt über eine gut entwickelte und differenzierte ‚adaptive Lehrkompetenz'" (Beck u.a. 2008, S. 37). Es geht also darum, dass bei einer Lehrkraft mit adaptiver Lehrkompetenz folgende Kompetenzen vorausgesetzt werden:
  - Sachkompetenz:
    Es handelt sich um ein reichhaltiges, flexibel nutzbares eigenes Sachwissen, in dem sich die Lehrkraft leicht und rasch bewegen kann.
  - Diagnostische Kompetenz:
    Es geht um die Fähigkeit, bezogen auf den jeweiligen Unterrichtsgegenstand, die Lernenden bezüglich ihrer Lernvoraussetzungen und -bedingungen (Vorwissen, Lerntempo, Lernschwächen usw.) sowie ihrer Lernergebnisse zutreffend einschätzen zu können. Die Forschungsergebnisse zeigen, dass hier bei den Lehrkräften Defizite vorliegen (vgl. Haag 2008). So wurde beispielsweise in der PISA-Studie festgestellt, dass deutsche Lehrkräfte nur sehr begrenzt in der Lage waren, die Lesekompetenz ihrer Schülerinnen und Schüler korrekt einzuschätzen (Helmke 2003, S. 84-104).
  - Didaktische Kompetenz:
    Diese Kompetenz beinhaltet ein reichhaltiges methodisch-didaktisches Wissen und Können, wozu auch gehört, dass die Lehrkraft die Vor- und Nachteile der einsetzbaren didaktischen Möglichkeiten und Bedingungen kennt, unter denen diese Erfolg versprechend eingesetzt werden können.
  - Klassenführungskompetenz:
    Die Kompetenz meint die Fähigkeit, eine Klasse so zu führen, dass sich die Lernenden aktiv, anhaltend und ohne ein Zuviel an störenden Nebenaktivitäten mit dem Unterrichtsgegenstand auseinandersetzen können.

Einer mit hoher adaptiver Lehrkompetenz ausgestatteten Lehrkraft gelingt es, bei aller Individualität und Heterogenität der Schülerinnen und Schüler in genauer Kenntnis der Sachverhältnisse des Unterrichtsinhaltes, unter Ausschöpfung eines reichhaltigen didaktischen Repertoires und durch sensible Führung und beratende Begleitung den Unterricht so zu gestalten, dass möglichst viele Schülerinnen und Schüler ihren Voraussetzungen und Möglichkeiten entsprechend lernen und verstehen können. Dabei zeigt das Attribut „adaptiv" den Prozesscharakter an. „Adaptiv-Sein" bedeutet, Unterschiede während des Lernens sensibel wahrzunehmen und je situationsgerecht darauf zu reagieren. Es gilt bereit sein zu reagieren, wenn eine Handlungsanpassung an eine neue Situation erwünscht bzw. erforderlich ist. „Adaptive Lehrkompetenz ist die fachübergreifende Voraussetzung für eine subjektorientierte Betrachtung- und Handlungsweise der Lehrperson beim Unterrichten" (Beck u.a. 2008, S. 39).
Hattie (2012) drückt es so aus:

„These teachers have high levels of empathy, and know how ‚to see learning through the eyes of the students' and show students that they understand how they are thinking and how then their thinking can be enhanced" (S. 112).

Zu dem bisher Gesagten fügt Hattie noch folgende Ergänzung bei:

„Indeed, a powerful way in which to see such learning through the eyes of the students is to listen to student questions, and how students then answer their peers' questions" (S. 112).

Gerade in vorliegendem Kontext passt die Folgerung von Eigenmann (2009), der die Potentiale folgendermaßen zusammenfasst: „Viele Unterrichtsstörungen lassen sich vermeiden durch Individualisierung, Differenzierung und Förderung der Eigenständigkeit" (S. 26).

In einem dreijährigen Forschungsprojekt mit 50 Schulklassen (Primarstufe und Sekundarstufe I; Versuchs- und Kontrollklassen) wurde das Konzept der adaptiven Lehrkompetenz als Voraussetzung für den Umgang mit Heterogenität und Individualität im schulischen Lernen untersucht (Beck u.a. 2008). Durch eine Interventionsstudie wurde die adaptive Lehrkompetenz gefördert, und so konnten die Wirkungen adaptiver Planungs- und Handlungskompetenz auf den Unterricht und das schulische Lernen überprüft werden. In Abbildung 5 wird der Erfolg bei Lehrkräften mit hoher adaptiver Lehrkompetenz deutlich. Die Leistungszuwächse bei den leistungsheterogenen Klassen fallen höher aus als bei den leistungshomogenen Klassen. Adaptivere Lehrkräfte erreichen mit leistungsheterogenen Klassen durchschnittlich einen um 4,6 Punkte signifikant größeren Lernfortschritt als Lehrkräfte mit geringerer adaptiver Lehrkompetenz.

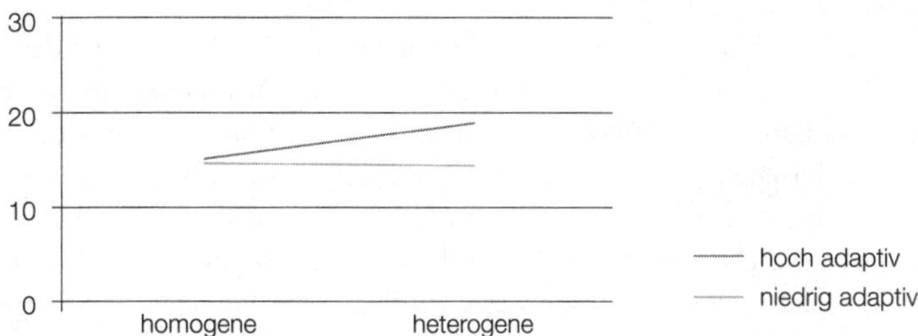

Abb. 5: Adaptive Lehrkompetenz in Abhängigkeit von der Leistungsheterogenität der Klassen (vgl. Beck u.a. 2008, S. 127, Abbildung 15)

Zusammenfassend lassen sich folgende Merkmale adaptiven Unterrichts angeben:

- Grundverständnis: kognitiv konstruktivistisch
- Fokus auf Prozesscharakter des Unterrichts
- Sensibel für Verschiedenartigkeit der Schüler
- Schlüsselprobleme des Lernens erkennen und darauf angemessen reagieren

5.3 Kognitive Aktivierung der Klasse

„Believe it or not, ineffective classroom management contributes to poor academic performance“ (Vang 2013, S. 67). In Abbildung 6 zeigt Vang vier grundlegende Lehrstile auf.

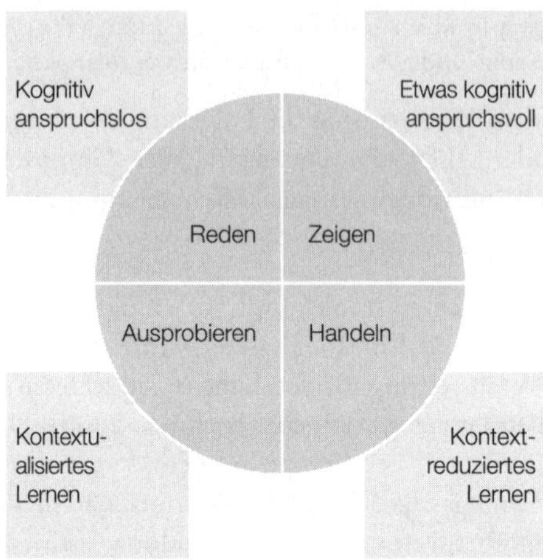

Abb. 6: Vier grundlegende Lehrstile (vgl. Vang 2013, figure 4.2)

Unter kognitiver Aktivierung „werden Aspekte des Lehrerhandelns subsumiert, die auf ein eigenaktives und anspruchsvolles Lernen zielen und vertiefte Denkprozesse ermöglichen. … Problemhaltige Aufgabenstellungen bilden dabei den Kern des Unterrichts“ (Kleinknecht 2011, S. 72).

Spätestens seit der Veröffentlichung der Hattie Studie (2009, 2013) ist der Lehrer wieder verstärkt in das Zentrum von Schule gerückt. Für erfolgreiches Lernen ist die Person des Lehrers wichtiger als die Struktur der Schule oder des Bildungswesens, so eine Kernaussage bei Hattie. Also, was Schulleute schon immer wussten, hat sich wiedermal bewahrheitet: „The teacher makes a difference“ oder „auf den Lehrer kommt es an“. Doch was soll eigentlich seine Funktion sein? Soll er aus langer Tradition heraus eher „Zuchtmeister“, „Pauker“ sein oder eher „Lernbegleiter“, „Lernförderer“? Soll der Lehrer eher „Instructor“ oder „Facilitator“ sein, oder soll er beide Funktionen in einer Person vereinen?

5.3.1 Rolle des Lehrers: Instructor + Facilitator = Activator

Dem kundigen Hattie-Kenner fällt sofort die Debatte um den Wert offenen Unterrichts ein, die sich aufgrund Hatties Veröffentlichung im Jahre 2009 entzündete (Hattie 2013). Offener Unterricht als Einzelvariable landet bei ihm auf dem abgeschlagenen unbedeutenden Rang 133 (von insgesamt 138 identifizierten Variablen) und wurde entsprechend negativ bewertet. Favorisiert Hattie also doch eher den

Lehrer als Instructor, klassisch verkörpert im Sinne eines Frontalunterricht praktizierenden Paukers?
In Tabelle 9 werden Variablen gegenübergestellt, die bei Hattie sich eher dem Lehrer als **Instructor** und eher dem Lehrer als **Facilitator** zuordnen lassen.

Tab. 9: Lehrer als Instruktor und Facilitato

Lehrer als Instructor	**Lehrer als Facilitator**
Direkte Instruktion (d = 0.59)	Kooperatives Lernen (d = 0.41)
Klassenführung (d = 0.52)	Forschendes Lernen (d = 0.31)
	Individualisierung (d = 0.23)
	Problembasiertes Lernen (d = 0.15)
	Freiarbeit (d = 0.04)
	Offener Unterricht (d = 0.01)

(zum Verständnis: 0 < d < 0.20: eine pädagogische Maßnahme schadet nicht; 0.20 < d < 0.40: Wissenszuwachs von ca. ½ Schuljahr; 0.40 < d < 0.60: Wissenszuwachs von ca. 1 Schuljahr; d > 0.60: äußerst erfolgreiche pädagogische Maßnahme)

Vordergründig und auf den ersten Blick drängt sich der Eindruck auf, dass bei Hattie eher der Instructor (Regisseur) als der Facilitator (Moderator) zu empfehlen ist. Doch auf den zweiten Blick kann man diesen Eindruck so nicht mehr stehen lassen:

- Bei der Variablen offener Unterrichtsformen kann Hattie gerade mal auf vier angloamerikanische Metaanalysen zurückgreifen, die sich auf Untersuchungen aus den siebziger Jahren beziehen. Unberücksichtigt bleiben die seitdem einsetzenden Reformbemühungen und Konzeptentwicklungen, was Unterrichtsmethoden betrifft.
- Näher muss man sich die Variablen bei Hattie anschauen, die für erfolgreichen Unterricht gelten und deren Beachtung eine Voraussetzung dafür ist, dass offener Unterricht erfolgreich sein kann und damit ein Lehrer erst als *Facilitator* überhaupt arbeiten kann. Dies heißt aber auch, dass diese Variablen gerade durch einen Lehrer als *Facilitator* angebahnt werden können.

- Voraussetzung für offenen Unterricht:
  Metakognitive Strategien (d = 0.69)
  Lerntechniken (d = 0.59)
- Anbahnung durch offenen Unterricht:
  Selbsteinschätzung des eigenen Leistungsniveaus (d = 1.44)
  Reziprokes Lehren (d = 0.74)
  Feedback (d = 0.73)
  Lehrer-Schüler-Beziehung (d = 0.72)
  Nichtetikettieren von Lernenden (d = 0.61)
  Peer-Tutoring (d = 0.55)

Diese Variablen zeigen, dass Hatties Ergebnisse nicht das Bild eines langweiligen Frontalunterrichts zeichnen. Lernen ist ein aktiver, selbstgesteuerter, individueller und auf den Austausch mit anderen bezogener Prozess, bei dem es zur Verknüpfung neuen Wissens mit bereits bestehendem kommt. Und dies kann unter verschiedenen unterrichtlichen Bedingungen erfolgen, die Kategorie offen – geschlossen sagt da erstmals nichts aus.

Nach Seidel und Shavelson (2007) kommt es auf den Lehrer an, wie er sich hinsichtlich der Dimensionen Förderung des Lernprozesses, Förderung des Lernerfolgs und Förderung der Motivation verhält. Nach den Autoren wird

- der Lernprozess besonders gefördert, wenn
  - eine intensive Auseinandersetzung mit der Wissensdomäne stattfindet,
  - genügend Zeit und Gelegenheiten zum Lernen zur Verfügung stehen,
  - der Lernprozess sozial eingebunden ist,
  - die Aufgaben und Problemstellungen aus dem Kontext der Lernenden stammen.
- der Lernerfolg besonders gefördert, wenn
  - eine intensive Auseinandersetzung mit der Wissensdomäne stattfindet,
  - beim initialen Lernen der Lernprozess gut strukturiert wird, sowie
  - genügend Zeit und Gelegenheiten zum Lernen zur Verfügung stehen und
  - das Arbeiten und Lernen an einem definierten Lernziel ausgerichtet wird.
- die Motivation besonders gefördert, wenn
  - eine intensive Auseinandersetzung mit der Wissensdomäne stattfindet,
  - genügend Zeit und Gelegenheiten zum Lernen zur Verfügung stehen,
  - mit fortschreitendem Alter der Schüler das Lernen zunehmend im sozialen Kontext stattfindet und
  - der Lehrer den Lernprozess begleitet und handlungsorientiertes Feedback gibt.

Diese Lehrerqualitäten haben erstmals nichts damit zu tun, ob ein Lehrer sich als **Instructor** oder **Facilitator** versteht. Der Lehrer sollte in jedem Fall ein **Activator** sein. Doch ein weiteres Ergebnis der Lehr-Lernforschung lässt aufhorchen: Wenn zu Beginn die Lernenden mehr Unterstützung benötigen, sollte im Laufe des Lernprozesses ihre Autonomie gefördert werden, damit sie nicht zu sehr vom Lehrer abhängig werden. Und wer könnte besser Autonomie fördern als ein Lehrer, der nicht minutiös frontal das Lerngeschehen vorschreibt, sondern eben als Facilitator fungiert?

Das Modell des sichtbaren Lernens kombiniert lehrerzentriertes Lehren und schülerzentriertes Lernen, statt beide Lernformen gegeneinander auszuspielen (Hattie 2013, S. 31).

Diese Aussage bringt es auf den Punkt, dass es eben nicht ein Entweder – Oder geben darf, also ein Ausspielen eines Instructors gegen einen Facilitator, sondern dass es die Mischung macht: Lehrergesteuerter, aber die Schüler aktivierender und an ihren Lernvoraussetzungen anknüpfender Unterricht. Und damit ist diese Sichtweise von der Aufgabe eines Lehrers kompatibel mit der Forderung moderner Lernumgebungen, in der eine Balance zwischen Konstruktion und Instruktion sinnvoll erscheint. Mandl (2010) stellt diese Balance in Abbildung 7 anschaulich dar:

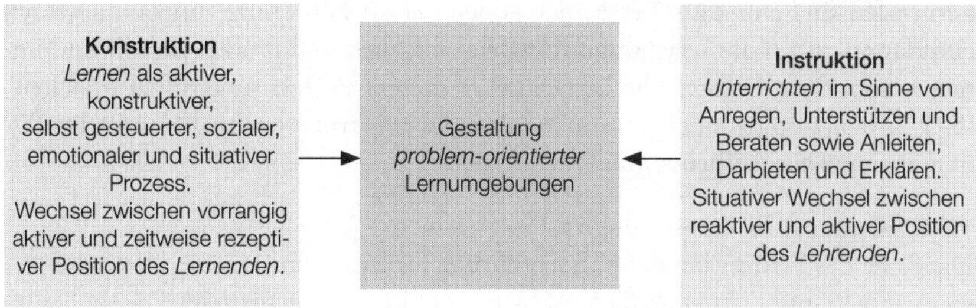

Abb. 7: Problemorientiertes Lernen: Balance zwischen Konstruktion und Instruktion

Die Abbildung macht deutlich: Lehrer nehmen eine Vielzahl von Funktionen gleichzeitig wahr: Sie präsentieren, instruieren und strukturieren, ohne die Lernenden ständig zu kontrollieren. Auch geben sie Anregungen, unterstützen und beraten, ohne die Lernenden zu gängeln. Lehrkräfte aktivieren eben!

In Anlehnung an Dubs (2009) stellen Städeli u.a. (2010, S. 14) in Tabelle 10 Vor- und Nachteile des direkten und indirekten Vorgehens gegenüber. Unter direktem Vorgehen ist eher instruktionsorientiertes Vorgehen gemeint, unter indirektem eher selbstreguliertes.

Tab. 10: Vor- und Nachteile des direkten und indirekten Vorgehens (s. Städeli u.a. 2010, S. 14)

	Vorteile	**Nachteile**
Direktes Vorgehen	Die Lehrperson kann direkt aufzeigen, wie die einzelnen Ressourcen miteinander verbunden werden können. Einzelne Ressourcen können ganz gezielt und bewusst aufgebaut werden.	Die Lernenden wenden die vermittelten Ressourcen schematisch oder mechanisch an, ohne dass sie auf ihr individuelles Vorwissen Bezug nehmen müssen. Lernende, die bereits über ein Bündel von gut funktionierenden Ressourcen verfügen, können bei der Anwendung der neuen, expliziten Ressourcen verunsichert werden oder sich langweilen.
Indirektes Vorgehen	Dank der vertieften Auseinandersetzung mit dem Problem erkennen die Lernenden selbst, welche Ressourcen sie noch entwickeln oder erweitern müssen.	Wenn die Lernenden über wenig Vorwissen verfügen, können sie nur wenige Ressourcen selbst mobilisieren.

Die Tabelle macht deutlich: Wenn in einer Klasse Lernende sich befinden, die über wenig Vorwissen verfügen, dürfte zunächst der direkte oder gelenkte Weg der zielführendere sein. Städeli u.a. (2010) betonen dabei die Haltung des Lehrers: „Die Lernenden sind eher dazu bereit, sich gezielt auf die Förderung von Kompetenzen einzulassen, wenn die Lehrperson sinnvolle Aufgaben und Probleme stellt und immer wieder darauf achtet, die Lernenden in diesem Prozess sorgsam zu begleiten" (S. 17). Hierzu passt auch, was in 5.1.1 zu Copeis fruchtbarem Moment im Bildungsprozess ausgeführt wurde.

5.3.2 Klassenführung im offenen Unterricht

Die Rolle des Lehrers bei der Klassenführung als Instructor ist eine klassische, davon handelte bisher ja auch diese Abhandlung: Ein Instructor zeigt Präsenz, er reguliert und kontrolliert das Verhalten. Doch wie ist die Rolle des Lehrers bei der Klassenführung als Facilitator?

Hier sei verwiesen auf eine in theoretischer Hinsicht m.E. wegweisende Publikation von dem Herausgeberteam Bohl, Kansteiner-Schänzlin, Kleinknecht, Kohler und Nold (2010). Sie bringen die beiden Begriffe Classroom-Management und Selbstbestimmung zusammen, die unterschiedlichen wissenschaftlichen Traditionen entstammen – letzterer Begriff ist aus der Philosophie entnommen und reicht bis in die Didaktik hinein –, indem sie sie auf einer didaktischen Makro- und Mikroebene untersuchen und beschreiben. Während es auf der Maktroebene um Unterrichtskonzepte geht, geht es auf der Mikroebene um einzelne Unterrichtselemente.

Zunächst wird das Verhältnis Klassenführung und offener Unterricht geklärt. Anschließend wird auf der Mikroebene die Rolle des Lehrers im offenen Unterricht beleuchtet. In einem eigenen Unterpunkt wird auf die Rolle des Lehrers im Gruppenunterricht eingegangen, wozu der Autor eigene Ergebnisse präsentiert.

Verhältnis Klassenführung – offener Unterricht

Für die Zurückhaltung der Verwendung des Begriffs Klassenführung im offenen Unterricht sehen Bohl und Kucharz (2010, S. 111) folgende Gründe:

- Führung wird mit Gehorsam, Unterordnung oder Autorität assoziiert.
- Kennzeichen offenen Unterrichts ist ja gerade die Betonung von Eigeninitiative und Konstruktionsprozessen der Schüler. So besteht hier besonders eine Skepsis gegenüber einer eher dominanten Lehrerperson als Führer.
- Möglicherweise wird der Begriff als sehr eng auf Disziplinierung eingeengt verstanden – eine Fehleinschätzung, wie die bisherige Diskussion des Begriffes gezeigt hat.

Die traditionelle Sichtweise der Klassenführung, wie sie für den Frontalentwicklung entwickelt wurde, ist für offene Unterrichtsformate nicht eins zu eins übertragbar. Zwei Argumente genügen:

- Die traditionelle Klassenführungskompetenz des Lehrers wird an einzelne Subgruppen der Klasse delegiert. Im Gruppenunterricht ist jede Gruppe für das Einhalten einer gewissen Disziplin wie eines erträglichen Lärmpegels selbst verantwortlich.
- Die bildungstheoretischen Zielsetzungen offenen Unterrichts sind nicht identisch mit denen eher instruktionsorientierten Unterrichts. Das Anbahnen von Selbstständigkeit und Kooperationsfähigkeit beispielsweise bedarf eines weiteren Disziplinbegriffs als er in einer direkten Instruktion bei dem Ziel der kognitiven Aktivierung gesehen wird.

Ausgehend von Vygotskys sozial-konstruktivistischer Perspektive (1987) werden Schüler als Lernende gesehen, die sich am besten in kooperativen Lernsettings entwickeln, d.h. mit anderen Schülern bei bedeutungsvollen Aufgaben. Lehrer sind hier Dienstleistende zur eigenen intellektuellen, sozialen und moralischen Entwicklung. Folgende Charakteristika sind für Lehrer-Handeln zentral:

- Schüler werden als internal motiviert gesehen und schätzen eine respektvolle Betreuung.
- Unter diesem Blickwinkel ist ein Fehlverhalten oder mangelnde Motivation nicht als Grundübel im Kind zu suchen, sondern es ist zu fragen, ob beispielsweise der Unterricht zu viel reglementiert ist oder der Stoff zu schwierig oder zu wenig interessant ist. Es ist zu fragen, inwieweit die Lernumgebung genügend Hilfen anbietet.
- Schüler sind in einem sozialen Kontext eingebettet.

Unter diesem Blickwinkel ist ein Fehlverhalten eines Schülers auch auf Lehrer- und Schulseite zu suchen. Schülern ist in angemessener Weise Autonomie, Freiheit und Mitbestimmung einzuräumen. Dies hat auch folgende Konsequenzen:

- Der Lernstoff ist mit den Fähigkeiten, Wünschen und Interessen der Lernenden abzustimmen. Sowohl Werteerziehung als auch intellektuelle Wissenszuwächse sind gleichermaßen wichtig.
- Die Lehrer müssen die Schüler dazu anleiten, miteinander eigenverantwortlich sich um den Stoff zu kümmern.
- Bei Fehlverhalten geht es weniger um ein Durchsetzen eines geregelten Strafenkatalogs, sondern um ein Erklären und Überzeugen.

Rolle des Lehrers im offenen Unterricht

Bohl und Kucharz (2010, S. 113ff.) diskutieren folgende fünf Möglichkeiten der Klassenführung im offenen Unterricht:

- Kounins Merkmale der Klassenführung, auf offenen Unterricht übertragen (vgl. Abb. 28, S. 114):

1. Allgegenwärtigkeit und Überlappung	• eine Gruppe beraten, eine andere unruhige Gruppe beobachten • Überblick über Tätigkeiten der Lerngruppe bewahren • mit manchen Schülerinnen und Schülern Zwischenkontrollen vereinbaren • Allgegenwärtigkeit: punktuelle oder systematische Beobachtung • frühzeitiges Eingreifen bei Störungen
2. Reibungslosigkeit und Schwung	Übergänge gestalten, z.B. Materialauswahl erleichtern, verständliche Anleitungen formulieren
3. Gruppenmobilisierung und Rechenschaftspflicht	Fokus auf die gesamte Lerngruppe bewahren, aber ruhig und eher individuell agieren
4. Valenz (Aufforderungscharakter) und intellektuelle Herausforderung	Begeisterung und Arbeitsbereitschaft wecken und mit intellektueller Herausforderung verbinden, z.B. variables und anspruchsvolles Lernmaterial und strukturierte, herausfordernde Lernumgebung
5. Abwechslung und Herausforderung bei der Stillarbeit	

- Präventive Maßnahmen in den Vordergrund stellen
  Präventive Maßnahmen, wie „Festlegung von Regeln" oder „routinierte Abläufe", erhalten im offenen Unterricht deshalb eine besondere Bedeutung, da sie nicht in der aus dem lehrerzentrierten Unterricht bekannten Weise eingebracht werden können. Beispiele hierfür wären der je individuelle Umgang mit der Auswahl und dem Umgang mit unterschiedlichen Materialien oder die Übergänge zwischen Plenums- und Gruppenarbeitsphasen.
- Organisatorische und inhaltliche Strukturiertheit über Aufgaben, Materialien und Lernumgebung
  Hierher gehören eine klare räumliche Lernumgebung, die das Lernen strukturiert, sowie ein motivierender Aufgabenkontext, der das Ausbrechen aus dem Lernprozess vermeiden hilft, oder Beratungsstrukturen und Hilfsmittel, die den Lehrer entlasten (z.B. Tutorien) und Lernprozesse unterstützen.
- Individuelles Beraten
  Hier ist vor allem an individuelle Förderpläne zu denken, mit denen leistungsschwächere oder auch -stärkere Schüler eigens unterstützt werden. Da in den meisten Bundesländern mittlerweile Förderpläne von den Lehrern verlangt werden, liegt dazu auch umfangreiches Material vor (vgl. Streber 2015; die Bildungsserver der einzelnen Bundesländer).
- Klassenführung im offenen Unterricht als Teil der Schulentwicklung
  Stellenwert und Akzeptanz offenen Unterrichts sowie die Einführung von Regeln oder Ritualen werden eher akzeptiert, wenn sie von mehreren Lehrern einheitlich eingefordert werden.

Bohl (2010) zeigt an mehreren Beispielen auf, wie sich Classroom Management und Selbstbestimmung zusammenführen lassen (S. 24ff.).

- Beispiel 1: Präventive Maßnahmen sind breiter angelegt, gleichzeitig wirksamer als reaktive Reaktionen.
  Bei der Ausweitung der Selbstorganisation von Lernenden sind die präventiven Maßnahmen des Classroom Managements mitzubedenken (z.B. 3.2.2).
- Beispiel 2: Classroom Management in differenzierenden und individualisierenden Phasen
  In Phasen selbstorganisierten Lernens ist die Komplexität des Lernarrangements höher, d.h. die Überlappungen nehmen zu, die räumliche Situation sorgt für mehr Unübersichtlichkeit, das Lernen erfordert mehr organisatorische, inhaltliche und methodische Entscheidungen (z.B.: Wer macht was gerade wo?).
- Beispiel 3: Hochstrukturierte Lernumgebung/hochstrukturiertes Lernmaterial und Classroom Management
  Kurz gesagt, der Teil der inhaltlichen Strukturierung, die im lehrerzentrierten Unterricht vom Lehrer übernommen wird, kann über anspruchsvoll gestaltetes Arbeitsmaterial gestaltet werden.
- Beispiel 4: Zur schwierigen Frage der Allgegenwärtigkeit beim selbstbestimmten Lernen
  Bohl folgert: „Letztlich fügt sich der Begriff [gemeint: Allgegenwärtigkeit] jedoch kaum in ein konsequentes Konzept von Selbstbestimmung, da gerade die Abgabe von Verantwortung sowie fundamentale Mitbestimmungsmöglichkeiten im Begriff der Selbstbestimmung konstitutiv sind" (S. 28).

Classroom Management in diesem Sinne ist also ein Begleiten von Lernprozessen im Sinne eines gemeinsamen verantwortlichen Aushandeln der fördernden Rahmenbedingungen zwischen Lehrkräften und Lernenden.

Abschließend zu dem Thema der Rolle des Lehrers und zur Klassenführung im offenen Unterricht wird nochmals auf das AVIVA-Schema von Städeli u.a. (2010) Bezug genommen (vgl. 5.1.1).
Die Autoren stellen in einer Übersicht (vgl. Tab. 11) bei den fünf Phasen ein direktes und indirektes Vorgehen gegenüber. Der Grad der Lenkung durch den Lehrer dabei wird deutlich sichtbar.

Tab. 11: Direktes und indirektes Vorgehen anhand des AVIVA-Schemas

	Phasen	Direktes Vorgehen	Indirektes Vorgehen
A	Ankommen und Einstimmen	Lernziele und Programm werden bekannt gegeben.	Die Situation, das Problem wird vorgestellt; die Lernenden bestimmen Ziele und Vorgehen weitgehend selbst.

	Phasen	Direktes Vorgehen	Indirektes Vorgehen
V	Vorwissen Aktivieren	Die Lernenden aktivieren ihr Vorwissen unter Anleitung und strukturiert durch die Methoden der Lehrperson.	Die Lernenden aktivieren ihr Vorwissen selbständig.
I	Informieren	Ressourcen werden gemeinsam entwickelt oder erweitert, die Lehrperson gibt dabei den Weg vor.	Die Lernenden bestimmen selbst, welche Ressourcen sie sich noch aneignen müssen, und bestimmen, wie sie konkret vorgehen wollen.
V	Verarbeiten	Aktiver Umgang der Lernenden mit den vorgegebenen Ressourcen: verarbeiten, vertiefen, üben, anwenden, konsolidieren	Aktiver Umgang der Lernenden mit den neuen Ressourcen: verarbeiten, vertiefen, üben, anwenden, diskutieren
A	Auswerten	Ziele, Vorgehen und Lernerfolg überprüfen	Ziele, Vorgehen und Lernerfolg überprüfen

5.3.3 Rolle des Lehrers im Gruppenunterricht

Die Literatur zum kooperativen Lernen zeigt mehr als überzeugend die positiven Auswirkungen sowohl im Lern- als auch sozial-emotionalen Bereich:
Eine Meta-Analyse von Lou und Mitarbeitern (1996) fasst Studien zum Vergleich von kooperativem Lernen und Klassenunterricht zusammen. Im Hinblick auf das fachliche Lernen ist Gruppenunterricht wirksamer als Klassenunterricht. Dasselbe Ergebnis findet sich beim peer-unterstützten Lernen, bei dem das gegenseitige Unterrichten (Tutoring) von Schülern im Vordergrund steht. Eine Meta-Analyse von über 90 Interventionsstudien im Grundschulalter zeigt für peer-unterstütztes Lernen eine moderate Überlegenheit gegenüber nicht-kooperativen Lernformen (vgl. Rohrbeck u.a. 2003). Hattie (2013), bei dem natürlich auch die Ergebnisse der Meta-Analyse von Rohrbeck u.a. mit eingehen, findet für Peer tutoring eine Effektstärke von 0.55, also einen mittel großen Effekt. Doch Johnson und Johnson (2008, S. 16) stellen klar, dass sich die positiven Effekte kooperativer Arbeitsformen nicht von selbst einstellen. „Wer Kooperation nicht fachgerecht strukturiert, wird damit keinen Erfolg haben“.
Auf den ersten Blick scheint das selbstbestimmte Lernen der Schüler, wie es in allen neueren didaktischen Konzepten betont wird, mit einem instruktionalen Lernen unvereinbar, ja widersprüchlich. Der Widerspruch löst sich auf, wenn man die empirischen Ergebnisse, die zum Gruppenunterricht vorliegen, anschaut. Sie belegen die Bedeutung strukturierter Elemente. Und dies trifft für beide Arten von Gruppenunterricht zu, die sich grundsätzlich unterscheiden lassen (vgl. Huber 2009):

- Traditioneller Gruppenunterricht
  Hier wird der Klassenverband zeitlich begrenzt in Kleingruppen aufgeteilt, die selbstständig festgelegte Themen oder Aufgaben bearbeiten und deren Arbeitsergebnisse in weiteren Phasen des Unterrichts im Klassenverband nutzbar gemacht werden können.
- Kooperatives Lernen
  Hier handelt es sich um eine Interaktionsform, bei der vor allem die Elemente einer kooperativen Aufgabenstruktur und einer kooperativen Anreizstruktur zentral sind. Die Aufgaben sollten so strukturiert sein, dass Gruppenmitglieder nur über einen Teil der Informationen bzw. des Materials verfügen und somit einen Expertenstatus erwerben, den sie an andere Gruppenmitglieder weitergeben müssen. Eine Anreizstruktur ist gegeben, wenn beispielsweise alle Gruppenmitglieder Zusatzpunkte erhalten, nachdem sie alle eine bestimmte Vorgabe erreicht haben.

Die mitgeteilten Befunde (Haag 2010) beziehen sich auf jahrelange detaillierte Feldforschungen, bei denen authentischer Gruppenunterricht im Klassenzimmer untersucht wurde. Untersucht wurde der traditionelle Gruppenunterricht in Form von vergleichsweise kurzen Gruppenunterrichtssequenzen, die in Plenumsarbeit bzw. Frontalunterricht eingelagert sind. Das Klassenplenum wird dabei vorübergehend in einzelne Gruppen von 3-5 Mitgliedern eingeteilt, die weitgehend selbstständig eine von der Lehrperson gestellte Aufgabe bearbeiten.
Ein solcher Kleingruppenunterricht besteht aus drei Phasen:

1. Arbeitsauftrag,
2. Gruppenarbeit und
3. Auswertung der Ergebnisse

Arbeitsaufträge für die Gruppenarbeit
Die geeignete Wahl und Formulierung des Arbeitsauftrags durch die Lehrperson trägt ganz entscheidend zum Gelingen der folgenden Gruppenarbeit bei. Durch ihn werden nicht nur die Handlungen und Ergebnisse der Schüler, sondern auch die weiter folgenden Handlungen der Lehrkraft während der Gruppenarbeit und Auswertungsphase beeinflusst und vorstrukturiert. Vom Arbeitsauftrag hängt zum Beispiel in hohem Maße ab, ob die Lernenden anschließend aufgabenorientiert arbeiten oder desorientiert ins Nebenengagement abgleiten, d.h. sich beispielsweise über private Dinge unterhalten, und ob die Lehrperson die Gruppen ungestört arbeiten lassen kann oder sich veranlasst sieht zu intervenieren.
So soll hier dafür plädiert werden, dass auch Arbeitsgruppen wohlüberlegte Instruktionen bekommen, um effektiv arbeiten zu können.
Dabei ergibt sich der paradoxe Sachverhalt, dass die Lehrkraft durch einen gut geplanten und bedacht formulierten Arbeitsauftrag, also durch ein hohes Maß an reflektierter Steuerung und Lenkung, die Gruppen zu einem hohen Maß an Selbstständigkeit,

Kooperation und Kreativität während der Gruppenarbeit veranlasst. Die Ergebnisse zeigen, dass durch präzise und verständliche Arbeitsaufträge ganz entscheidend dazu beigetragen werden kann, dass bei der Gruppenarbeit befriedigende Ergebnisse zustande kommen. Zu wenig bedachte Arbeitsaufträge hingegen führen in der Regel zur Desorientierung, zu geringem inhaltlichen Fortschritt und eventuell Nebenengagement während der Gruppenarbeit. Herrscht Desorientierung in den Gruppen, müssen sich die Schüler bei der Lehrkraft erst noch einmal erkundigen, was getan werden soll. Oder sie sprechen untereinander darüber, was eigentlich bearbeitet werden soll, was zur Folge hat, dass die Gruppen erst später mit der Lösung der Aufgaben beginnen und die reine Arbeitszeit verkürzt wird. Werden die Unklarheiten des Arbeitsauftrags nicht geklärt, kann es im Extremfall sogar zur Themaverfehlung kommen.

Durchführung der Gruppenarbeit

Durch präzise und verständliche Arbeitsaufträge können schließlich Interventionen vermieden werden. Und dies ist durchaus wichtig, da es sich grundsätzlich als eher ungünstig erweist, wenn die Lehrkraft häufig und zu lange interveniert. Die Lehrpersonen kommen den Schülern überwiegend nicht zu Hilfe, sondern – so zeigen es die empirischen Befunde – bringen eigene, häufig neue Gesichtspunkte in die Gruppen ein, die nicht selten zu Desorientierung und damit letztendlich zu schlechten Arbeitsergebnissen führen.

Unpräzise und unverständliche Arbeitsaufträge können zwei verschiedene Typen von Interventionen der Lehrkräfte zur Folge haben.

- Invasive Interventionen

  Die Lehrkraft beobachtet in den Gruppen Desorientierung und greift ein, um den Arbeitsauftrag nochmals zu präzisieren, nachzubessern oder sogar zu erweitern, um eben die Desorientierung zu beseitigen.

  Folgende Argumente sprechen gegen invasive Interventionen:

  - Sie unterbrechen die Arbeit in den Gruppen und verkürzen die Arbeitszeit der Schüler.
  - Invasive Interventionen, an die ganze Klasse gerichtet, unterbrechen die Arbeit aller Gruppen.
  - Durch vorschnelles Eingreifen kann eine Lehrkraft den Schülern allzu leicht das eigenständige Nachdenken abnehmen.
  - Selbsttätigkeit und Selbstständigkeit sind wichtige Erziehungsziele des Gruppenunterrichts.

Deswegen sollte die Lehrperson Geduld haben und ihre Schüler möglichst alleine und ungestört arbeiten lassen.

- Responsive Interventionen

  Die Lehrkraft wird von den Schülern wegen Desorientierung gerufen und greift erst nach Aufforderung ein. Folgende Ratschläge helfen bei responsiven Interventionen:

- Die Lehrperson soll ihre Hilfe verweigern, wenn sie den Eindruck hat, dass die Schüler auch selbstständig zurechtkommen können.
- Sie soll erst dann auf Fragen reagieren, wenn die Schüler nach längerem Bemühen offenkundig nicht weiterkommen.
- Sie soll den Schülern klar machen, dass sie ihre Chancen nutzen sollen, ohne fremde Hilfe Lösungen zu finden.
- Sie soll vorab vereinbaren, dass sie während der Gruppenarbeit nur bei schwierigen Problemen hinzugezogen werden kann.

Es muss betont werden, dass auch Gruppenunterricht einer klaren Unterrichtsvorbereitung und Planung bedarf. Eine gut durchdachte Instruktion ist der beste Prädiktor für eine reibungslose Gruppenarbeit, bei der die Gruppen autonom und ungestört ihre Ideen verfolgen können. Wenn sich die Lehrkraft um einen klaren Arbeitsauftrag bemüht, sollte es zunächst keinen Grund geben, von sich aus in das Gruppengeschehen entweder einzelner Gruppen oder der gesamten Klasse einzugreifen oder von Gruppen dazu aufgefordert zu werden.

Beendigung als Übergang zur Auswertung

Das geschickte Beenden der Gruppenarbeit ist keine leichte Aufgabe. Generell gilt, dass die Gruppen nicht abrupt aus der Gruppenarbeit herausgerissen werden, sondern eine Übergangszeit zur Verfügung haben sollten, um die laufenden Arbeiten abschließen zu können und sich auf die Auswertungsphase einzustimmen. Zu empfehlen ist die Vereinbarung nonverbaler Zeichen zur Beendigung der Gruppenarbeit, etwa der Einsatz eines Lichtsignals, einer Tischglocke oder einer Spieluhr.
Sehr sensibel ist mit der Tatsache umzugehen, dass Gruppen unterschiedlich schnell arbeiten. Eine Lehrkraft räumte in der Studie fertigen Gruppen die Möglichkeit ein, ihre Hausaufgaben zu erledigen. Es konnte sehr klar beobachtet werden, wie ‚schnell' die Gruppen stets ‚fertig' waren. Das Erledigen von Hausaufgaben sollte wirklich nicht das Ziel von Gruppenunterricht sein. Das Problem besteht darin, dass Zusatzaufgaben seitens der Schüler eher als Bestrafung denn als zusätzliche Lernchance gesehen werden. Doch gerade durch einen regelmäßigen Einsatz von Gruppenunterricht und die damit verbundene Erfahrung der Lernenden, für ihr Arbeiten selbst verantwortlich zu sein, sollte hier über einen längeren Zeitraum eine Einstellungsänderung erfolgen – mehr als ein ‚Abfallprodukt' von Gruppenunterricht.

Auswertungsphase

Hier geht es um die Präsentation der Gruppenergebnisse. Die Gruppen selbst sollen animiert werden, sich sinnvolle Varianten zu überlegen. Dies können beispielsweise sein:

- freier Vortrag
- Referat mit Notizen (evtl. durch Folien unterstützt)
- Varianten von Spielen: Szenisches Spiel, Rollenspiel, Puppenspiel, Pantomime

- Grafiken, Tabellen
- Bilder, Zeichnungen, Skizzen
- Wandzeichnung
- musikalischer Vortrag

Für die Auswertung sollte genügend Zeit eingeplant werden. Ein vielfach beobachteter Fehler ist, dass die Lehrkräfte während der Gruppenarbeit mehr Zeit als vorgesehen gewähren, doch dann meinen, diese wieder in der Auswertung einsparen zu können. Insgesamt ist genügend Zeit für die Auswertung einzuplanen, damit die Lehrperson die Balance zwischen straffem Durchziehen der Auswertung und dem Gebot, alle Gruppen dranzunehmen, findet.
Auch in dieser Phase ist die Gefahr groß, wie oben angedeutet, dass die Lehrkraft zu ‚belehrend' vorgeht. Zwar sollten Lehrkräfte wohl Fehler ansprechen, ohne jedoch die ganze Präsentation zu bestimmen, sie unnötigerweise zu unterbrechen oder zu zerreden.

Integration der Gruppenergebnisse und Metakommunikation
Eine schwierige und entscheidende Aufgabe der Lehrperson ist die Integration bzw. Vernetzung der Einzelergebnisse zu einem Ganzen. Je besser die Integration gelingt, so die Ergebnisse, desto aufmerksamer sind die Schüler. Die Hauptaufgabe der Lehrkräfte könnte darin bestehen, die einzelnen Ergebnisse wieder in den Unterricht zu integrieren und dafür Sorge zu tragen, dass sie dort auch gesichert werden. Während und nach der Auswertungsphase sollte die Gelegenheit zu Metakommunikation über Inhalts- und Beziehungsaspekte der Kommunikation zwischen den Lernenden während der Gruppenarbeit häufig genutzt werden. Gerade im Anfangsstadium von Gruppenarbeit ist es besonders wichtig, über Vorgehensweisen und Probleme der einzelnen Gruppen zu sprechen. Die Gruppenmitglieder lernen hier, wie man in Gruppen mit Konflikten umgehen kann. Einsetzen kann man hier beispielsweise Blitzlichtrunden, Fragebögen mit Feedbackskalen oder Skalen, bei denen Punkte auf Flip-Chart oder Tafel geklebt bzw. gemalt werden.

Zusammenfassend soll festgehalten werden, dass die Rolle einer Lehrkraft im Gruppenunterricht eine ganz andere ist. Hier gibt die Lehrkraft ihre Führung weitgehend an die Gruppen oder in den Arbeitsauftrag ab, die Arbeitsfragen müssen klar gestellt sein, die Bewertungskriterien müssen bestimmt werden. Das heißt: Die Lehrer müssen explizit den Schülern kooperatives Arbeiten anleiten und sie müssen ihnen beibringen, selbst mit Lern- und Arbeitsmaterial umzugehen. Sie müssen den Schülern beibringen, verschiedenen Rollen zu übernehmen und sie auch produktiv umzusetzen.
Systematisierend geht es um drei Fähigkeiten:

- Fähigkeiten zum Kommunizieren wie aktiv zuhören, miteinander Informationen teilen oder sich gegenseitig unterstützen

- Fähigkeiten zum Erklären, d.h. anderen Gruppenmitgliedern helfen, dass auch sie die zu bewältigende Aufgabe verstehen
- Fähigkeit zum Führen wie planen, die Initiative ergreifen, auf die Zeit achten, die Aktivitäten und Diskussion koordinieren

Hierauf Zeit zu verwenden ist eine gute Investition für zukünftiges selbsttätiges Arbeiten. Denn wenn Gruppenarbeit einmal gründlich angeleitet ist und von der Klasse angenommen wird, ergibt sich für den Lehrer die komfortable Situation im Unterricht, dass er einfach mal Zeit hat. Diese kann er nutzen, um alle Gruppen oder einzelne oder eine einzige bei der Arbeit zu beobachten, oder er hat Zeit für sonstige Dinge wie Unterricht vor- und nachzubereiten.

Mit den soeben gemachten Ausführungen soll belegt werden, dass Instruktion ein unverzichtbares Element einer offenen Unterrichtsform ist, ohne dass dabei die Freiräume der Schüler eingeschränkt werden müssen. **Anleitung und Freiheit schließen sich nicht aus.**

5.4 Motivierendes Unterrichten

Selbstwirksamkeitserwartungen, das Fähigkeitsselbstkonzept und Interessen als bereichsspezifische Motive sind drei motivationale Bedingungsfaktoren, die zwei Dinge gemeinsam haben:

- Sie gelten als zentrale Bedingungsfaktoren der Schulleistung.
- Im Vergleich mit kognitiven Faktoren sind diese weniger zeitstabil und werden sensibler von situativen Gegebenheiten beinflusst, d.h. sie sind auch vom Lehrer beeinflussbar, so dass hier ganz direkt Hinweise im Sinne pädagogischer Förderung gegeben werden können.

Wenn man Bücher zu unerwünschtem Schülerverhalte in der Klasse auf „Rezepte“ hin betrachtet, so fällt auf, dass die hier behandelten Begriffe als Breitbandtherapeutikum herangezogen werden. Es geht generell darum, die Schüleraktivität zu erhöhen mit selbstregulatorischen Maßnahmen.
Am Werk von Vang (2013) soll dies dokumentiert werden: Auf den Seiten 220ff. gibt er für identifizierte Schülerfehlverhaltensweisen jeweils mögliche Lösungen und zu erreichende Ziele an.
Sowohl für einen Klassenclown als auch fehlende Aufmerksamkeit, Lermotivation/ Interesse und für ein „off task“ Verhalten empfiehlt er als Ziele „personal responsibility, self-discipline, self-management, self-control“, eben die Selbstregulation betreffende Ziele.

Zunächst werden die drei psychologischen Konstrukte skizziert. Dann wird auf die lernförderliche Funktion des Lehrers eingegangen.

5.4.1 Zentrale lernförderliche Konstrukte

Selbstwirksamkeitserwartungen

Bandura fragt 1977 in einer seitdem viel beachteten Forschungsarbeit, inwieweit eine Person überhaupt erwartet, ein bestimmtes zielführendes Verhalten ausführen zu können. Diese Erwartung nennt Bandura Selbstwirksamkeitserwartung („self-efficacy"). Dabei geht es also um selbstwahrgenommene Kompetenzen im Hinblick auf die Bewältigung einer Aufgabe (vgl. Köller & Möller 2010). Sie beeinflusst, vermittelt über selbstgesetzte Zielsetzungen und regulierende Prozesse wie Aufmerksamkeit, Anstrengung, Handlungsstrategien, Emotionen und Situationsauswahl, die Verhaltensausführung, wobei die Verhaltensergebnisse dann auch wieder zurück auf die Selbstwirksamkeit wirken.

Zentrale Quellen für Selbstwirksamkeit sind:

- eigene Bewältigungserfahrungen (Erfolg vs. Misserfolg)
- stellvertretende Erfahrungen durch Beobachtung von erfolgreichen vs. erfolglosen Verhaltensmodellen
- Rückmeldungen durch Dritte
- Wahrnehmung eigener Gefühlsregungen, bei denen Personen auf Grund ihrer starken Erregung in einer Leistungssituation auf Kompetenzmangel schließen

Menschen, so die Befundlage, die nach dem Konzept der Selbstwirksamkeit gefördert werden, verbessern ihre kognitiven und motivationalen Leistungen. In einer konkreten Situation beim Aufbau von Selbstwirksamkeit oder eben nicht sind die wahrgenommenen Ursachen bedeutsam, die aus der Kausalattributionsforschung bekannt sind. Nach dem Vier-Felder-Schema der Ursachenzuschreibungen (vgl. Tab. 12) nach Weiner (1986) schreiben erfolgsorientierte Schüler ihre Erfolge demnach ihren eigenen Fähigkeiten zu, d.h. Erfolgsorientierte attribuieren also sehr selbstwertdienlich internal und zeitlich stabil, sie können sich also auf ihre Fähigkeiten weiterhin verlassen. Demgegenüber können sich eben Misserfolgsorientierte nicht auf sich selbst verlassen, Misserfolge bestätigen ihnen lediglich, was sie aufgrund ihrer bisherigen Erfahrungen erwarten durften: sie sind ein Ausdruck ihrer geringen Fähigkeit. Ganz anders attribuieren Erfolgsorientierte ihre Misserfolge: Hier machen sie im Falle eines Misserfolgs Umstände verantwortlich, die außerhalb ihrer selbst liegen, z.B. Krankheit, Pech; auch können sie auf mangelnde Anstrengung verweisen, um damit möglichen Zweifeln an ihrer Fähigkeit entgegenzutreten. Und sollten tatsächlich Misserfolgsorientierte einmal Erfolg haben, führen sie es auf Glück oder die Leichtigkeit der Aufgabe oder auf das Wohlwollen der Lehrkraft zurück, insgesamt also auf Ursachen, die sie außerhalb von sich wahrnehmen.

Tab. 12: Wahrgenommene Ursachen für Erfolg und Misserfolg (Weiner 1986)

	internal	**external**
stabil	Fähigkeit	Aufgabenschwierigkeit
variabel	Anstrengung	Zufall

Fähigkeitsselbstkonzept

Selbstkonzepte stellen generalisierte Wahrnehmungen über die eigene Person dar. Das Selbstkonzept gilt als „the cornerstone of both social and emotional development". Shavelson, Hubner und Stanton (1976) unterscheiden in ihrem hierarchischen Selbstkonzeptmodell das physische Selbstkonzept (z.B. „Ich bin hässlich"), das soziale Selbstkonzept (z.B. „Ich habe viele Freunde"), das emotionale Selbstkonzept (z.B. „Ich bin schnell traurig") und das Fähigkeitsselbstkonzept (z.B. „Ich bin ein schlaues Kerlchen"). Um letzteres soll es hier gehen. Hierunter versteht man das mentale Modell einer Person über ihre Fähigkeiten und Eigenschaften (vgl. Moschner & Dickhäuser 2010).

Während sich die Selbstwirksamkeit auf selbstwahrgenommene Kompetenzen im Hinblick auf die Bewältigung einer Aufgabe beschränkt, sind die Facetten des Selbstkonzepts breiter. Sie umfassen eine evaluative („Ich bin besser als andere"), eine affektive („Ich liebe Mathematik") und eine kognitive („Ich bin gut in Mathematik") Komponente. Während Selbstwirksamkeit vor allem auf Erfahrungen, die in der Vergangenheit bei gleichen oder ähnlichen Aufgaben gemacht wurden, basieren, bilden sich Selbstkonzepte aus der Gegenüberstellung der Leistungen in einem Fach mit den Leistungen der Mitschüler in diesem Fach und mit den eigenen Leistungen in anderen Fächern heraus. Marsh (1986) geht in seinem Bezugsrahmenmodell von zwei zentralen Informationsquellen für die Bildung fachspezifischer Selbstkonzepte eigener Begabung aus:

- Der interindividuelle bzw. soziale Vergleich (external frame of reference)
  Schüler nutzen einerseits soziale Vergleiche mit ihren Mitschülern, bei dem die eigenen Leistungen in einem Schulfach mit denen der Mitschüler verglichen werden. Sind die eigenen Leistungen besser als die der Mitschüler, kommt es zu einem höheren Fähigkeitsselbstkonzept und umgekehrt, unabhängig von der wirklich erbrachten Leistung. Dies wird als Bezugsgruppeneffekt („Fischteich-Effekt" oder „big-fish-little-pond effect") bezeichnet.
- Der intraindividuelle bzw. dimensionale Vergleich (internal frame of reference)
  Bei Schülern nutzen andererseits auch internale Vergleiche, indem sie die Leistungsergebnisse in einem Fach mit ihren eigenen Leistungen in einem anderen vergleichen.

  Zwischen mathematischer Leistung und mathematischem Selbstkonzept bzw. zwischen verbaler Leistung und verbalem Selbstkonzept bestehen positive Korrelationen. Doch zwischen mathematischer Leistung und verbalem Selbstkonzept und umgekehrt zwischen verbaler Leistung und mathematischem Selbstkonzept bestehen negative Korrelationen, eben deshalb, weil jeder Schüler für sich eine Domäne (beispielsweise Mathematik oder die Sprachen) als die stärkere ansieht, zu der die andere automatisch in der eigenen Bewertung abfällt.

Interesse

Unter Interesse versteht man eine besondere Beziehung einer Person zu einem Gegenstand. Deshalb kann man Interesse auch als bereichsspezifisches Motiv bezeichnen. Die Besonderheit der Interessenbeziehung besteht in dem Erleben von positiven emotionalen Zuständen während der Beschäftigung mit dem Interessengegenstand, einer hohen subjektiven Wertschätzung dieses Gegenstands sowie dem ausgeprägten Ziel, das Wissen über den Gegenstand zu erweitern (vgl. Krapp 2010). Bei dieser besonderen Person-Gegenstand-Beziehung sind der emotionale Wert und eine persönliche Bedeutsamkeit auf kognitiver Ebene die zentralen Elemente.

5.4.2 Lernförderliche Funktion des Lehrers

Aus der Selbstbestimmungstheorie (Deci & Ryan 2002) wird abgeleitet, dass Unterrichtsbedingungen, die Kompetenzerleben, Selbstbestimmung und soziales Eingebundensein fördern, eher dazu führen, dass sich Interesse entwickelt.

Kompetenzerlebnisse

Ein positives Kompetenzerleben wird durch eine klare Strukturierung gefördert (vgl. Daniels 2008). Dies kann eine Lehrkraft durch folgende Maßnahmen erreichen:

- eine anspruchsvolle Zielsetzung für das Kind, was keine Überforderung und keine Unterforderung bedeutet („dosierte Diskrepanzen")
- angemessene Leistungsanforderung und eindeutige Formulierung
  Prüfungen haben stets einen unvorhersehbaren und damit auch unkontrollierten Charakter. Ein Offenlegen, welche Inhalte in Prüfungen abgefragt werden und wie viele Punkte für das Erreichen von verschiedenen Kriterien, insbesondere dem Kriterium „bestanden", notwendig sind, gibt dem Schüler schon im Vorfeld das Gefühl, dass er die Prüfung bestehen kann. Schüler haben das Gefühl, dass ihre Leistungen andauernd auf dem Prüfstand stehen. Damit haben sie auch permanent das Gefühl versagen zu können. Damit Schüler auch mal „gefahrfrei" Antworten oder Nachfragen geben können, ist eine für sie erkennbare Trennung zwischen Lernzeiten und Prüfzeiten sinnvoll, wie es Weinert (2001) gefordert hat. Dies signalisiert den Schülern, auch mal ohne Kontrolle und ohne Sanktionen frei arbeiten zu können. Somit sollte Unterricht unter herabgesetztem Risiko des Scheiterns verstanden werden.

Selbstwirksamkeit wird durch eine am individuellen Leistungsstand und am je individuellen Leistungsvermögen orientierte adaptive Unterrichtsinstruktion und einen intraindividuellen Bewertungsmaßstab gefördert. Aufgaben müssen sich an den individuellen Fähigkeiten der Schüler orientieren. Zwei Lehrermaßnahmen sind dabei flankierend zentral:

- Wertschätzung ausdrücken
  Gerade im lehrergesteuerten Unterricht, der gängigsten Unterrichtsform, sollten Lehrkräfte beim Fragenstellen positive Erwartungen an die Schüler signalisieren. Brophy und Good (1986) betonen die besondere Bedeutung des Lehrerverhaltens beim Fragenstellen. Schüler erleben dann Selbstwirksamkeit in der Schule, wenn
  - „Fragen in eine angemessene Schwierigkeitszone zwischen Unter- und Überforderung fallen,
  - es eine ausgewogene Mischung von ‚low-level' und ‚high-level' Fragen gibt,
  - sowohl eindeutig beantwortbare als auch mehrdeutige Fragen vorgesehen werden,
  - nach Fragen mindestens drei Sekunden Zeit verbleibt, bis die Frage weitergereicht wird [Sacher (2014) spricht von Wartezeit 1, das ist die Zeit von der Beendigung der Frage bis zum Aufruf des ersten Schülers, und der Wartezeit 2, das ist die gewährte Bedenkzeit bei unvollständiger Antwort],
  - alle Schüler gleichermaßen in Frage-Antwort-Sequenzen einbezogen werden,
  - Schüler bei schwierigen Fragen ermuntert werden, Nachfragen zu stellen oder Hilfe zu erbitten" (aus: Helmke 2003, S. 64; Primärquelle: Brophy & Good 1986, S. 346).
- Vielfältige Bekräftigungen verwenden; hierunter fallen
  - Bekräftigungen auch im späteren Verlauf der Stunde
  - Nonverbale Bekräftigungen
  - Zuweisung von Aktivitäten
  - Umgang mit Schülerantworten wie aufmerksames Zuhören, interessiert Nachfragen, zur Weiterarbeit ermutigen, Schüleräußerung in den weiteren Unterricht einbeziehen, die Bedeutung eines Schülerbeitrags hervorheben, anspruchsvollere Zusatzfragen stellen.

Selbstbestimmung, Mitbestimmung

Eine kognitiv anspruchsvolle, selbständiges Denken anregende Art der Gesprächsführung fördert Autonomie- und auch Kompetenzerleben. Gewährung von Freiheitsgraden und Freiheitsräumen, die sich z.B. in Mitbestimmung äußern, wirkt sich ebenfalls hier förderlich aus. Folgende Bereiche können bei einem von Lehrerseite gut arrangierten Unterricht von Schülerseite mitbestimmt werden:

- die Grundauswahl des Inhaltes
- die individuelle Wahl der konkreten Inhalte einer Stunde
- die Methodenwahl
- die Wahl der Schwierigkeit
- die Wahl der Sozialformen
- die Wahl des Zeitpunktes

- die Wahl der Zeitdauer
- die Wahl des Arbeitsortes (vgl. Hartinger & Fölling-Albers 2002, S. 143)

Durch solche Wahlmöglichkeiten kann Unterricht interessant werden, und dass hinter der vermeintlichen Wahlfreiheit doch eine Art von „Muss" steht, gerät in den Hintergrund.

soziales Eingebundensein
Es geht um das Verhältnis zwischen Lehrkraft und Klasse sowie zwischen den Schülern selbst. Dazu gehört eine Begleitung sowie Sozialorientierung seitens der Lehrkräfte, damit sich alle wohlfühlen können:

- Individuelle Begleitung bei der Arbeit
  Schüler fühlen sich von ihrer Lehrkraft besonders angenommen, wenn diese bei ihrer Arbeit begleitet werden, dabei sind folgende Maßnahmen sinnvoll:
  - direkte Rückmeldungen zu den Lernergebnissen
  - verstärkendes Feedback und aktives Zuhören
  - gemeinsames Verbalisierung von Denkprozessen und Modellierungstechniken
  - Setzen individueller Nahziele
- Sozialorientierung aller Schüler
  Es geht um eine Sozialorientierung der Lehrkräfte. Der Einsatz von beispielsweise Gruppenarbeitsmethoden signalisiert den Schülern, dass sie keine Einzelkämpfer sein müssen, um erfolgreich sein zu dürfen. Ihnen sollten Möglichkeiten für gegenseitige (auch Partner-)Präsentation von Leistungen gegeben werden. Gruppenzusammensetzungen sollten gewechselt werden.

Letztendlich muss es bei allen hier genannten Maßnahmen darum gehen, dass den Lernenden Erfolgserlebnisse ermöglicht werden, die sich auf die Selbstwirksamkeitserwartung, das Fähigkeitsselbstkonzept und das Interesse auswirken.

Dass dieser hier behandelte Punkt so zentral für jegliches Lernen ist, kann man an der Fülle vorgeschlagener Unterrichtsmaßnahmen festmachen, die aus wissenschaftlichen Befunden abgleitet sind. Stellvertretend wird im Folgenden eine Tabelle wiedergeben, die dem Sammelband von Götz (2017) entnommen ist. Zusammen mit einem Autorenteam legt Götz eine Publikation vor, die unter Berücksichtigung neuester Forschungsergebnisse zentrale motivationale Bedingungsfaktoren der hier vorliegenden Thematik behandelt. In Tabelle 13 (vgl. Götz 2017, S. 133) werden in Anlehnung an amerikanische Ergebnisse motivational relevante Dimensionen der Unterrichtsgestaltung in dem Akronym „TARGET" zusammengefasst. Es wird deutlich, dass die in diesem Unterpunkt herausgearbeiteten Maßnahmen auch hier wieder auftauchen, darüber hinaus auch die Bedeutung von Aufgabenstellungen mitaufgenommen ist.

Tab. 13: Dimensionen der Unterrichtsgestaltung mit entsprechenden Maßnahmen (Götz 2017)

Dimension	Maßnahmen zur Förderung einer günstigen Zielstruktur im Unterricht
Task (Aufgabenstellungen)	• Nutzung von abwechslungsreichen, vielfältigen, persönlich bedeutsamen, sinnhaften, emotional reichen und damit interessanten Aufgaben • Verwendung von individuell herausfordernden Aufgaben, die mit Anstrengung zu bewältigen sind • Strukturierung von Lernaktivitäten in Teilschritte und Teilziele, anhand derer Schülerinnen und Schüler ihren Fortschritt erkennen können
Authority (Autorität und Autonomie)	• Entwicklungsangemessene Übertragung der Verantwortung für das Lernen und die Zusammenarbeit in der Klasse • Möglichkeiten, zur Wahl von (Teil-)Lernzielen, Lernaktivitäten, Lernwegen und Lernmaterialien entsprechend der Selbstregulationsfähigkeiten der einzelnen Schülerinnen und Schüler • Möglichkeiten Entscheidungen zu treffen und Führung wahrzunehmen
Recognition (Anerkennung)	• Anerkennung von Anstrengung durch Lob, positive emotionale Reaktionen, Belohnung und andere Formen der Verstärkung • Vermittlung der Überzeugung, dass Anstrengung zur Verbesserung von Kompetenzen führt und das Kompetenzen das Ergebnis von Anstrengungen sind • Anerkennung von individuellen Verbesserungen • Keine Bevorzugung von leistungsstarken Schülerinnen und Schülern • Anerkennung des Verständnisses des Lernstoffs • Anerkennung von individuellen Lösungszugängen • Realisierung eines konstruktiven Fehlerklimas, in dem Fehler Lernchancen und nicht Anzeichen mangelnder Kompetenzen sind
Grouping (Gruppierung)	• Verwendung von kooperativen Lernmethoden • Realisierung von leistungsheterogenen Gruppen, die das gemeinsame Erreichen von Zielen fördern (Einbringen von individuellen Kompetenzen) • Herstellung eines kooperativen anstelle eines wettbewerbsorientierten Klassenklimas • Vermittlung von Kompetenzen zur effektiven Arbeit in Gruppen
Evaluation (Bewertung)	• Verwendung von individuellen und kriterialen Bezugsnormen • Vermeidung der sozialen Bezugsnorm • Vermeidung von sozialen Vergleichen • Möglichst starker Verzicht auf wettbewerbsorientierte Methoden • Möglichst starker Verzicht auf öffentliche Leistungsrückmeldungen (z.B. bei der Herausgabe von Klassenarbeiten) und intensive Nutzung privater Rückmeldungen (in mündlicher und schriftlicher Form)
Timing (Zeit)	• Gewährung von ausreichender Bearbeitungszeit (Aufgaben und Tests) • Ausrichtung der Lernzeit an leistungsschwächeren Schülerinnen und Schülern (ggf. Zusatzaktivitäten für leistungsstärkere Schüler(innen) • Gelegenheit zur eigenverantwortlichen Zeitplanung der Lernaktivitäten und zur eigenständigen Terminierung von Selbsttests

5.4.3 ARCS-Motivationsmodell von Keller (2010)

Es wird ein Motivationsmodell vorgestellt, das einerseits die soeben dargestellten Forschungsergebnisse inkludieret, also wissenschaftlich fundiert ist, das andererseits auch praktische Vorschläge in der Gestaltung motivierender Lernumgebungen gibt, also berufsfeldbezogen ist. Keller entwickelte 1983 das ARCS-Modell, das vier motivationale Bedingungen unterrichtlichen Handelns enthält, mit denen Schüler zu Lernprozessen motiviert werden können (Keller 2010). Im Bereich des E-Learning und der Medienpädagogik dient es deshalb häufig als Grundlage für die Gestaltung von multimedialen Lernangeboten (Niegemann 2001). Das englische Akronym ARCS steht für:

- Aufmerksamkeit (attention): Das Lernangebot soll Aufmerksamkeit erlangen.
- Relevanz (relevance): Das Lernangebot soll die Relevanz des Lehrstoffs vermitteln
- Zuversicht (confidence): Das Lernangebot soll die Erfolgszuversicht unterstützen.
- Zufriedenheit (satisfaction): Das Lernangebot soll Zufriedenheit herstellen.

Diesen vier Bedingungen werden einzelne Strategien zugeordnet. Die nachstehende Tabelle berücksichtigt diese Bedingungen mit den entsprechenden Strategien (orientiert an: Braune 2012, S. 63). Eine solche Übersicht hat für Lehrkräfte den Vorteil, dass sie sich damit auf unterschiedliche Lerner und verschiedene Rahmenbedingungen einstellen und entsprechend flexibel agieren können.

Tab. 14: Motivationale Bedingungen unterrichtlichen Handelns (Keller 2010)

Aufmerksamkeit	**Relevanz**	**Zuversicht**	**Zufriedenheit**
Unvereinbarkeit/ Konflikt herstellen	Bedürfnissen gerecht werden	Selbstattribuierung fördern	natürliche Konsequenzen erfahrbar machen
konkret sein	derzeitigen Wert aufzeigen	Selbstvertrauen	negative Einflüsse vermeiden
Variabilität gewährleisten	zukünftigen Nutzen aufzeigen	nach Schwierigkeiten strukturieren	positive Entwicklungen bestärken
Humor zeigen	Erfahrungen verknüpfen	Lernvoraussetzungen adressieren	Erwartungen artikulieren und realisierbar machen
Nachfragen ermöglichen	Wahlmöglichkeiten eröffnen	auf Positives mit Feedback, Lob und Aufmerksamkeit reagieren	unerwartete Auszeichnungen gewähren
Teilnahme ermöglichen	Vorbild geben		

6 Kommunikation/Beziehungsförderung

Wiederum einen ersten Überblick über diese Dimension gibt die Skala „Förderung der Beziehungen“ des bereits erwähnten Linzer Diagnosebogen zur Klassenführung (LDK: Mayr u.a. 2002).

> „Ich glaube, sie mag uns.“ (Wertschätzung)
> „Sie versucht uns auch dann zu verstehen, wenn wir ihr einmal Schwierigkeiten machen.“ (Verstehen)
> „Sie ist zu uns offen und ehrlich.“ (Authentizität)
> „Sie ist ausgeglichen und humorvoll.“ (Humor)
> „Wir reden mit ihr auch über den Unterricht und über die Klasse.“ (Kommunikation)
> „Sie lässt uns vieles selbst entscheiden.“ (Schülermitbestimmung)
> „Sie tut vieles, damit wir eine gute Klassengemeinschaft werden.“ (Gemeinschaftsförderung)

Die so beschriebenen Wahrnehmungen seitens der Schüler wirken sich unmittelbar auf das Klassenklima aus. Diese Skala lässt sich als zentrale Determinante von Klassenklima bezeichnen (Eder 2011). Je höher Schülerzentriertheit und je geringer der Sozial- und Leistungsdruck erlebt werden, desto günstiger ausgeprägt sind Kohäsion und Disziplin in der Klasse – so lassen sich die Interkorrelationen der vier Klima-Dimensionen nach Eder beschreiben. Das Klassenklima ist eine zentrale Variable, was ihre Auswirkung auf die Einstellungen zum Lernen, auf das Befinden in der Schule, auf Mitarbeit und Störung im Unterricht, auf soziales Verhalten betrifft (Eder 1996). Neben institutionellen und organisatorischen Merkmalen wie Schulkultur und Schulklima ist für das Klassenklima die Qualität der Interaktion und Kommunikation in der Klasse von entscheidender Bedeutung. Das betrifft unmittelbar die Führungsarbeit der Klassenlehrer.

6.1 Kommunikation verbessern

Die Kommunikationstheorie, die als Basis eine systemische Perspektive des Handelns hat, hat einen extrem großen Anklang in der psychologischen Praxis, in pädagogischen und sozialen Berufen gefunden, ist aber auch zentral generell in beruflichen Kontexten. So haben die jahrelangen Forschungen zum Konstanzer Trainingsmodell (Humpert & Dann 2001) gezeigt, dass die Übungen zur Kommunikation, die einen zentralen Baustein im Training ausmachen, die beliebtesten bei den Lehrkräften sind und dass sie am schnellsten zur Verbesserung des Klassenklimas führen.

Im Folgenden sollen einige grundlegende Kommunikationsaspekte praktisch beleuchtet werden.

6.1.1 Die vier Aspekte der Kommunikation

Grundsätzlich wird in der Kommunikationstheorie bei jeder Nachricht zwischen zwei Aspekten getrennt, nämlich zum einen zwischen dem Sachaspekt und zum anderen zwischen dem Beziehungsaspekt (Watzlawick, Beavin & Jackson 1969). Im Sachaspekt befindet sich der Inhalt einer Nachricht. Der Beziehungsaspekt beinhaltet Informationen darüber, wie man mit diesem Inhalt umgehen muss. Schulz von Thun (1981) unterteilt den Beziehungsaspekt weiter, wobei zusätzliche Komponenten, und zwar Selbstoffenbarung und Appell hervorgehoben werden. Der Umgang mit den vier Aspekten muss erfahrungsgemäß vor allem aus der Sicht der Münder und der Ohren mehrmals geübt werden, bis die Analyse ohne Probleme funktioniert. Oft haben Lehrkräfte das Gefühl, dass sie gewisse Kommunikationsteile nicht eindeutig den verschiedenen Aspekten – Selbstoffenbarung, Beziehung und Appell zuordnen können. Eine eindeutige Richtigkeit gibt es aber gar nicht, sondern Selbstoffenbarung und Appell sind Teile der Beziehung, die besonders hervorgehoben werden. Wichtig ist nicht die richtige Zuordnung, sondern die detaillierte Sicht der Kommunikation, um auf diese Art und Weise möglichst nahe an das heranzukommen, was der Sender der Botschaft wirklich gemeint hat, und genauso, was der Empfänger wirklich wahrgenommen hat. Die vier Seiten einer Nachricht hat Schulz von Thun anschaulich als quadratisches Gebilde dargestellt. Damit wird verdeutlicht, dass es wirklich um Aspekte einer Nachricht geht und dass sie prinzipiell als gleichrangig anzusehen sind (siehe Abb. 8).

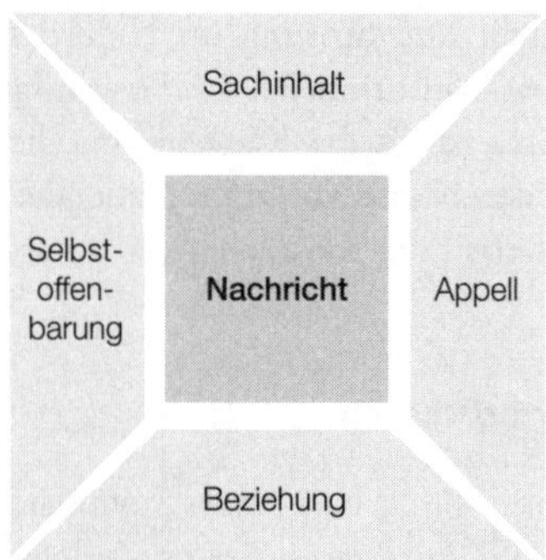

Abb. 8: Die vier Seiten einer Nachricht (nach Schulz von Thun 1981, S. 14)

Die Bedeutung der vier Seiten wird in Tabelle 15 sowohl für den Sender als „Mund“ als auch für den Empfänger als „Ohr“ deutlich gemacht.

Tab. 15: Vier Münder des Senders und vier Ohren des Empfängers

Aspekt	beim Sender als „Mund"	beim Empfänger als „Ohr"
Sachinhalt	Worüber ich inhaltlich informiere.	Was ich inhaltlich von dir erfahre.
Selbstoffenbarung	Wie es mir geht, was ich fühle, denke oder will.	Wie es dir geht, was mit dir los ist.
Beziehung	Was ich von der halte.	Wie ich mich behandelt fühle.
Appell	Was ich von dir erwarte.	Was du von mir erwartest.

Im Folgenden (Tab. 16) wird an einem Unterrichtsbeispiel deutlich gemacht, was die vier Seiten einer Nachricht jeweils beim Sender als „Mund" und beim Empfänger als „Ohr" bewirken können.
Bisher war es in der vierten Klasse üblich, dass bei einer Gruppenarbeit die Mädchen und die Jungens getrennt in Gruppen arbeiteten (drei Mädchengruppen zu je vier; 2 Jungengruppen zu je vier und eine zu fünft). Aufgrund einer Absenz eines Mädchens sagte die Lehrerin, Felix, ein Junge aus der Fünfergruppe, solle zu der Mädchengruppe, in der heute ein Mädchen fehlt, gehen. Felix sieht das überhaupt nicht ein und weigert sich. Darauf die Lehrerin zu Felix: „Sag mal, hast du Angst, dass die Mädchen beißen?"

Tab. 16: Verdeutlichung der Tabelle 15

Aspekt	beim Sender als „Mund" die Lehrerin	beim Empfänger als „Ohr" Felix
Sachinhalt	Die Mädchen beißen dich nicht. Sie sind bereit, eine Gruppe mit dir zu bilden.	Sie glaubt wohl, dass ich Angst vor Mädchen habe.
Selbstoffenbarung	Mich ärgert dein Verhalten. Das ist gegenüber den Mädchen nicht fair.	Die Lehrerin merkt wohl gar nicht, wie unangenehm es mir ist, mit den Mädchen zusammen zu sein.
Beziehung	Du gehst mir auf die Nerven.	Die Lehrerin will mich nicht gleich wie die anderen behandeln. Das nervt mich.
Appell	Mach jetzt gefälligst mit!	Ich soll ohne Widerrede in die Mädchengruppe.

Bei dem Sender und dem Empfänger tauchen häufig Verständigungsprobleme auf, und Appelle beinhalten oft Vorwürfe, weswegen der Empfänger gereizt auf die Nachricht reagiert oder eine Trotzreaktion seinerseits erfolgt. Aus diesem Grund sollten Appelle nur sparsam verwendet werden und in einer für den Schüler adäquaten Form formuliert sein. Der Einsatz sogenannter Ich-Botschaften ist eine sehr bewährte Möglichkeit, denn so bringt man seine eigenen Gefühle in der Störungssituation zum Ausdruck, ohne damit einen Vorwurf an den Interaktionspartner zu verbinden. Auf jeden Fall führt die Analyse der Situation zu einer neuen Sichtweise, was in der Zukunft zu einer Verbesserung der Lehrer-Schüler-Interaktion führen dürfte.

Die Kommunikation als Kreisprozess

Im klassischen „Reiz-Reaktions-Muster" gehen Lehrkräfte häufig davon aus, dass der Anfang von Störungen im Unterricht nur auf Schülerseite zu sehen ist. Ganz anders bei einer systemischen Sichtweise: Unter dieser Perspektive wird der Beginn von schwierigen Situationen vorerst nicht festgelegt. Die systemische Perspektive betrachtet Interaktionsmuster als Kreisprozesse, die an bestimmten Stellen aufgeschnitten werden. Lehrkräfte beginnen in der Praxis normalerweise die Analyse einer Situation dann, wenn sich die Schüler störend oder aggressiv verhalten. Man würde aber systemisch auch die Frage stellen „Was war vor der Störung?".

Ein wichtiges Ziel im Unterricht sollte es sein, die Kommunikation zwischen Lehrkräften und Schülern zu verbessern, was auch zu einer Besserung des Klassenklimas führt. Diese Verbesserung der Kommunikation ist eine Bemühung auf der Beziehungsebene. Die Besserung der Kommunikation auf der Beziehungsebene führt meistens dazu, dass auch Probleme auf der Sachebene leichter gelöst werden können. Vor der Anwendung von sogenannten Beziehungsblockern oder „Killerphrasen", die meistens bei nichtsymmetrischer Kommunikation (vom Vorgesetzten zum Untergebenen) benutzt werden, ist zu warnen. Häufig werden diese Beziehungsblocker von Lehrpersonen eingesetzt, um einen Konflikt oder ein Problem möglichst schnell zu beseitigen, aber sie führen meistens nur dazu, dass das Problem nur kurzfristig und einseitig gelöst wird. Derartige Beziehungsblocker sind beispielsweise Aussagen, die den Schüler herabsetzen, als dumm hinstellen oder ihn auch vor anderen Schülern in gewisser Weise lächerlich machen. Es gibt sie in „milder Form", aber auch als sehr massive Aussagen, die zu starken Kommunikationsstörungen führen können.

6.1.2 Das nonverbale Lehrerverhalten

Obiger Beziehungsaspekt wird vor allem durch nonverbale Anteile wie Körpersprache, Mimik, Gestik, Augenkontakt, Modulation und Bewegungen transportiert. Man geht heute davon aus, dass 65% von dem, was in einer Interaktion erfasst wird, mit dem nichtverbalen Verhalten des Senders zusammenhängt. Dubs (2011) hebt die Bedeutung nichtverbalen Lehrerverhaltens folgendermaßen hervor:

- Gutes nichtverbales Verhalten unterstützt die Selbstpräsentation eines Lehrers.
- Die Schüler nehmen Regeln und Erwartungen deutlicher wahr, wenn sie vom Lehrer nichtverbal unterstützt werden.
- Es erhöht sich die Wirkung einer nichtverbal unterstützten Verstärkung.

- Nichtverbales Verhalten bringt die Wertschätzung oder Abneigung einem Schüler gegenüber viel deutlicher zum Ausdruck als alle anderen Formen des Lehrerverhaltens.
- Der Unterrichtsfluss lässt sich ganz stark beeinflussen, wenn ein Lehrer ihre Kommunikation nichtverbal unterstützt.

6.1.3 Humor

> „Nun bitten wir den heiligen Geist
> Um den rechten Glauben allermeist,
> Daß er uns behüte an unserm Ende,
> Wenn wir heimfahren aus diesem Elende.
> Kyrieleis."

Dieses Kirchenlied, komponiert von Martin Luther mit dem gleichnamigen Titel „Nun bitten wir den Heiligen Geist", wurde in der Klasse, in der der Autor saß, von Jahrgangsstufe sechs bis zehn regelmäßig vor den Lateinschulaufgaben gesungen – aus vollen Kehlen, stets augenzwinkernd –, was Internatsschülern einer Klosterschule, von Patres unterrichtet, im „Überlebenskampf" so eingefallen ist.
Was waren die Schüler dieser Klasse, im Nachhinein betrachtet, doch „großartige Psychologen"!
Am dringendsten, das sagen uns heute Psychologen, die sich wissenschaftlich mit dem Phänomen Humor beschäftigen, benötigt der Mensch den Humor, wenn es ihm schlecht geht (vgl. Ruch 2010). Viktor Frankl, der drei Jahre in den Konzentrationslagern der Nazis überstand, schrieb, dass der Humor eine Waffe der Seele im Kampf um ihre Selbsterhaltung ist.
Die Diskussion wird hier nicht geführt, welcher Ort nun die Schule sei, inwieweit Schule ein „Elende" sei – hier sei verwiesen auf die Ausführungen bei Foucault (1977; deutsch: 2008), der von der Schule als einen Ort des Überwachens und Strafens, wie in einem Gefängnis, spricht. Da unbestritten Schule ein Ort der Selektion und Allokation ist (vgl. Fend 2006) und damit auch ein Ort, in dem schon mal das Prüfungsunwesen überhand nimmt und damit auch Prüfungsangst ein Begleiter sein mag, kann Humor als ein Antagonist begründet gesehen werden. Prominent geworden ist in Deutschland die Stiftung „Humor hilft heilen", die der Fernsehmoderator und Mediziner Eckart von Hirschhausen ins Leben gerufen hat (http://www.humorhilftheilen.de/stiftung/).
Doch es muss betont werden, dass Lehrerhumor nur als Bandbreittherapeutikum in einer Klasse wirken kann. Ein Kind, das generell unfähig ist, etwas Heiteres zu spüren, oder auch zu Depressivität neigt, dürfte nur schwerlich bei humorvollen Lehreräußerungen etwas Heiteres dabei spüren. Ulrich Schnabel (2017) gibt auf die Frage, wie man eine solche heitere Einstellung erlangen kann, folgende allgemeine Empfehlungen:

- segensreiche Wirkung der zeitlichen Vergänglichkeit: „Humour is tragedy plus time." (Angelsächsisches Sprichwort)
- Kunst des Perspektivenwechsels: „Jedes Ding hat drei Seiten: eine positive, eine negative und eine komische." (Karl Valentin)
- Sich selbst nicht so wichtig nehmen: „Wenn ich dieses Leben überlebe, ohne zu sterben, sollte mich das überraschen." (islamischer Till Eulenspiegel Mullah Nasruddin)
- Beim Thema Humor geht es nicht um Perfektion, sondern gerade um das Scheitern, das Misslingen und das Unperfekte: Ein Clown, der nicht stolperte, wäre keiner.

6.2 Lehrer-Schüler-Verhältnis

Alle Regeln helfen wohl nichts, wenn die sog. Chemie zwischen Lehrkraft und Klasse nicht stimmt, so allgemeiner Konsens. Dass dies so zutrifft, kann Marzano (2003) mit seinen ermittelten Effektstärken belegen. Insgesamt liegen sie bei der Variablen Lehrer-Schüler-Verhältnis für störungsfreien Unterricht bei .86 (vgl. Kap. 1.1), doch je jünger die Schüler sind, desto exorbitant höher fallen die Effektstärken aus (Middle School/Junior High: 2.89!) – ein Indiz für die Bedeutung des Lehrer-Schüler-Verhältnisses.

6.2.1 Caring

Klaus Ulich (2001) macht deutlich, dass Schulalltag neben einem Lern- und Leistungsalltag auch immer ein Beziehungsalltag ist. Er betrachtet Schule unter dem Aspekt der in ihr ablaufenden interpersonalen Prozesse, also auch der Lehrer-Schüler-Interaktion (S. 76ff.), und der darauf einwirkenden institutionellen Gegebenheiten.
Für vorliegenden Zusammenhang ist folgendes von Bedeutung:
Lehrerverhalten ist immer von administrativen Notwendigkeiten abhängig, die sich dann auf die Freiheit des pädagogischen Handelns auswirken. Wissensvermittlung und die Leistungsbeurteilung beispielsweise führen zu einer prinzipiell sehr ungleichen Beziehung. Lehrer werden per se mit zahlreichen Machtmitteln ausgestattet:

- Lehrer sollen die nachwachsende Generation qualifizieren, im Qualifikationsvorsprung liegt eine wichtige Quelle ihrer Macht.
- Schule ist Ausleseinstanz, dem Lehrer obliegt diese Aufgabe.
- In Schule geschieht Sozialisation, d.h. Eingliederung in die Gesellschaft. Dabei wachen Lehrer über das Einhalten von Grundregeln und verfügen über Sanktionsmechanismen.

Ein Kernproblem im Lehrer-Schüler-Verhältnis ist die Überlegenheit des Lehrers gegenüber den Schülern. Diese Überlegenheit kann zu Macht führen. Dabei muss es heute Aufgabe eines Lehrers sein, eine Mitverantwortung für die persönliche

Entwicklung und das erfolgreiche Lernen seiner Schüler zu übernehmen. Dieses Verständnis im Umgang mit Heranwachsenden wird heute als Caring bezeichnet.

> „Eine Lehrperson bemüht sich, die Gefühle sowie das Denken und Handeln ihrer Schülerinnen und Schüler, vor allem durch gutes Beobachten und aktives Zuhören zu verstehen, sie zunächst so zu akzeptieren, wie sie sind, ihre Ängste, Unsicherheiten und Problem zu erkennen, um ihnen im vertrauensvollen, unterstützenden Dialog zu helfen, ihr Lernen zu verbessern und sich als Persönlichkeit weiterzuentwickeln sowie zu lernen, sich aufgrund einer Beurteilung der eigenen Möglichkeiten und Grenzen richtig einzuschätzen. Letztes Ziel soll der Aufbau eines dauerhaften gegenseitenge Vertrauens sein“ (Dubs 2009, S. 101).

Caring darf also nicht auf einen Führungsstil reduziert werden, sondern es drückt eine umfassende Grundhaltung aus, die über den Unterricht und die Klassenführung hinausgeht.

6.2.2 Führungsverhalten

Die Standards für die Lehrerbildung Bildungswissenschaften (vgl. Kultusministerkonferenz 2014) beschreiben den Kompetenzbereich Erziehen mit folgenden Kompetenzen:

Kompetenz 4: Lehrer kennen die sozialen und kulturellen Lebensbedingungen, etwaige Benachteiligungen, Beeinträchtigungen und Barrieren von und für Schüler und nehmen im Rahmen der Schule Einfluss auf deren individuelle Entwicklung.

Kompetenz 5: Lehrer vermitteln Werte und Normen, eine Haltung der Wertschätzung und Anerkennung von Diversität und unterstützen selbstbestimmtes Urteilen und Handeln von Schülern.

Kompetenz 6: Lehrer finden Lösungsansätze für Schwierigkeiten und Konflikte in Schule und Unterricht.

Alle drei genannten Kompetenzen sind Ausdruck eines sogenannten intentionalen Erziehungsbegriffs. Wenn davon die Rede ist, dass Lehrer Einfluss auf die individuelle Entwicklung von Schülern nehmen, Werte und Normen vermitteln und Lösungsansätze für Schwierigkeiten und Konflikte finden, dann üben sie, im Sinne von Wolfgang Brezinka, mit „sozialen Handlungen“ „Einfluss auf psychische Dispositionen“ von Schülern aus und versuchen diese psychischen Dispositionen „zu erhalten“, „zu verbessern“ oder „zu verändern“ (Brezinka 1990). In diesem Sinne etwa sollen Lehrpersonen die ihnen anvertrauten Kinder und Jugendliche darin beeinflussen, demokratisch zu denken und zu handeln, die Würde des Menschen zu achten, pünktlich oder höflich zu sein. Sie versuchen, Einfluss auf Dispositionen von Schülern zu nehmen. Sie tun dies beispielsweise mit sozialen Handlungen des Lobens, Erklärens, des Ermahnens oder der Verhängung von Sanktionen.

Gleichzeitig, so die von der KMK formulierten Kompetenzen, geht es darum, Kinder und Jugendliche dabei zu unterstützen, selbstbestimmt zu urteilen und zu handeln.

Einerseits nehmen Lehrkräfte Einfluss auf das Urteilen und Handeln von Schülern, andererseits sollen sie gerade ohne diesen Einfluss urteilen und handeln. Dies verweist auf ein zentrales Paradox von erzieherischem Handeln, auf das schon Kant in seiner Einführungsvorlesung in die Pädagogik hingewiesen hat. Es geht um das Paradox, jemanden in Unfreiheit zur Freiheit zu erziehen (vgl. Kant 1803/1983).

In den letzten Jahrzehnten wich man in einer pluralistischen Gesellschaft, wie sie in Deutschland vorherrscht (Pross 1963), mit Vorstellungen einer umfassenden individuellen Freiheit Erziehungsfragen aus, weil man sich nicht darauf einigen konnte, welche Erziehungsziele oder Werte in der schulischen Erziehung angestrebt werden sollten, welche Erziehungsmittel konkret eingesetzt werden sollten: Überbehütung oder Freiräume, viel oder wenig Strenge, wohlwollendes Zureden oder Strafe oder doch lieber wegschauen?
Nahrung erhielt diese Haltung durch wissenschaftliche Befunde, nach denen schulische Erziehung bescheidene Wirkungen zeigt (vgl. Giesecke 1995). Warum soll die Schule Unterrichtszeit für etwas verwenden, dessen Wirksamkeit unklar ist? So war es nicht verwunderlich, dass sich Lehrer am wohlsten fühlten, wenn sie sich auf ihr Kerngeschäft des Unterrichtens zurückgezogen haben. Doch so einfach darf es sich Schule nicht machen:
Das Grundgesetz der Bundesrepublik Deutschland verfügt in Art. 6 Abs. (2) Satz 1: „Pflege und Erziehung der Kinder sind das natürliche Recht der Eltern und die zuvörderst ihnen obliegende Pflicht.“ Das Elternrecht ist ein individuelles Grundrecht oder Abwehrrecht, das die Eltern vor staatlichen Eingriffen in der Erziehung schützen soll. Art 7 Abs. (1) des Grundgesetzes legt hinsichtlich der Rolle des Schulwesens näher fest: „Das gesamte Schulwesen steht unter der Aufsicht des Staates“.
Beide Artikel enthalten ein beträchtliches Konfliktpotenzial insofern, als die Väter der Verfassung den elterlichen und den staatlichen Erziehungsauftrag letztlich als gleichrangig behandeln, was in einem Urteil des Bundesverfassungsgerichts aus dem Jahre 1972 nochmals bestätigt wird: „Diese gemeinsame Erziehungsaufgabe von Eltern und Schule, welche die Bildung der einen Persönlichkeit des Kindes zum Ziel hat, lässt sich nicht in einzelne Komponenten zerlegen. Sie ist in einem sinnvoll aufeinander bezogenen Zusammenwirken zu erfüllen.“ So wird hier die Frage relevant, welches Erziehungshandeln von Eltern und Lehrern Kindern gegenüber angemessen ist. Dabei geht es um die Frage der Erziehungsstile.

Erziehungsstile
Als Begründer der Erziehungsstilforschung gilt der Sozialpsychologe Kurt Lewin, der Ende der 1930er-Jahre in den USA gemeinsam mit Ronald Lippitt und Ralph K. White Feldexperimente zu den Wirkungen unterschiedlicher Führungsstile auf das Leistungsverhalten von Jugendgruppen durchführte. Die Forschergruppe unterschied dabei zwischen einem autoritären, einem demokratischen und einem Laissez-faire Stil und begründete damit eine Tradition typologischer Konzepte (Le-

win, Lippitt & White 1939). Von den 1970er-Jahren an geriet das typologische Konzept der Erziehungsstile in Frage. Es gebe eben so viele unterschiedliche Stile wie es unterschiedliche Personen gebe. Das Typenkonzept wurde durch ein Dimensionenkonzept abgelöst. In einem zweidimensionalen Raum lassen sich nun unendlich viele Stile abbilden. In der Bundesrepublik am bekanntesten wurde das seit den 1970er-Jahren von Tausch und Tausch entwickelte Erziehungsstilmodell, in dem eine Lenkungsdimension (Kontrolle, Autorität) von einer emotionalen Dimension (Wärme, Zuneigung, Wertschätzung) unterschieden wird (Tausch & Tausch 1970). Ausgehend von einem humanistischen Menschenbild, wurde der „partnerschaftlich sozialintegrative Stil" als Erziehungsstil und Klassenführungsstil mit mittlerer Lenkung und großer Wertschätzung zum Leitbild erklärt.

National und international besonders populär ist das Modell von Maccoby und Martin (1983) (vgl. Tabelle 17).

Tab. 17: Erziehungsstildimensionen nach Maccoby und Martin

	Hohe Kontrolle	**Niedrige Kontrolle**
Hohe Wärme	autoritativ, demokratisch	permissiv, verwöhnend
Niedrige Wärme	autoritär	zurückweisend, vernachlässigend

Folgt man Maccoby und Martin, so ist ein autoritativer Stil besonders erstrebenswert.

- Autoritativer Stil
  Dieser Stil ist durch ein hohes Maß an liebevoller Zuwendung und Wärme sowie ein hohes Maß an Kontrolle und Bekräftigung von Regeln gekennzeichnet. Hier gelten Mitbestimmung, kooperatives Aushandeln von Regeln, Freundlichkeit und Wärme im Umgang miteinander als konstitutiv. In einem insgesamt freundlichen emotionalen Klima werden durchaus auch Anweisungen erteilt, aber die Gründe dafür werden erläutert, und die Lehrperson lässt sich auch einmal durch die Schüler umstimmen, wenn diese bessere Argumente vorbringen können.
  Der autoritative Stil ist hinsichtlich des verbalen Verhaltens vom Prinzip der Reversibilität geprägt. Das bedeutet, dass das verbale Erzieherverhalten jederzeit umgekehrt auch von Lernenden gezeigt werden könnte, ohne negative Sanktionen nach sich zu ziehen. Das heißt, die Lehrkraft spricht so mit den Kindern, wie sie umgekehrt auch mit der Lehrkraft sprechen könnten. Es werden adäquate Grenzen gesetzt und erläutert, die der Entwicklung des Kindes bzw. Jugendlichen und jungen Erwachsenen angemessen und für diese verstehbar sind.
- Autoritärer Stil
  Dem steht der autoritäre Erziehungsstil gegenüber, der ein hohes Maß an Kontrolle und gleichzeitig wenig Verhandlungsbereitschaft und menschliche Wärme

zeigt. Dieser Stil ist gekennzeichnet durch ein hohes Maß an Steuerung und Kontrolle durch die Lehrperson. Das Erzieherverhalten ist geprägt von emotionaler Kälte und dominanten Festlegungen, wer wann mit wem zu welchem Thema zusammenarbeitet. Er lässt den Schülern wenig Freiräume und Mitentscheidungsmöglichkeiten, er kontrolliert die Lernenden und ihre Arbeiten engmaschig, die Grenzen sind eng gesteckt. Es herrscht eine restriktive Atmosphäre, bei der auf Fehlverhalten rasch mit Strafen reagiert wird.

Fend (2006) gibt zwei Gründe an, weshalb sich Lehrkräfte für einen autoritativen oder autoritären Stil entscheiden:

(1) Verschiedene Schülerschaften machen es Lehrkräften mehr oder weniger leicht, mit Autoritätsausspielung zurückhaltend und mit Beziehungsangeboten verschwenderisch umzugehen. Belastete Klassen verlangen andere Umgangsformen als leicht zu führende.
(2) Wenn Lehrkräfte der Überzeugung sind, dass ohne Strafe und Kontrolle Schulehalten unmöglich ist, wenn sie Schülern unterstellen, nur unter Druck zu arbeiten und sich ordentlich zu verhalten, dann bleiben diese Grundüberzeugungen nicht ohne Folgen. In der Folge bauen sie ihre Festung gegen die Schüler entsprechend aus. Bei einem positiven Menschenbild kann das Gegenteil eintreten (S. 68).

- Permissiv-verwöhnender Stil
  Bei diesem Stil wendet der Erziehende ein sehr geringes Maß an Lenkung und Kontrolle an. Die Schüler entscheiden selbst, was sie wann mit wem im Klassenzimmer tun und ob sie arbeiten wollen oder nicht. Grenzziehung erfolgt fast gar nicht, was aber die betroffenen Heranwachsenden mit Unbehagen erfüllt. Der permissiv-verwöhnende Erziehungsstil kann allenfalls für das Säuglingsalter als angemessen betrachtet werden. Der zurückweisende-vernachlässigende Erziehungsstil führt häufig zu Problemen im sozialen Verhalten sowie bei der Identitätsbildung.

Die drei vorgestellten Erziehungsstile kommen in ihrer Reinform in der Realität wahrscheinlich selten vor. Merkmal von Typologien dieser Art ist ihre mangelhafte Differenzierung. Lehrkräfte werden vermutlich Mischformen mit gewissen Neigungen zu einem dieser Stile haben.

Für Lehrende ist aus dem aktuellen Stand der Erziehungsstilforschung die praktische Konsequenz zu ziehen, dass der demokratische Erziehungsstil am ehesten den Anforderungen eines gelingenden pädagogischen Verhältnisses zwischen Lehrperson und Heranwachsenden entspricht. Darüber hinaus orientiert er sich an dem übergeordneten Erziehungs- und Bildungsziel schulischen pädagogischen Handelns, nämlich dem Ziel der Mündigkeit. Der hier geschilderte autoritative Erziehungsstil ist von den Kernkompetenzen, wie sie von der Kultusministerkonferenz formuliert wurden, nicht weit entfernt.

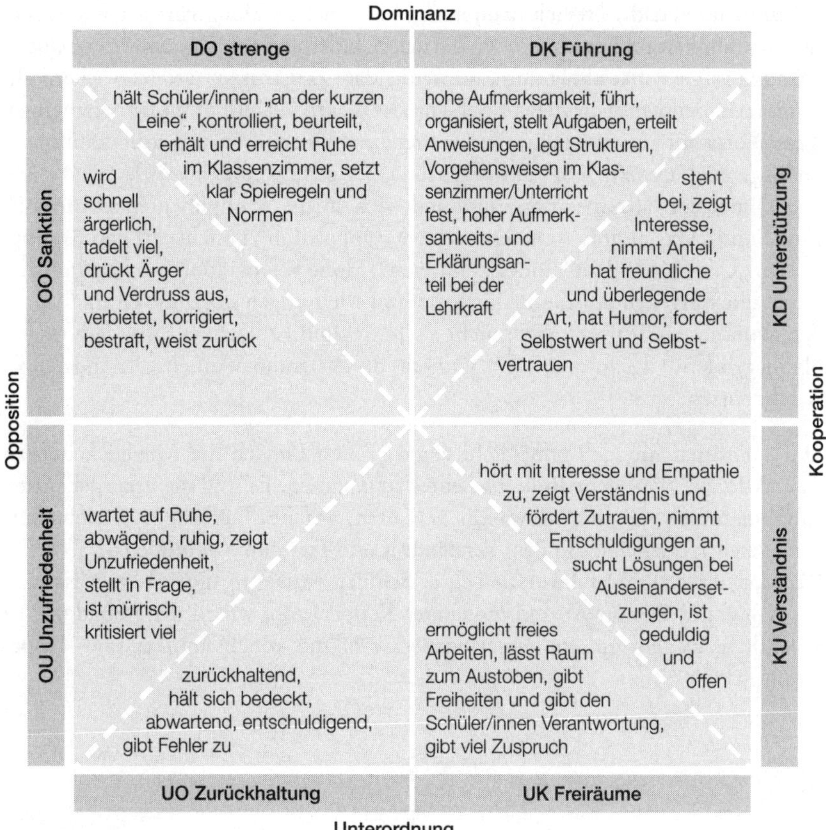

Abb. 9: Interaktionsmodell von Wubbels u.a. (aus: Kiel u.a. 2014, S. 31)

Marzano (2003) schlägt das Interaktionsmodell von Wubbels und Mitarbeitern vor (z.B. Wubbels & Levy 1991, 1993) (vgl. Abb. 9). Die Autoren gehen von einem Schema aus, das auf zwei Dimensionen beruht, zum einen der Dimension „Dominanz/Unterordnung" und zum anderen der Dimension „Kooperation/Opposition". Deren Interaktionen definieren die Beziehungen zwischen Lehrern und Schülern. Jede der in diesem Vier-Felder-Schema sich ergebenden Hauptdimensionen ist noch einmal in zwei weitere Komponenten unterteilt.

Ein stark lehrerzentriertes Rollenverhalten fällt in diesem Oktagon in den oberen Bereich und ist gekennzeichnet durch die Begriffe „Strenge" und „Führung". Ein eher schülerorientiertes Verhalten ist bezeichnet durch die Begriffe „Zurückhaltung" und „Freiräume". Hohe Dominanz ist charakterisiert durch eine klare Zielstruktur und starke Führung, sowohl was das Verhalten als auch die Unter-

richtsinhalte betrifft. Freilich kann auch ein Zuviel an Dominanz auf Kosten der Aufmerksamkeit und der Interessen bei den Schülern gehen. Der untere Pol Unterordnung ist gekennzeichnet durch zu wenig klare Zielstruktur und schwacher Führung. Irritierend mag in diesem Schema der Begriff „Unterordnung“ erscheinen, diese Wortwahl ergibt sich aus der Übersetzung des englischen Begriffs „Submission“ (vgl. Kiel u.a. 2013, S. 52, woraus die Übersetzung entliehen ist).
Die Dimension „Kooperation“ unterteilt sich in die Komponenten „Unterstützung“ und „Verständnis“. Die Dimension „Opposition“ besteht aus den Komponenten „Unzufriedenheit“ und „Sanktionen“. Hohe Kooperation ist charakterisiert durch ein Eingehen auf die Bedürfnisse und Meinungen der anderen und durch den Wunsch, als Teammitglied, nicht als Individuum zu agieren. Auf dem gegenüberliegenden Pol geht es um den Wunsch, die Ziele und Wünsche der anderen zu durchkreuzen.

Das Koordinatenmodell ermöglicht einen großen Bereich der Möglichkeiten an Interaktionen, die eigene Rolle als Lehrer zu gestalten. Es sind die verschiedensten Kombinationen möglich – etwa ein Verhalten, welches Führung und Unterstützung vereint, oder eines, in dem Verständnis und Freiräume dominieren.
Für Marzano (2003) ist die ideale Lehrer-Schüler-Beziehung die richtige Mischung aus moderater Dominanz und moderater Kooperation, wie in der Abbildung 10 ersichtlich. Es geht um ein ausgewogenes Verhältnis von Dominanz und Kooperation.

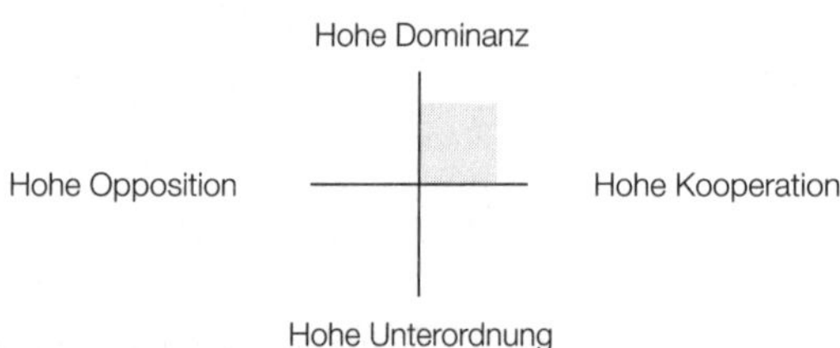

Abb. 10: Ideale Lehrer-Schüler-Beziehung nach Marzano

Brophy (1996) fand in seiner Studie, in der er 98 Lehrer sowohl interviewte als auch in ihrem Unterricht beobachtete, dass die Lehrer, die ihre Klassen am effektivsten, d.h. hier am störungsärmsten führten, unterschiedliche Strategien für unterschiedliche Typen von Schülern einsetzten im Gegensatz zu den Lehrern, die eher ineffektiv agierten. Während für den einen Schüler schon eine Ermutigung ausreicht, braucht der andere einen nicht so feinen Tadel.

> „In fact, one strong recommendation by Brophy (1996) is that teachers develop a set of ‚helping skills‘ to employ with different types of students“ (Marzano 2003, S. 48).

Dubs (2011) gibt zu Bedenken, dass der Führungsstil selbst nur „ein eher formales Element für den Unterricht" (S. 138) ist. Bedeutsamer ist die Substanz der Interaktion (vgl. 6.2.1).

6.2.3 Action Steps nach Marzano

Entsprechend seines vorgeschlagenen Interaktionsschemas nach Wubbel benennt Marzano (2003) folgende „Action Steps":

(1) Setze spezifische Techniken ein, um einen angemessenen Grad an Dominanz in der Klasse zu etablieren

- Der Lehrer soll ein festes, bestimmendes Verhalten zeigen, das sich allerdings von einem passiven und aggressiven Verhalten unterscheidet. Dazu schlägt er vor:
  - eine klare Körpersprache
    Darunter versteht er Augenkontakt, aufrechte Körperhaltung, den entsprechenden Schüler fixieren, ohne ihm bedrohlich nahe zu kommen, Kongruenz zwischen Mimik und Botschaft.
  - angemessenen Tonfall
    Hier geht es um eine klare und überlegte Sprache, einen Tonfall etwas über dem Klassenlevel, kein Anzeichen von Emotion in der Stimme.
  - nicht nachlassen, bis das unangebrachte Verhalten verschwindet
    Dies bedeutet, unangemessenes Verhalten nicht ignorieren; sich nicht ablenken lassen von einem Schüler, der leugnet, argumentiert etc, auf berechtigte Argumente hören.
- Klare Lernziele etablieren, und zwar gleich zu Beginn einer Lerneinheit

Außerdem Feedback vorsehen für das Erreichen dieser Lernziele; kontinuierlich und systematisch diese Ziele aufgreifen; summatives Feedback vorsehen.

(2) Setze bestimmte Verhaltensweisen ein, die einen angemessenen Grad an Kooperation kommunizieren

- Flexible Lernziele vorsehen
  Dazu gehört auch, dass die Schüler sich selbst zu Beginn einer Lerneinheit eigene Lernziele setzen dürfen. Es gibt ihnen das Gefühl mitreden zu dürfen.
- Ein persönliches Interesse an den Schülern zeigen
  Hierzu bieten sich folgende Möglichkeiten an:
  - vor und nach dem Unterricht mit den Schülern über ihre Interessen sprechen
  - Schüler außerhalb der Schule ansprechen
  - jeden Tag sich außerhalb des Unterrichts, z.B. in der Pause mit einer Gruppe von Schülern unterhalten
  - auf wichtige Ereignisse von Schülern eingehen (Sportereignisse, Theater, kirchliches Leben…)
  - Leistungen innerhalb und außerhalb der Schule honorieren
  - beim Betreten des Klassenzimmers jeden einzelnen Schüler mit Namen begrüßen

- Gleiches und positives Verhalten zeigen
  - mit allen Schülern einen Augenkontakt pflegen, im ganzen Klassenzimmer präsent sein
  - bei allen Schülern im Klassenzimmer vorbeigehen
  - wenn ein Schüler einen Einfall hat, diesen explizit auf ihn beziehen
  - darauf achten, dass alle Schüler sich im Gespräch beteiligen können
  - eine gewisse Zeit abwarten, so dass auch schwächere Schüler die Chance haben, sich am Gespräch zu beteiligen
- Auf unkorrekte Antworten angemessen reagieren
  - richtige Antworten betonen und bei falschen auf evtl. gute Aspekte hinweisen
  - Schüler ermutigen, sich mit ihren Nachbarn auszutauschen
  - eine Frage erneut formulieren und gebührend Zeit zum Antworten geben
  - eine Frage anders formulieren
  - Hinweise oder Schlüsselwörter angeben
  - Eselsbrücken angeben
  - notfalls respektieren, dass der Schüler mal nichts weiß

(3) **Berücksichtige die Bedürfnisse unterschiedlicher Schüler**
Eine zentrale Variable im produktiven Umgang mit Störungen ist für Marzano der Begriff der „emotional objectivity". Darunter versteht er eine gewisse psychologische Distanz gegenüber den Schülern. Das widerspricht auf den ersten Blick seiner Bedeutung des Lehrer-Schüler-Verhältnisses, das er im Umgang mit Störungen beimisst. Doch emotional objectivity bedeutet nicht Reserviertheit oder Unnahbarkeit, sondern bei unerwünschtem Verhalten nicht gleich emotional gefangen zu sein, erstmals sich nicht aufregen oder sich verletzt fühlen. Temperamentsausbrüche bspw. sind eine gute Basis, um Regeln einzuführen oder Disziplinarmaßnahmen auszusprechen.

Dazu gibt er folgenden „action step":

(4) **Benutze spezifische Techniken, um eine gewisse „emotional objectivity" im Umgang mit Schülern zu pflegen**
Zorn oder Frustration sind keine sinnvollen Begleiter im Durchsetzen negativer Konsequenzen. Um diese zu kontrollieren, können folgende Techniken hilfreich sein:
- nach Gründen suchen
  Meist hat Fehlverhalten auf Schülerseite wenig mit dem Lehrer zu tun, die Gründe mögen wo ganz anders liegen. Wenn man sich dessen bewusst ist, kann man souveräner mitumgehen, dem Schüler gegenüber auf der persönlichen Ebene erstmals nicht nachtragend sein. In der Psychotherapie wurde der Terminus des „Reframing" eingeführt: Durch Umdeutung wird einer Situation oder einem Geschehen eine andere Bedeutung oder ein anderer Sinn

zugewiesen, und zwar dadurch, dass man versucht, die Situation in einem anderen Kontext (oder „Rahmen") zu sehen. Einen verhaltensauffälligen Schüler mit privaten Problemen in seinem Elternhaus mag man, wenn man darum weiß, eher als erzieherische Herausforderung denn als persönliche Bedrohung wahrnehmen.

- die eigenen Gedanken wahrnehmen
  Hier geht es darum, gegenüber sog. schwierigen Schülern die eigenen Einstellungen zu überdenken. Eine negative Einstellung erschwert ganz sicher, eine positive Beziehung gegenüber solchen Schülern aufzunehmen. Dabei kann es helfen, bevor man an einem neuen Tag in eine Klasse kommt, an die Schüler zu denken, mit denen es zu Problemen kommen könnte. Dabei stellt man sich vor, inwieweit sich diese Schüler auch positiv engagieren könnten. Wenn man diesen Schülern dann begegnet, sollte man sich an diese positiven Gedanken erinnern – auch eine Art Reframing.
- sich um sich selbst kümmern
  Hierzu können Entspannungs-, Atemübungen positiv beitragen. Auch Humor kann helfen (vgl. 6.1.3). Freilich sagt/schreibt sich das leichter als getan!

Abschlussfragen zur bisherigen Kommunikation
Dubs (2011) stellt folgende Fragen, die Lehrkräfte anregen sollen, ihr Interaktionsverhalten von Zeit zu Zeit zu überdenken:

„1. Bemühe ich mich um das Caring, und richte ich mein Interaktionsverhalten stets darauf aus?
2. Beachte ich bei meinem Interaktionsverhalten mein nichtverbales Verhalten, damit ich die Kommunikation nicht unbewusst durch ein falsches nichtverbales Verhalten störe?
3. Bemühe ich mich stets um Dialoge, also um eine Zwei-Weg-Kommunikation, und habe ich die Fähigkeit zum aktiven Zuhören sowie den Willen, meine Schülerinnen und Schüler verstehen zu wollen, damit die Kommunikation für sie Sinn macht?
4. Falle ich im Unterricht nicht in behavioristische Formen (z.B. substanzlose Fageketten) der Kommunikation zurück, sondern suche ich nach kognitiv herausfordernden Dialogen, die ich situativ angemessen anleite und steuere?
5. Sorge ich über gute Interaktionen dafür, dass aufgrund meines Verhaltens Störungen im Unterricht möglichst nicht auftreten?" (S. 142).

Schlussgedanke zum Lehrer-Schüler-Verhältnis
Rogers (2013) betont, wie wichtig es ist, die eigene Frustration und Wut zu verstehen. Dazu ist man kaum in der konkreten Situation imstande. Doch es lohnt sich, über die Gefühle von Frustration und Zorn mit Blick auf die Rolle als Lehrkraft nachzudenken. Es ist wichtig, zwischen Ärger als Emotion und dem Verhalten, das sich aus diesem Ärger ergibt, zu unterscheiden. Lehrkräfte sollten lernen, ihre Gefühle zu verstehen und sie mit Bedacht zu lenken, d.h. sie konstruktiv zu nutzen. Rogers wird konkret (S. 194):

„Wenn sich auf beiden Seiten die Gemüter gelegt haben, setzen Sie sich mit dem Schüler zusammen:

- Erklären Sie kurz, worüber Sie sich in der Situation geärgert haben, und warum.
- Erlauben Sie dem Schüler, darauf zu antworten.
- Fühlen Sie sich in seine Wahrnehmung und seine Emotionen ein, aber kommen Sie wieder darauf zurück, weshalb Sie vom Schüler verletzt worden sind.
- Zwingen Sie den Schüler nicht, über seine Gefühle zu sprechen. Er soll das Gefühl haben, dass der Lehrer ihm nichts nachträgt, sondern dass sie gemeinsam nach vorne schauen wollen.
- Besprechen Sie, wie beide beim nächsten Mal mit einer ähnlichen Situation umgehen könnten.
- Gehen Sie im Guten auseinander."

6.3 Emotionskontrolle (Sutton, Mudrey-Camino & Knight 2009)

Nach den Unterkapiteln zur Kommunikation und zum Lehrer-Schüler-Verhältnis sollen hier Erkenntnisse zur Emotionskontrolle angeführt werden.
Sutton und Mitarbeiter fanden anhand von Lehrerinterviews heraus, dass Lehrer immer dann, wenn sie ihre Lernziele nicht erreichen, negative Emotionen erleben und versuchen sie zu verändern. Und dies passiert eher bei Schülerfehlverhalten und Störungen, als wenn die Schüler den Stoff nicht verstehen. In mehreren Studien fanden sie drei Arten von Einstellungen über die Art der eigenen Emotionskontrolle:

1. Ziele der Emotionskontrolle
   Hier gibt es offenbar große individuelle Unterschiede.
   80% der Lehrer geben an, sich zu bemühen eine Emotionskontrolle auszuüben, um positive Emotionen wie Glück zu zeigen. 65% geben an, sie bemühen sich, negative Emotionen wie Furcht oder Frustration zu vermeiden.
   Doch es gibt auch eine Gruppe von Lehrern, die genau umgekehrt vorgeht, diese wollen eher negative Emotionen zeigen und positive zurückhalten.
   Eine dritte Gruppe möchte authentisch bleiben und diese Emotionen, die sie empfindet, auch kommunizieren.
2. Überzeugung der Wirksamkeit
   Die Lehrer geben an, dass sie sich unterrichtlich wirksamer erleben, wenn sie positive Emotionen ausdrücken und negative versuchen zu kontrollieren. Sie gehen davon aus, dass sie so die Aufmerksamkeit und Motivation der Schüler steigern können.
3. Überzeugung, positive Emotionen zu zeigen
   Fast alle Lehrer, so die Befundlage, sind überzeugt, dass sie positive Emotionen ihren Schülern kommunizieren können, doch sie sind weniger davon überzeugt, ihre negativen Emotionen wie Angst oder Stress im Klassenzimmer reduzieren zu können.

Sutton stellte mithilfe einer Interviewstudie mit 30 Lehrern verschiedene Strategien zusammen, über die die Lehrer berichteten, wie sie negative Emotionen kontrollieren. Sutton klassifiziert die Strategien in präventive und reaktive und beide wiederum nach dem Zeitpunkt des Einsatzes (vgl. Tab. 1, S. 135 in Sutton u.a. 2009):

- präventive Strategien:
  Strategien zur Veränderung der Situation vor dem Unterricht, z.B. Unterrichtsstunden überarbeiten
  „in flagranti", z.B. die Klasse eine Stillarbeit ausführen lassen; einen Witz machen
- Strategien der Aufmerksamkeitssteuerung
  vor dem Unterricht, z.B. Kollegengespräch; im Klassenzimmer sitzen
  „in flagranti", z.B. sich ablenken; die Ärger auslösende Störung ignorieren
- Strategien des kognitiven Wandels oder der Umdeutung der Situation
  „in flagranti", z.B. Selbstgespräch
- reaktive Strategien:
  Strategien mit körperlichem Verhalten
  „in flagranti", z.B. sich aus der Situation ziehen; Pause; tief durchatmen
  nach dem Unterricht, z.B. an einem ruhigen Ort sitzen bleiben
- kognitive Strategien
  „in flagranti", z.B. reflektieren, an etwas Positives denken; visualisieren
  nach dem Unterricht, z.B. Gespräch mit Kollegen, Freunden

Die Ergebnisse sind eindeutig: Immer wenn die Lehrer ihre Emotionen positiver neu bewerteten und justierten und negative unterdrückten oder zu vermeiden suchten, waren ihre Instruktionsstrategien und ihr Classroom Management wirksamer und die Schülerbeteiligung höher.

6.4 Forderung 1: den Handlungsspielraum erweitern

Bei dem Thema der Klassenführung liegt es nahe, dass natürlich auf die Schülerseite als „corpus delicti" geschaut wird. Doch im Folgenden wird von drei Forschungsergebnissen berichtet, die zeigen, dass auch Schüler durchaus ihre Lehrer als „corpus delicti" wahrnehmen.

Krumm, Lamberger-Baumann und Haider (1997) stellten in Österreich folgende Frage ca. 1000 Jugendlichen: „Wenn Sie in letzter Zeit von Ihren Mitschülern und von einem Ihrer Lehrer gekränkt worden sind: Welche Kränkungen haben Ihnen mehr Kummer bereitet, haben Sie länger belastet?"

	Schulstufe 7 + 8	**Schulstufe 10-12**
Kränkungen eher durch die Mitschüler	42%	27%
Kränkungen eher durch Lehrer	21%	25%
kein Unterschied	37%	48%

Ähnlich fragte Krumm (1999) in Deutschland 1374 Studierende folgende Fragen:

Ist es vorgekommen, dass ein Lehrer Sie…	Antworten
ungerecht beurteilt hat?	79%
unfair behandelt hat?	73%
beleidigt hat?	58%
vor anderen bloßgestellt hat?	57%
angeschrien hat?	49%

In der Längsschnittstudie von König, Wagner und Valtin (2011) wird die Lehrer-Schüler-Beziehung ebenfalls nicht allzu positiv beurteilt. 3000 Berliner Jugendliche der Klassen 7, 8 und 9, die befragt wurden, klagen fast alle über „nervige Lehrer". Zum Schlimmsten an Schule gehören aus Sicht der Jugendlichen auch die Lehrer. Die Jugendlichen beklagen autoritäres und extrem dirigistisches Lehrerverhalten, Tadel und Spott, Herabsetzung und Demütigung von Schülern. Von Klasse 7 bis 9 hat sich das Lehrerbild der Heranwachsenden deutlich verschlechtert: Nur noch rund fünf Prozent aller Schüler (gegenüber rund 25 Prozent in Klasse 7) geben an, von allen Lehrern gerecht behandelt zu werden, und nur noch 15 Prozent in Klasse 8 und zehn Prozent in Klasse 9 erleben ihre Lehrkräfte als verständnisvoll. Frau Valtin (2012), eine Mitinitiatorin der Studie resümiert:

> „Die Befunde zur Lehrer-Schüler-Beziehung sind sehr bedenklich. Soziale Stützsysteme sind wichtig für die Persönlichkeitsentwicklung der Jugendlichen. Je besser die soziale Beheimatung, desto günstiger die Ausbildung von Ich-Stärke und Leistungsvertrauen. Wie die Aida-Studie zeigt, haben die befragten Jugendlichen einen guten sozialen Rückhalt im Elternhaus und Freundeskreis. Über 80 Prozent erleben eine hohe familiäre Geborgenheit. Ausgerechnet die soziale Ressource, welche die Schule bereitstellen kann, nämlich die Lehrerunterstützung, ist für die Jugendlichen die unsicherste. Dieses Ergebnis ist deshalb von Bedeutung, weil vom erlebten Lehrerengagement ein signifikanter Einfluss auf die Entwicklung der Ich-Stärke und des Leistungsvertrauens der Jugendlichen ausgeht."

Nach den Studien des Konstanzer Forschungsprojekts „Aggression in der Schule" hat sich sehr oft gezeigt, dass Lehrerhandeln in aggressionshaltigen, störenden oder konfliktgeladenen Situationen sich auf sehr wenige Handlungsweisen beschränkt (Humpert & Dann 2001). Der Großteil der Handlungen von Lehrpersonen lässt sich in drei größere Bereiche zusammenfassen. Aus den empirischen Befunden hat sich herausgestellt, dass im beobachtbaren Verhalten der Lehrkräfte ca. drei von vier Handlungen in den Bereich des neutralen Handelns fallen, etwa 15% sind strafend und nur 5% sind sozial-integrativ. In fast 80% der Situationen werden die neutralen Maßnahmen von den Lehrkräften als zweckvollste Handlungen zur kurzfristigen Fortsetzung des Unterrichts angesehen. Um langfristig Aggressionen zu vermindern, ist diese Maßnahme aus der Perspektive der Lehrpersonen aber nur in jeder zehnten Situation sinnvoll.

- neutrale Handlungen: entweder gar kein Eingreifen ins Unterrichtsgeschehen oder lediglich regulierend durch Beobachten/Ignorieren, Abbrechen, Mahnen Neutrale Handlungen sind nach Meinung der Lehrpersonen zweckmäßige kurzfristige Maßnahmen. Meistens führen sie aber nicht zu einer Änderung des auffälligen Schülerverhaltens. In einigen Situationen kann Ignorieren eine sinnvolle Handlung sein, denn manche Schüler wollen lieber irgendeine Aufmerksamkeit als gar keine. So kann es eine Strategie sein, unerwünschtes Verhalten von Schülern nicht weiter zu verstärken („Löschung"). Man muss aber abwägen, wann Ignorieren sinnvoll ist und wann nicht, denn sonst können diese ignorierten Verhaltensweisen später zu einer Eskalation führen. Durch Mahnen kann aggressives und störendes Verhalten kurzfristig unterbrochen werden, und der Schüler erfährt auch, wo die Grenzen des unerwünschten Verhaltens sind. Beim Mahnen muss man aber aufpassen, da es meistens die Vorstufe zu Drohen oder Strafen ist und bei vielen Lehrpersonen „inflationär" eingesetzt wird.
- punitive (strafende) Handlungen: Strafen, Androhen von Strafe, Herabsetzen (vgl. 4.3)
  Lange Zeit wurde Strafen im Unterricht als negativ angesehen und galten als ein Versagen. Mittlerweile kommt wieder stärker die Tendenz auf, konsequentes Handeln im Unterricht auch in Form von Strafen, die sich auf das Verhalten von Schülern beziehen und nicht auf seine Person, als Regelmarkierung anzunehmen. Dennoch sind Strafen aber hinderlich für ein positives Klassenklima. Oft wird zwischen „sinnvollen" und „nicht sinnvollen" Strafen unterschieden. Sinnvolle Strafen sind dabei solche, bei denen die Schüler etwas lernen können, nicht sinnvolle Strafen sind normalerweise Kollektivstrafen und monotone Tätigkeiten. Wichtig ist, dass die Strafen mit der Klasse besprochen werden und die Regeln für alle eindeutig sind. Das Ziel eines modernen Unterrichts sollte aber sein, möglichst wenig Strafen zu verwenden. Es muss klare Regeln im Unterricht geben, auf deren Übertretung klare Konsequenzen folgen. Es sollte ein gutes Klassenklima erreicht werden, bei dem möglichst wenig gestraft werden muss. Für ein gutes Unterrichtsklima empfiehlt es sich, die Regeln für die Klasse mit ihr zusammen festzulegen. Wichtig ist dabei:
- sozial-integrative Handlungen: Kompromiss Vorschlagen, Integrieren, Ermutigen, Einfühlen
  Um eine langfristige Verminderung von Aggressionen und Störungen im Unterricht zu erreichen, sind für die Lehrpersonen in vier von fünf Situationen sozial-integrative Maßnahmen der Weg zum Erfolg. Dennoch werden die sozial-integrativen Handlungen fast nicht im Unterricht eingesetzt, obwohl sie zur Klimaverbesserung empfohlen werden. Problematisch bei den sozial-integrativen Maßnahmen ist, dass sie eine bestimmte Zeit benötigen und dass in dieser Zeit kein normaler Unterricht stattfinden kann. Trotzdem lohnt sich der Einsatz solcher Handlungen, da er längerfristig zu einer Verbesserung des Unterrichtsklimas führt. Es ist allerdings Geduld und Gelassenheit notwendig, um den Anteil der sozial-integrativen Handlungen zu erhöhen.

6.5 Forderung 2: Gleichbehandlung auch leistungsschwächerer Schüler

Wenn es um Kommunikation – näher um das Lehrer-Schüler-Verhältnis geht –, muss auf ein Phänomen eingegangen werden, das so prominent ist wie es lange Zeit umstritten galt: den Erwartungseffekt. Dieser kann sich auf Schülerleistungen auswirken und somit als Hebel fungieren, positiv wie negativ auf die Schülerleistung einzuwirken. Die Bedeutung, die der Erwartungseffekt in den Sozialwissenschaften hat, mag man an der Vielzahl gebräuchlicher Begriffe ablesen. Synonym werden gebraucht: „sich selbst erfüllende Prophezeiung" („self-fulfilling prophecy"), „Rosenthal-Effekt", „Versuchsleiter-Effekt", „Pygmalioneffekt".

Wissensstand zu Erwartungseffekten

Was ist der heutige Wissensstand zu Erwartungseffekten? Lehrererwartung wirkt. Wenn auch die aufsehenerregende Pygmalion-Studie zu Effekten der Lehrererwartung (Rosenthal & Jacobson 1971) im Laufe der Zeit Zweifel an der urspr. Wirksamkeit aufkommen ließ, so sieht man dieses Phänomen heute deutlich differenzierter. Eine klare und komprimierte Zusammenfassung zur Kontroverse um die empirische Basis bietet Ludwig (2010) und ist hier nicht Gegenstand des Unterkapitels.

Derjenige Effekt der Lehrererwartung, von dem die Pygmalion-Forschung ihren Ausgangspunkt nahm, nämlich die Wirkung auf die Intelligenz der Schüler, fällt am schwächsten aus. Belegt sind Auswirkungen auf die Schulleistungen, Einstellungen und Schülerverhalten. Hughes (2012) spricht von „students' behavioral adjustment and academic achievement" (S. 319). Die Studien von Schweer und Thies (vgl. Schweer, Thies & Lachner 2017) zeigen, dass das Vertrauen des Lehrers in die Arbeit der Schüler mit deren Zufriedenheit und pädagogischem Erfolg verbunden ist.

Erklärung von Erwartungseffekten

Wie kommt es nun zu den Erwartungseffekten? Intensiv wurde in der Forschung nach Mediator-Variablen gesucht. Das vermittelnde Verhalten des Pygmalioneffekts lässt sich auf die Dimensionen von Emotion und Anstrengung reduzieren (Ludwig 2010). Demnach bringen Lehrer ihre positiven Erwartungen zum Ausdruck, indem sie eine positivere emotionale Beziehung zu den entsprechenden Schülern aufbauen und sich stärker um diese kümmern.

Dabei sind Lehrer- und Schülererwartungen als ein zirkulärer Prozess aufzufassen:

- Leistungsbezogenes Selbstvertrauen ist abhängig von der Lehrer-Schüler-Beziehung: Lehrkräfte lassen ihr Bild vom Schüler in deren Beurteilung eingehen, was sich wiederum auf die Selbsteinschätzung der Schüler auswirkt.
- All diese Lehrerreaktionen beziehen Schüler auf sich und beziehen diese bei ihren Überlegungen mit ein. Sie führen eine Art „Hochrechnung" durch, wie ihr schulischer Erfolg möglicherweise aussehen wird (vgl. Brunner & Noack 2010,

S. 425f.). Ihr Handeln wird bestimmt von einem Abwägen des antizipierten Erfolges gegen die antizipierten Kosten.

Halten wir also fest: „Die Bedeutung der Lehrererwartungen liegt nun darin, dass sie die *Wahrnehmung und Beurteilung des Schülerverhaltens lenken* und so wiederum auf das Verhalten des Lehrers gegenüber einzelnen Schülern zurückwirken" (Ulich 2001, S. 86).

Studien zur Ungleichbehandlung unterschiedlicher Schülergruppen

- Brophy und Good (1976) konnten aufgrund von Interaktionsbeobachtungen nachweisen, dass Lehrkräfte, die ihre Schüler leistungsmäßig besser einschätzten, anders behandelten. Sie bemühten sich z.B. bei den leistungsbesseren Schülern mit mehr Geduld um eine Antwort, bei den leistungsschwächeren tendierten sie dazu, die gestellte Frage selbst zu beantworten oder ein anderes Kind aufzurufen.
- Petillon (1982) beschäftigte sich mit der Frage, welche Schüler bei den Lehrkräften beliebt sind und welche nicht. Seine Studie führt er anhand einer Stichprobe von 60 Grundschulklassen durch, die Ergebnisse sind also erstmal nicht auf andere Schularten übertragbar. Nach der Einschätzung der befragten Lehrkräfte verteilen sich die Schüler auf folgende vier Gruppen:
  - sehr beliebte: 26%
  - beliebte: 30%
  - weniger beliebte: 26%
  - unbeliebte: 28%

Auf folgende zwei Zusammenhänge wird hier eingegangen:
Der Zusammenhang zwischen Beliebtheit und Leistung wird aus Tabelle 18 ersichtlich. Die sehr beliebten Schüler haben bessere Noten, sind folgerichtig seltener Klassenwiederholer und erhalten mehr Übertrittsempfehlungen für das Gymnasium.

Tab. 18: Zusammenhang zwischen Beliebtheit und Leistung (entnommen aus: Ulich 2001, S. 97, Abb. 23)

	Noten-durchschnitt	Klassen-wiederholer	Übertrittsempfehlung für		
			Hauptschule	Realschule	Gymnasium
sehr beliebte	2,3	2%	15%	23%	62%
unbeliebte	3,9	31%	88%	5%	7%

In Tabelle 19 wird der Zusammenhang zwischen Beliebtheit und Konformität deutlich. Beliebt sind die Schüler, die sich gegenüber den schulischen Normen und den entsprechenden Lehrererwartungen konform verhalten.

Tab. 19: Zusammenhang zwischen Beliebtheit und Konformität (entnommen aus Ulrich 2001, S. 98, Abb. 24)

	Konformität		
	hoch	**mittel**	**niedrig**
sehr beliebte	67%	26%	7%
unbeliebte	7%	17%	76%

Bei diesen von Petillon berichteten Ergebnissen geht es nicht um eine Ursache-Wirkungskette, doch allein die Ergebnisse sind gut verständlich: Warum sollen Lehrkräfte gerade die Schüler mögen, die schwache Leistungen erzielen und ihre Arbeit eher torpedieren? Und ebenso: Warum sollen Schüler, die für ihre schwachen Leistungen und für nonkonformes Verhalten getadelt werden, dadurch zum Lernen motiviert werden und zum Lehrer ein positives Verhältnis aufbauen können?

- Vang (2003) hat unterschiedliches Lehrerverhalten systematisch untersucht. Anhand vieler Beispiele (S. 150/1) zeigt er auf, wie Lehrer gerade leistungsschwächere Schüler benachteiligen. Gründe hierfür liefert er auch gleich mit, die natürlich auch als nachträgliche Rationalisierungen seitens der Lehrkräfte verstanden werden können. In Tabelle 20 wird eine Auswahl vorgestellt.

Tab. 20: Benachteiligung von leistungsschwachen Schülern im Unterricht: Beispiele und Gründe

Beispiele	**Gründe**
wenig Zeit geben, um Fragen zu stellen	Annahme, dass die Schüler die Frage sowieso nicht verstehen oder nicht beantworten können
für Fehler kritisieren	bloßstellen, was sie noch nicht wissen
weniger häufig loben für erbrachte Leistungen	diese Leistungen werden als selbstverständlich erachtet
weniger offenes Feedback geben	Vorurteile gegen zu „einfache" Leistung
den Schülern weniger Aufmerksamkeit schenken	Orientierung am Durchschnitt oder den Leistungsstärkeren
weniger häufig aufrufen	für weniger kompetent halten
weiter nach hinten setzen	in der Komfortzone bleiben, mit Leistungsguten arbeitet es sich leichter
weniger verlangen	sowieso unterschätzen (Vorurteile)
engmaschig beobachten	die Schüler könnten ja nicht aufpassen
weniger freundliche Interaktionsmuster	eher negative Einstellungen
kürzeres Feedback geben	die Antwort war ja eh nicht so gut und wichtig
weniger Raum für eigene Ideen geben	die Schüler werden eher als Zuhörer, weniger als Akteure wahrgenommen

Konsequenzen für die Klassenführung

Was haben die bisherigen Ausführungen für Konsequenzen? Und genau da beginnt nun Klassenführung.

Hughes (2012) beginnt sein Unterkapitel über Ratschläge „Implications for Educational Practice Now" plakativ mit „We Know Enough" (S. 324).

- Es geht um eine Sensibilisierung der gegenseitigen Wahrnehmung, wie in 6.1.1 bei den vier Aspekten der Kommunikation aufgezeigt, doch hier auch und gerade um einen sensiblen Umgang mit den leistungsschwächeren Schülern.
- Es geht darum, zirkulär ablaufende Transaktionsmodi zu durchschauen, um sie dann zu durchbrechen. Vielleicht hilft da mal eine paradoxe Verschreibung, wie sie Palazzoli mit ihrem Team in der Psychotherapie vorgeschlagen hat (1978). Konkret könnte eine paradoxe Verschreibung bei einem Schüler, der permanent die Erledigung der Hausaufgaben verweigert, lauten: Uwe, Du brauchst die Hausaufgaben nicht ins Hausaufgabenheft einzutragen, du machst sie ja sowieso nicht." Dies könnte bei Uwe die Reaktion „Von wegen, dem Lehrer zeig ich es mal, einen „Jetzt erst Recht" Effekt auslösen. Und wenn Uwe die Hausaufgaben trotzdem nicht erledigt, naja, dann ist auch nichts weiter passiert, wie sonst eben auch.
- Diese hier aufgestellte Forderung 2 soll folgendes Zitat untermauern: „Nehmen Lehrer*innen ihren pädagogischen Auftrag ernst und wollen sie die ihnen anvertrauten Kinder und Jugendlichen entsprechend fördern, dabei aber eben nicht einige von diesen ungewollt benachteiligen, so müssen sie sich ihren eigenen Ansprüchen und Erwartungen, jedoch gleichermaßen ihren Schwächen und etwaigen Fehlentscheidungen stellen" (Schweer u.a. 2017, S. 137).

Da sich also Lehrkräfte bewusst sein müssen, dass sie positiv wie negativ ihre Schüler beeinflussen können, muss gelten: Alle Schüler sollten unter kommunikationstheoretischem Gesichtspunkt gleich behandelt werden.

6.6 Feedback

Nach den Ergebnissen der Hattie Studie (Hattie 2009, 2013) wird Feedback als entscheidender Einflussfaktor auf die Schülerleistung identifiziert. Lehrende müssen Informationen bereitstellen, die Auskunft über Lernmöglichkeiten, Lernstand, Lernprozesse und Lernerträge der Schüler liefern, wie auch Auskunft darüber geben, wie sie selber die Wirkung ihres Unterrichts und ihres professionellen Handelns einschätzen. Bei Rang 10 der 138 identifizierten Einflussfaktoren und einer Effektstärke von $d = 0.73$ darf man von einer äußerst erfolgreichen pädagogischen Maßnahme sprechen. Weiter noch, seit Veröffentlichung der Hattie-Studie steht Feedback im Zentrum der pädagogischen Aufmerksamkeit. Im Folgenden wird Bezug genommen auf eine aktuelle Publikation von Wisniewski und Zierer (2017).

6.6.1 Zentrale Aspekte

Feedback ist eine auf Daten basierende Rückmeldung zwischen Personen. In vorliegendem Kontext, in dem es um Klassenführung geht, ist das Feedback entscheidend, das innerhalb des Unterrichts zur Anwendung kommt. Dabei ist Schüler- von Lehrer- und Kollegenfeedback zu unterscheiden. Beide Seiten, Lehrpersonen wie Lernende, sollen in der Lage sein, Unterricht in all seinen Facetten systematisch zu reflektieren. Diese wechselseitigen Beurteilungen geben ein Bild, wie jeweils eigenes Verhalten von anderen wahrgenommen wird.
In Abbildung 11 wird das Feedbackmodell von Hattie und Timperley (2007, S.87; deutsch: 2016) dargestellt.

Vier Ebenen

Dabei sind bei Feedback folgende vier Ebenen zu unterscheiden:

- Aufgabe: Wie gut wurden die Aufgaben erledigt und verstanden?
  Feedback ist an der Aufgabenlösung oder an einem Produkt des Lernenden orientiert.
- Prozess: Was muss getan werden, um die Aufgabe zu verstehen und zu meistern?
  Feedback ist am Prozess orientiert, der zur Aufgabenlösung oder zum Produkt führt.
- Selbstregulation: Was kann der Lernende tun, um sein Lernen selbst zu steuern, zu lenken und zu überwachen?
  Feedback ist auf den Selbststeuerungsprozess des Lernens bezogen.
- Selbst: Welche persönlichkeitsbezogene Bewertung des Lernenden ist möglich?
  Feedback ist auf den Lernenden als Person bezogen, mit stark affektiver Wirkung. Das Problem dabei kann sein, dass die Informationen die Aufmerksamkeit der Schüler oft auf die Selbst-Ebene und damit weg von der Aufgabe lenken, nach dem Motto, „das kann ich sowieso nicht“.

Dabei ist die Kernbotschaft, dass die verschiedenen Feedback-Ebenen ineinandergreifen, es geht darum, ein vollständiges Feedback zu geben, nicht auf eine Ebene allein zu fokussieren.

Drei Perspektiven

Jede der Ebenen kann unter den drei zeitlichen Perspektiven der Vergangenheit, Gegenwart und Zukunft gesehen werden:

> „Feed Up“ (Gegenwart): Es geht um eine Rückmeldung, die den Ist-Stand mit dem derzeitigen Soll-Stand vergleicht.
>
> „Feed Back“ (Vergangenheit): Es geht um einen Vergleich des Ist-Standes mit dem vorausgegangenen Ist-Stand.
>
> „Feed Forward“ (Zukunft): Basierend auf dem Ist-Stand wird ein anzustrebender Soll-Stand erläutert.

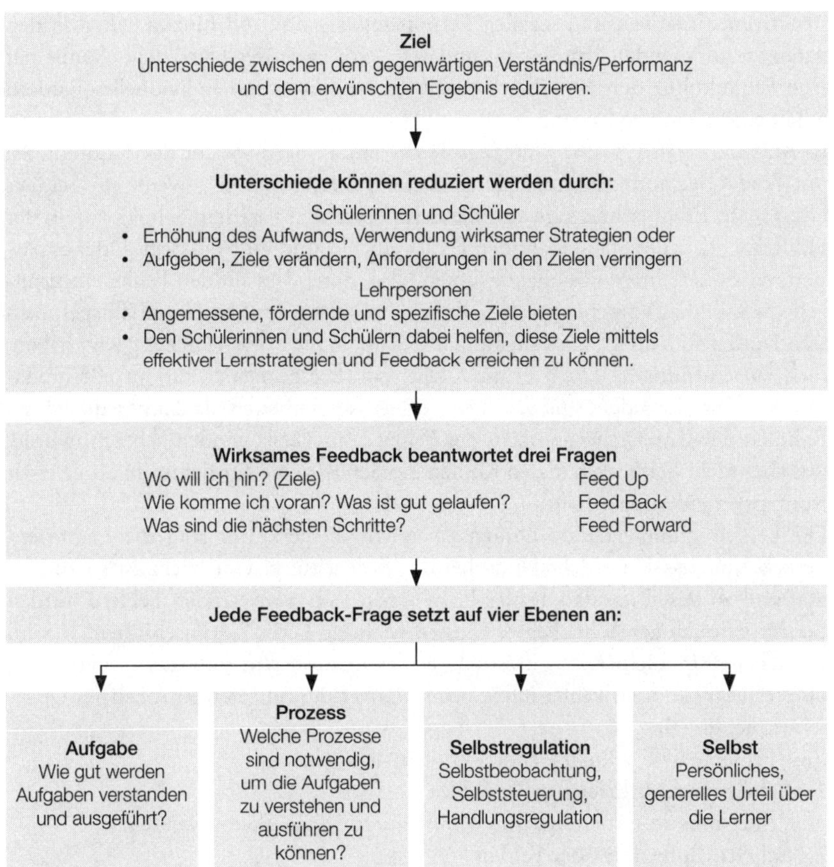

Abb. 11: Feedbackmodell nach Hattie & Timperley (2007) (Darstellung nach Kiel u.a. 2013, S. 106)

Fehlerkultur

Eine Grundvoraussetzung, dass Feedback gelingen kann, ist eine Fehlerkultur. Werden Fehler als etwas gesehen, was es zu vermeiden gilt, oder werden Fehler als etwas gesehen, was notwendig im Lernprozess ist? „Lernen heißt Fehler machen – und Lehren übrigens auch“ (Wisniewski & Zierer 2017, S. 46).

Von zentraler Bedeutung für das Reflektieren über Lernen und Leisten ist die produktive Aufarbeitung von Fehlern. Seit ca. 15 Jahren hat die Forschergruppe um Fritz Oser dafür sensibilisiert, dass anstelle einer Fehlervermeidungsdidaktik eine Fehlerermutigungsdidaktik treten solle, getreu dem Volksmund „aus eigenen Fehlern lernen“ oder „aus Fehlern wird man klug“ (vgl. Oser & Spychiger 2005). Fehlermachen ist ein integrativer Bestandteil eines aktiven, selbstgesteuerten, konstruktiven, situativen und sozialen Lernprozesses – und soll Einzug halten in den daraus resultierenden handlungs- und schülerorientierten Unterricht. Somit hat eine Fehlerkultur den einzelnen Lernenden im Blick, und individuelles Fördern erhält eine eigene Bedeutung.

In Anlehnung an typische Umgangsmuster mit Fehlern spricht das Autorenteam um Fritz Oser vom „Bermuda-Dreieck der Fehlerkorrektur“. Wenn ein Schüler etwas nicht Erwünschtes sagt, ruft die Lehrperson den nächsten Schüler auf, in der Hoffnung, dass der Schüler auf den Fehler eingeht und ihn widerlegt. Oder es passiert, dass die richtige Lösung angeboten wird, ohne dass auf den Fehler eingegangen wird. Dieses Vorgehen ist deshalb beliebt, einmal um das Unterrichtsgespräch „am Laufen zu halten“, aber auch um die Schüler, die etwas Falsches gesagt haben, nicht zu entmutigen. Doch es muss klar sein: Solche Fehler, die im „Bermuda-Dreieck“ verschwinden, sind verschenkte Lerngelegenheiten, da damit lediglich im Rahmen des Unterrichtsgesprächs der Fehler zum Verschwinden gebracht wurde, was aber nicht heißt, dass in den Köpfen der Schüler eine Korrektur im Sinne einer Konzeptveränderung erfolgt ist.

Die beiden grundlegenden Dimensionen von Fehlerkultur sind die Lernorientierung und das Unterrichtsklima bei der Bearbeitung. Unterricht ist so zu planen und zu gestalten, dass Fehler Platz haben. Aus auftretenden Fehlern werden Lernsituationen gemacht. Fehler können wichtige Lernchancen eröffnen, was im Umkehrschluss nicht heißt, dass jede Fehlersituation eine gute Lernsituation ist. Unproduktiv können Fehler infolge von Missverständnissen oder sonstigen Ungeschicktheiten sein.

Eine Fehleranalyse sollte folgende vier Schritte umfassen:

1. **Schritt: Sensibilisierung für Fehler**
   Fehler müssen erst einmal von den Schülern selbst erkannt werden.
2. **Schritt: Reflexion über Fehler**
   Zum einen geht es um eine Klassifizierung der Fehler. Es ist zu klären, ob es sich beispielsweise um Wahrnehmungsfehler, Verwechslungen, Leichtsinnsfehler, systematische Fehler oder typische Fehler handelt.
   Zum andern geht es um Kausalhypothesen. Handelt es sich beispielsweise bei den klassifizierten Fehlern um Aufmerksamkeitsmängel, Ermüdung, zu hohes Arbeitstempo, vergessene oder nicht verstandene Regeln, fehlende Grundlagenkenntnisse?
3. **Schritt: Maßnahmen zur Vermeidung von Fehlern**
   Es geht darum, wie sich zukünftig nun Fehler vermeiden lassen. Wie kann beispielsweise sinnvoll wiederholt werden, wie können Analogien gebildet werden, wie können Eselsbrücken gefunden werden?
4. **Schritt: Evaluation der ergriffenen Maßnahmen**
   Abschließend soll regelmäßig überprüft werden, inwieweit die eingeleiteten Maßnahmen auch wirklich zum Erfolg führen.

6.6.2 Schülerfeedback/Lehrerfeedback

Hattie (2009) betont die Bedeutung von wechselseitigem Feedback, dem Schülerfeedback zum Lehrer und umgekehrt: „It is most important, that teaching is visible to the student, and that the learning is visible to the teacher“ (S. 25). Seine Argumentation ist einfach: Schüler sind nicht für Lehrer da, sondern umgekehrt. Und die Schüler können Lernen sichtbar machen als unmittelbar Betroffene, nicht wie die Lehrer aus einer Beobachterperspektive heraus. Die von ihm gewählte Figur des Auges verdeutlicht anschaulich diesen Gedanken (Abb. 12):

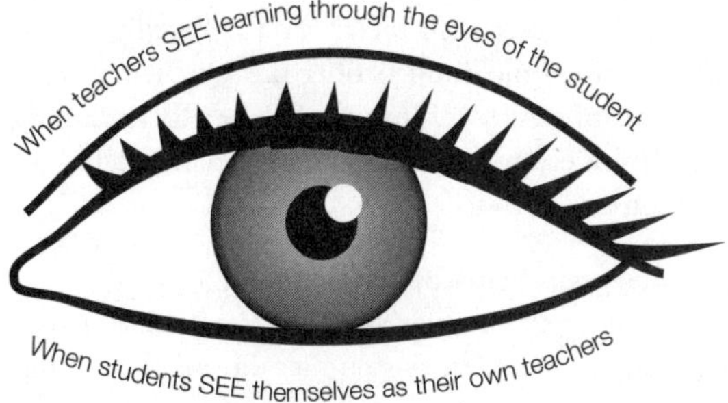

Abb. 12: Ein Modell von Lernen sichtbar machen (nach Hattie 2009, Figure 11.1, S. 238)

Potentiale der Selbstevaluation

Feedback in der Klasse einholen kann man auch mit dem Begriff der Selbstevaluation gut beschreiben. Der Begriff meint, dass die Lehrkraft bei der Evaluierung ihrer persönlichen Klassenführungskompetenzen selbst initiativ wird und auch für das gesamte Prozedere verantwortlich ist.

Lehrende müssen Informationen bereitstellen, die Auskunft über Lernmöglichkeiten, Lernstand, Lernprozesse und Lernerträge der Schüler liefern, wie auch Auskunft darüber geben, wie sie selber die Wirkung ihres Unterrichts und ihres professionellen Handelns einschätzen, um die Passung zukünftiger Anforderungen auf die Lernbereitschaft und das Lernpotential der Schüler zu optimieren und dazu auch durch das eigene Verhalten konstruktiv beizutragen.

Schulklassen sind soziale Gebilde. „Wer über Interaktions- und Kommunikationsmuster, über das Lern-, Arbeits- und Sozialverhalten in der Klasse genauere Kenntnisse besitzt, verfügt über eine Grundlage, um professionell die Klasse zu führen und Lernende zu aktivieren“ (Apel 2002, S. 76). Mit dem Perspektivenwechsel von der all die Jahre „lieb gewonnenen“ Input-Steuerung zur Output-Steuerung werden heute Anstrengungen unternommen, Qualitätssicherung auch einzulösen: Evaluation als ein Teil der Qualitätssicherung in der Schule – an diesen Terminus musste

sich Schule in den letzten Jahren erst gewöhnen. Neben der internen Evaluation soll externe Evaluation helfen, Stärken und Schwächen der Schule insgesamt zu erkennen. Doch beim engen Thema der Klassenführung geht es allein um die interne Evaluation, um ein Feedback, das der Lehrer von der Klasse einholt.
Zum einen helfen Schülerinformationen, die ablaufenden Unterrichtsprozesse umfassend und genau wahrzunehmen. Zum anderen geht es um eine neue Lehrer-Schüler-Beziehung, die aus der Wertschätzung der Schülermeinung seitens der Lehrkräfte resultiert. Kämpfe (2009a) folgert daraus, dass sich dies „förderlich auf die Entwicklung von Eigenverantwortung seitens der Schüler/innen auswirken" (S. 162) sollte. Man kann im weiteren Sinn von einer emanzipatorischen Aufgabe im Sinne von mehr Transparenz, Selbstbestimmung und Demokratie sprechen (vgl. Hinz 2012, S. 13).
Der Rückblick auf das Lerngeschehen bietet für alle Beteiligten eine Lernchance. Die Lehrkräfte erhalten Rückmeldungen über die Qualität ihres Unterrichts, in vorliegendem Fall über ihre Klassenführung. Solche Rückmeldungen dienen als Ausgangspunkt für Optimierungsmöglichkeiten von Unterricht einerseits und für Unterrichtsentwicklung andererseits.

Validität und Akzeptanz von Selbstbeurteilungen

Nicht ohne Grund setzen sich Wisniewski und Zierer (2017) mit der Funktion von Schülerfeedback auseinander. Sie wissen hier um mögliche Empfindlichkeiten seitens der Lehrer. Sie führen verschiedene Mythen zum Unterrichtsfeedback auf, die sie mit empirischen Belegen entkräften können.

- Schülerfeedback führe dazu, dass Lehrer milder bewerten. Hierfür gibt es keine Belege.
- Schüler könnten Unterricht nicht richtig einschätzen. Dagegen spricht, dass Studien zeigen, dass es hochgradige Übereinstimmung mit hospitierenden Kollegen und Selbsteinschätzungen gibt.
- Lehrer wüssten selbst am besten, ob ihr Unterricht gut gewesen sei. Doch in allen Berufsfeldern gibt es den sog. „above-average-Effekt", d.h. man neigt dazu, sich selbst zu überschätzen.
- Guter Unterricht hänge von der Lehrerpersönlichkeit ab. Neben wohl eher stabilen Persönlichkeitsmerkmalen ist für unterrichtlichen Erfolg auch Professionswissen mitverantwortlich.

Hier sollen zwei Forschungsstränge zur Validität von Schülerbeurteilungen angeführt werden (vgl. Streber & Haag 2016):

(1) In einem ersten Forschungsstrang geht es um die Akkuratheit selbst berichteter Noten von Schülern im Vergleich zu den offiziellen Lehrerangaben. So zeigen die Befunde von Dickhäuser und Plenter (2005), dass Schülerangaben kein weniger valider Leistungsindikator sind als die entsprechenden Lehrerangaben. Zu entsprechenden Ergebnissen kommt die Studie von Sparfeldt, Buch, Rost und Lehmann (2008), es ergibt Sinn, Zensuren im Selbstbericht zu erheben.

(2) In einem weiteren Forschungsstrang geht es darum, inwieweit sich Lehrer- und Schülerurteile ähneln. Ditton (2002) befragte Schüler und Lehrkräfte, wobei diese nicht nach der Qualität ihres Unterrichts befragt wurden, sondern nach den von ihnen antizipierten Schülerwahrnehmungen, d.h. es ging um die Treffsicherheit in der Einschätzung der Wirkung des eigenen Unterrichts auf die Schüler. Dabei ergaben sich die höchsten Korrelationen für Klassenmanagement (.48) und das Verhältnis zwischen Schülern und Lehrkräften (.47). Diese Werte liegen weit über der sog. .30-Barriere, die als Grenzwert für das Maß an Übereinstimmung zwischen verschiedenen Wahrnehmungsperspektiven in der Literatur gilt. Diese Werte zeigen, dass es weniger um die Frage geht, ob Schülermeinungen relevant sind, sondern in welcher Form diese erfasst werden können.

Zusammenfassend lässt sich konstatieren: Es gibt keinen Grund an der Validität von Schüleräußerungen bezüglich von Unterrichtsmerkmalen zu zweifeln. Doch müssen folgende Einschränkungen mitberücksichtigt werden (vgl. Ditton 2002):

- Alter: Mit höherem Alter werden die Urteile differenzierter. Die Fachkompetenz der Lehrkräfte gewinnt an Bedeutung.
- Schülerleistungen: Schüler mit schwächeren Schulleistungen nehmen Lehrkräfte und deren Unterricht weniger positiv wahr.
- Klassengröße: In kleineren Klassen ist die Wahrnehmung des Unterrichts positiver als in großen, dies betrifft auch die Häufigkeit der Kontakte und die Vertrautheit mit der Lehrkraft.

Diese Urteile können ein wichtiger Ansatzpunkt zur Verbesserung der Unterrichtsqualität sein, wenn sie von den Lehrkräften selbst erhoben werden und anschließend für sie auch zugänglich sind. So muss neben der Validität von Schülerurteilen komplementär auch gefragt werden, inwieweit Lehrkräfte selbst diese auch akzeptieren. Nach einer Studie von Ditton und Arnoldt (2004) liegen folgende Ergebnisse vor:

- 77% der Lehrkräfte halten ihre Schüler für kompetent, um eine Einschätzung des Unterrichts abzugeben.
- 87% bezeichnen die Einschätzung der Schüler als fair.
- 62% stimmen zu, dass die Ergebnisse zur Verbesserung des eigenen Unterrichts herangezogen werden können – eine deutlich geringere Prozentzahl als bei den beiden anderen Ergebnissen.

Dabei müssen folgende Ergebnisse der Studie mitberücksichtigt werden: Positivere Einschätzungen zur Verwendbarkeit von Feedback aus Schülerbefragungen finden sich bei Lehrkräften, die beruflich zufriedener sind und ihre berufliche Belastung als geringer erleben, die an Fortbildungen teilnehmen und eine engere Kooperation mit Fachkollegen praktizieren. Bei ungünstigeren Ergebnissen wird auch die Form der Rückmeldung stärker kritisiert.

Mittlerweile liegen auch aufschlussreiche Ergebnisse aus Forschungen zu Lehr- und Unterrichtsevaluationen durch Studierende und Schüler mittels Ratingskalen vor (vgl. Hinz 2012). Wenn gleich die Intention von Lehrevaluationen mit der Einschätzung von Unterrichtsqualität nicht vergleichbar ist, – bei universitären Lehrevaluationen geht es in der Regel nicht um Einstellung, Bezahlung oder derartigem – so ist doch das Ergebnis interessant, dass Lehr- und Unterrichtsevaluationen durch Schüler bzw. Studierende mittels Ratingskalen recht valide die studentische Zufriedenheit, aber nur eingeschränkt die Lehr- oder Unterrichtsqualität und nahezu gar nicht die Lehreffektivität messen. Beispielsweise zeigt die Befundlage, dass der Enthusiasmus eines Dozenten auf andere Lehrdimensionen abfärbt, ganz im Sinne eines Haloeffekts (eine einzelne Eigenschaft erzeugt einen Eindruck, der die Wahrnehmung weiterer Eigenschaften „überstrahlt"). So ist denkbar, dass eine beliebte Lehrkraft in ihrer Klassenführungskompetenz von ihren Schülern positiver eingeschätzt wird.

Feedbackmethoden

Es werden Verfahren gezeigt, die eine Lehrkraft relativ problemlos mit ihrer Klasse einsetzen kann. Es soll die Botschaft an die Lehrkräfte signalisiert werden, dass Evaluation kein Hexenwerk, sondern eine praktikable Möglichkeit ist, den eigenen Unterricht, hier die Facette der Klassenführung, auf den Prüfstand zu stellen (vgl. Streber & Haag 2016).

Es lassen sich unterschiedliche Quellen der Evaluation von Unterricht benennen. Entweder nimmt die Lehrkraft selbst die Auswertung des Unterrichts vor oder zusammen mit den Schülern oder in Zusammenarbeit mit einer Drittperson (z.B. einem Kollegen als kollegialer Praxisbewertung, der Schulaufsicht, einem professionellen Coach). Entsprechend reich ist das Methodenrepertoire, um ein Feedback einzuholen:

In der Tabelle 21 werden leicht durchzuführende Feedbackmethoden mit Vor- und Nachteilen aufgezeigt.

Tab. 21: Feedbackmethoden (Auswahl aus Wisniewski & Zierer 2017, S. 82/3)

Methode	Vorteile	Nachteile
Freie Rückmeldung im Gespräch	• geringer Zeitaufwand • geringe Vorbereitung	• Einzelmeinung dominiert • geringe Aussagekraft • keine Anonymität
Freie Rückmeldung (schriftlich)	• Hinweis auf blinde Flecken • neue Vorschläge	• Einzelmeinung dominiert • Gefahr der Willkürlichkeit
Fragebogen	• hohe Aussagekraft • hohe Differenzierung • hohe Reliabilität	• Zeitaufwand
Feedback-Zielscheibe	• geringer Zeitaufwand • jeder Zeit durchführbar	• begrenzte Auswahl an Aspekten

Sehr leicht ist eine Zielscheibe anzufertigen. In ihr lassen sich übersichtlich unterschiedliche Aspekte, die einer Lehrkraft wichtig erscheinen, anordnen. Ein Beispiel könnte so aussehen (5 = höchster Wert):

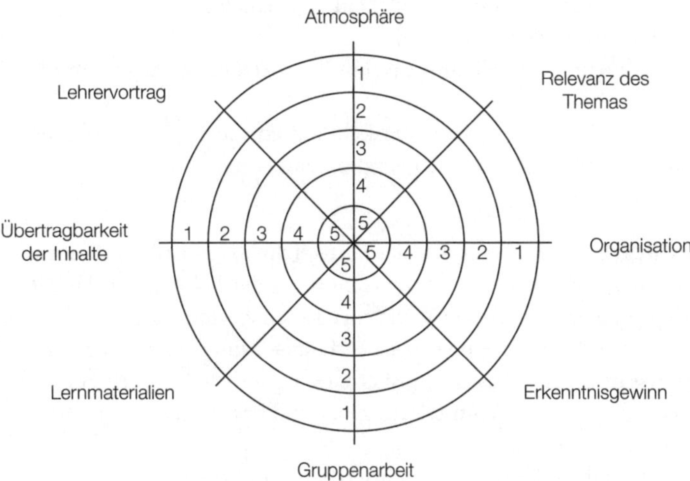

Beispiele für Fragebögen

In idealer Weise lassen sich Fragebögen einsetzen: Solche Ankreuzverfahren sind stark vorstrukturiert und lassen sich gezielt und ökonomisch durchführen, weil Antworten vorgegeben sind. Aus einer vorgegebenen Anzahl von geschlossenen Antwortmöglichkeiten muss durch Ankreuzen eine Auswahl getroffen werden.

Das Angebot an Verfahren zur Unterrichtsevaluation ist mittlerweile groß, fast unüberschaubar geworden, auch im Internet z.T. frei verfügbar. Der deutsche Bildungsserver (www.bildungsserver.de) bietet eine Linksammlung zu verschiedenen Evaluationsangeboten der verschiedenen Bundesländer. Solch systematische Evaluationsinstrumente können durch informelle Rückmeldungspraktiken sinnvoll ergänzt werden. Online-Instrumente bieten eine Reihe von Vorteilen gegenüber eigenen entworfenen und/oder auf Papierbasis durchgeführten Befragungen (vgl. Kämpfe 2009b, S. 17):

- Geringer zeitlicher und finanzieller Aufwand für die Lehrkraft:
  Fragebogenerstellung entfällt, kein Ausdrucken auf Papier und Vervielfältigen erforderlich
- Unkomplizierte Verwaltung der einzelnen Erhebungen:
  einfache Anmeldung von Erhebungen, einfache Verlängerung bzw. Beendigung laufender Erhebungen

- Passwortschutz sichert Anonymität:
  für die Lehrkraft, für die teilnehmenden Schüler
- Automatisierte und unverzügliche Generierung des Ergebnisberichts:
  keine eigene Auswertung erforderlich, übersichtliche Ergebnisrückmeldung, passwortgeschützt und nur der Lehrkraft zugänglich
- Flexible Gestaltung der Erhebung:
  einzige Bedingung zur Teilnahme ist ein Internetzugang, zeitlich absolut flexibel

Zwei Verfahren werden genannt, die Lehrkräften die Möglichkeit geben, eigene Ergebnisse mit denen ihrer Schüler vergleichend bewerten zu können:

EMU: Evidenzbasierte Methoden der Unterrichtsdiagnostik und -entwicklung
Im Auftrag der KMK hat ein Autorenteam unter der Leitung von Helmke (2012) ein Konzept und entsprechende Werkzeuge für eine evidenzbasierte Unterrichtsdiagnostik entwickelt. Für die mehrperspektivische Einschätzung liegen Fragebögen vor. Der Begriff „evidenzbasiert", bisher eher in der Medizin gebräuchlich, meint auf der Basis empirisch zusammengetragener und bewerteter wissenschaftlicher Erkenntnisse erfolgend.
EMU ist ein praktikables, flexibel einsetzbares und offen ausgestaltbares Instrument, um den Unterricht datengestützt weiterzuentwickeln. Kern des Ansatzes ist es, Einschätzungen in Form von Daten über den eigenen Unterricht zu gewinnen und diese Daten zu nutzen, um den Unterricht zu verbessern. Im Idealfall wird der Unterricht mehrperspektivisch von der unterrichtenden Lehrperson, einem hospitierenden Kollegen und den Schülern selbst auf seine Qualität hin beurteilt. Die vergleichende Betrachtung dieser drei Urteilsperspektiven dient dazu, eigene Sichtweisen zu verdeutlichen, zu bestätigen oder zu korrigieren, die Einseitigkeiten der subjektiven Wahrnehmung zu überwinden und blinde Flecken zu beseitigen.
Übereinstimmungen bzw. Nichtübereinstimmungen der drei Datenquellen interpretiert Clausen (2002) als Funktion aus geteilten Wahrnehmungsbedingungen, perspektivenspezifischen Anteilen und Aspekten des zu beurteilenden Konstrukts.
Es werden Fragebögen eingesetzt, die den Fokus auf zentrale Dimensionen der Unterrichtsqualität richten: Klassenführung, Lernförderliches Klima und Motivierung, Klarheit und Strukturiertheit, Aktivierung und Bilanz. Für diese Zwecke werden im Netz vielfältige Materialien wie Fragebögen für die drei Zielgruppen, ein EDV-Tool zur Auswertung und Visualisierung der Ergebnisse kostenfrei zur Verfügung gestellt (www.unterrichtsdiagnostik.info). Neben einer Grundschulversion wird eine weitere Version für alle anderen Schularten angeboten.
Damit EMU zum Erfolg führen kann, müssen, so die Autoren, einige Rahmenbedingungen erfüllt sein:

- EMU sollte im Team erfolgen.
- Lehrertandems sollten sich wechselseitig im Unterricht besuchen, Unterrichtsbeobachtungen durchführen und anhand dieser Beobachtungen miteinander über ihren Unterricht konstruktiv sprechen.
- EMU sollte möglichst von vielen Tandems einer Schule genutzt werden, damit die gesamte Schule davon lernen kann.

LDK: Linzer Diagnosebogen zur Klassenführung
Der LDK ist zu dem Thema das wohl älteste Verfahren, das von einem Forschungsteam um Mayr vor gut 30 Jahren in Linz seinen Ausgang nahm und bis heute weiter verfeinert wird. In diesem Verfahren steckt ganz sicher die längste Erfahrung im deutschsprachigen Raum im Umgang mit dem Erfassen von Klassenführung (vgl. hierzu P. 1.5).

6.6.3 Kriterien für erfolgreiches Feedback

Ein Grundprinzip, wenn Evaluation Effekte nach sich ziehen soll, lautet, dass Evaluationsergebnisse auch rückgemeldet werden müssen. Dabei sind folgende Merkmale relevant:

- Akzeptanz: Es ist dafür zu sorgen, dass die Evaluation und die Rückmeldung von allen akzeptiert werden.
- Emotionalität: Negativ getönte Emotionen wie Furcht, Neid oder Angst sind zu vermeiden.
- Rückmeldezeitpunkt: Eine Rückmeldung ist möglichst unmittelbar nach der Datenerhebung zu geben.
- Fähigkeitsorientierung: Die Rückmeldung muss informierend sein, d.h. Ergebnisse sind möglichst handlungsnah zu formulieren.

Letzteres Merkmal wird in Tabelle 22 näher erläutert, in der Kriterien für erfolgreiches und für wenig erfolgreiches Feedback gegenüber gestellt werden:

Tab. 22: Kriterien für Feedback (in Anlehnung an Wisniewski und Zierer 2017, S. 88)

Kriterien für erfolgreiches Feedback	Kriterien für wenig erfolgreiches Feedback
eher beschreibend, beobachtend	eher bewertend, beurteilend, interpretierend
eher konkret	eher allgemein
eher erbeten	eher aufgezwungen
eher einladend	eher zurechtweisend
eher verhaltensbezogen	eher charakterbezogen
eher sofort und situativ	eher verzögert und rekonstruierend
eher klar und präzise	eher schwammig und vage
eher durch Dritte überprüfbar	eher auf dynamische Situationen beschränkt

7 Das Beziehungsgeflecht von Klassenführung auf dem Prüfstand

Die bisherigen Ausführungen waren relativ breit angelegt, es ging umfassend um Klassenführung. Dass eine effiziente Klassenführung eine zentrale Variable gelingenden Unterrichts ist, wurde stets betont. Nun am Ende wird der Versuch unternommen, die gemachten Ausführungen auf den deutschsprachigen „Klassiker" über Störungen in der Schulklasse (Nolting 2012) zu übertragen. Nolting verbindet präventive Maßnahmen mit Interventionen: „Präventiv wirken vor allem Verhaltensweisen, die auf ein gutes ‚Lernmanagement' hinauslaufen" und „Mit Disziplinproblemen muss man nicht ‚fertig werden', man muss sie verhindern" (S. 41). So schlägt er folgende präventive Maßnahmen vor. In Klammern sind die hier im Buch behandelten Kapitel mitaufgenommen:

Präventive Maßnahmen

Nolting geht auf vier Bereiche des Lehrerverhaltens ein:

1. Prävention durch breite Aktivierung (vgl. 3.2 Präsenz bei Kounin; 5.3 Kognitive Aktivierung der Klasse)
   Der Akzent liegt auf Unterrichtsführung bzw. Lernmanagement mit dem Ziel der Klassenaktivierung. Dies meint Kounin mit „Aufrechterhaltung des Gruppen-Fokus" und „Programmierte Überdrussvermeidung".
   Nolting spricht zentrale Aspekte von Aktivierung an:
   - Die Betonung auf „breite" umfasst eben die Aktivierung möglichst der ganzen Klasse.
   - Aktivierung bedeutet neben didaktisch-methodischer Gestaltung auch das Ausdrucksverhalten wie Stimme, Mimik, Gestik und Bewegung im Raum.
   - Fragestellen für breite Aktivierung bedeutet:
     - Frage stellen
     - den Blick wandern lassen
     - evtl. Denkpause gewähren
     - Aufnehmen von Antworten: Alle mal dran nehmen
     - Bei Stillarbeit und Gruppenarbeit wird die Aktivierung in die richtige Aufgabe verlagert.
     - Da es sich für den Schüler sichtbar sein muss, aktiv gewesen zu sein, kommt es auf positive Kommentare an. So muss ein Lehrerlob echt klingen und auch präzise sein. Ebenso sollte es den persönlichen Fortschritt betreffen, was die pädagogische Diagnostik unter „Individueller Bezugsnormorientierung" versteht.

2. Prävention durch Unterrichtsfluss (vgl. 3.2 Präsenz bei Kounin)
   Der Akzent liegt auf Vermeidung eigener Unterbrechungen des eigentlichen Unterrichts. Dies meint Kounin mit „Reibungslosigkeit und Schwung".
   Es geht um folgende Aspekte:
   - Wartezeiten vermeiden
     Rutter, Maughan, Mortimer und Ouston (1980) analysierten in ihrer Londoner Sek-I-Studie „Fünfzehntausend Stunden", einen wie hohen Teil der Stundenzeit die Lehrer effektiv dem Thema der Stunden widmeten und nicht mit dem Aufbau von Geräten, Verteilen von Materialien, Bewältigen von Unterrichtsstörungen usw. zubrachten. Die echte Lernzeit variierte im Schulvergleich zwischen 65% und über 85%.
     - So geht es darum, für einen zügigen Wechsel von einer Aktivität zu einer anderen zu sorgen.
     - Für einen zügigen Wechsel sind auch klare Instruktionen wichtig.
     - Längere Dialoge mit Einzelnen kann für den Rest der Klasse bloßes Warten bedeuten.
   - Eigene „Störungen" unterlassen
     Lehrer sollten aufpassen, dass sie nicht ihren eigenen Unterricht durch deplazierte Äußerungen „stören", indem sie beispielsweise auf Unterrichtsstörungen übermäßig ausführlich und ausschweifend reagieren.

3. Prävention durch klare Regeln (vgl. 4.1 Regeln aufstellen; 4.3. Disziplinsystem)
   Hier liegt der Akzent auf Erwartungen an das Schülerverhalten, bezogen auf Lernaktivitäten sowie Unterlassung von Störungen. Hierüber hat sich die Forschergruppe um Evertson (vgl. 4.1.1) sehr ausführlich geäußert.
   Bei der Einführung von Regeln ist zu beachten:
   - so wenig wie möglich
   - so einsichtig wie möglich
   - so positiv wie möglich

4. Prävention durch Präsenz- und Stoppsignale (vgl. 3.2 Präsenz bei Kounin)
   Der Akzent liegt auf Überwachung des Schülerverhaltens hinsichtlich der Einhaltung der Regeln. Dies subsumiert Kounin unter „Allgegenwärtigkeit".
   Wahl, Weinert und Huber (1984, S. 410ff.) gehen von sieben Kriterien aus, die bei einer Stoppstrategie zu beachten sind:
   - freundlicher Ton
   - Anordnung in Form einer Bitte
   - frühzeitiges Eingreifen
   - definierte Toleranzgrenze
   - anfangs häufiges Eingreifen
   - Beachtung aller Schüler
   - Bekräftigung des erwünschten Zustandes

Bei den Interventionen schlägt Nolting lehrer- und gruppenzentrierte Strategien vor:

Interventionen
Als Grundmuster für ein lehrerzentriertes Vorgehen mögen in vielen Situationen folgende Reaktionsweisen dienen (vgl. 6.1 Kommunikation verbessern)

- direkte Bitte oder Aufforderung, dieses oder jenes zu tun
- Begründungen oder Erläuterungen, die auf Einsicht abzielen
- Fragen nach dem Geschehen
- aktives Zuhören gegenüber den Schülern
- Ich-Botschaften
- humorvolle Reaktionen
- eigene Vorschläge
- Fragen nach Lösungen

Um ein Problem erstmals als solches zu erkennen, um dann intervenieren zu können, sind folgende Hilfen für die Problemdiagnose hilfreich (vgl. 6.6 Feedback)

- die Beschreibung des Problems
- die Selbstreflexion
- der Perspektivenwechsel
- die Beobachtung
- die Befragung

Das in diesem Buch behandelte Beziehungsgeflecht von Klassenführung ist breit angelegt. Die gängigen Strömungen und Akzente berücksichtigend trägt eine effiziente Klassenführung zum Wohlbefinden und zu guten Leistungen der Lernenden sowie zu geringerer Belastung der Lehrpersonen durch Unterrichtsstörungen bei. Durch den abschließenden Check ist sichergestellt, dass das in 1.6.3 aufgestellte Beziehungsgeflecht von Klassenführung sich auch auf die von Nolting beschränkte Arbeit auf Störungen in der Schulklasse anwenden lässt. Damit taugt der hier behandelte Begriff von Klassenführung auch zum gelingenden Umgang mit der urspr. Kernmarke von Classroom Management, dem Umgang mit Unterrichtsstörungen.

8 Schlussgedanken

An keiner Stelle der Arbeit wurde näher ausgeführt, wie die Kompetenz zur Klassenführung aufgebaut oder wie ein Lehrer zu einem Experten in der Klassenführung werden kann. Um diesen Aspekt geht es in 8.1.
Genauso wenig wurde rezeptartig gesagt, wie nun genau das geht, dass durch Klassenführung wirklich Unterricht störungsfreier wird. Ein Blick in Kants Erziehungstheorie kann den Weg weisen: In seiner berühmten Frage „Wie kultiviere ich die Freiheit bei dem Zwange"? deutet das „Wie" in der Frage darauf hin, dass Kant davon überzeugt ist, Freiheit und Zwang zusammenzubringen. Es geht folglich darum, pädagogische Mittel und Wege zu finden, die Freiheit durch oder trotz Zwang zu entwickeln. „Nicht *ob* durch eine zwanghafte pädagogische Beeinflussung Freiheit hervorgebracht werden kann, steht für Kant in Frage, sondern nur *wie* dies von statten gehen kann" (Riefling 2013, S. 146). Da sich das Subjekt nur selbst moralisieren kann, bleibt dieser finale Bezugspunkt zwar außerhalb der pädagogischen Einflussnahme, bildet jedoch deren Begründung. Erziehung bildet eine gute Voraussetzung für die selbstständige Freisetzung des Zöglings. Denn durch Erziehung wird dem Zögling deutlich, dass Handeln stets Gesetzen der Natur oder der Vernunft folgt, das auch zum eigenen Besten gebraucht werden kann. Hierzu folgen Gedanken in 8.2.
Diese hier angerissenen zwei Aspekte sollen bewusst am Schluss der Arbeit bedacht werden, um den Lehrer auch zu schützen vor falschen Erwartungen, als Einzelkämpfer in seinem Beruf bestehen zu müssen.

8.1 Lehrer sind lernfähig

Helmke (2003) geht auf Studien zum Expertenansatz ein und führt Ergebnisse von Good und Brophy (1994) an. So konnten Unterschiede zwischen Berufseinsteigern und erfahrenen Lehrpersonen nachgewiesen werden: Während sich die Novizen in ihrer Klassenführung auf disziplinarische Maßnahmen konzentrieren, gelingt es den Experten aufgrund ihrer adaptiven Planungskompetenz, Konflikte in der Klassenführung gar nicht erst aufkommen zu lassen. Ihr Unterricht ist sorgfältig geplant und gut strukturiert, adäquates Lernmaterial ist bereitgestellt, erwünschte Verhaltensregeln werden in der Klasse rechtzeitig und konsequent etabliert.
Wir wissen heute viel über erfolgreiches Unterrichten. Wir wissen heute auch, dass erfolgreiche Klassenführung weitgehend erlernbar ist und weniger von Persönlich-

keitsmerkmalen als vielmehr von unterrichtsbezogenen Kompetenzen abhängig ist. Und Mut macht folgende Studie:
Borg und Ascione (1982) untersuchten in einem Kontrollgruppendesign anhand von 34 Elementarlehrern, inwieweit Klassenführungstechniken erlernbar sind. Im Vergleich zur Kontrollgruppe verbesserte die Experimentalgruppe ihre Techniken, und ihr verbessertes Handeln wirkte sich auch bei den Schülern derart aus, dass sie weniger Störverhalten zeigten und ihr Lernverhalten zunahm. Ein zentrales Ergebnis dieser Interventionsstudie und ähnlich angelegter Lehrertrainings ist, dass solche Handlungsänderungen auf Lehrerseite relativ schnell beobachtbar waren, in einem Fall reichte ein zweimal halbtägiger Workshop aus (Marzano 2003, S. 11). Wir reden hier also nicht von den Zeiträumen, wie sie sonst auf dem Weg zum Experten angegeben werden. Gruber konstatiert, dass der Expertise-Erwerb „einen langen Zeitraum, meist von zehn oder mehr Jahren" umfasst (2014, S. 541).

Kollegiale Unterstützung
Noch besser gelingt ein erfolgreiches Unterrichten und damit auch Klassenführung, wenn sich Lehrer von ihrem Einzelkämpferdasein verabschieden. Die Stressforschung zeigt, dass soziale Unterstützung Stress abpuffern und sogar Burn-out vermeiden kann. Gerade eine positive Unterstützung von Kollegen und von Vorgesetzten ist ein guter Prädiktor für physische und mentale Gesundheit (Russell, Altimaier & Velzen 1987).
Rogers nennt folgende Vorteile kollegialer Unterstützung (2013, S. 205):

- Kollegiale Unterstützung kann das Gefühl der Isolierung mindern.
- Sie kann grundlegende moralische Unterstützung bieten.
- Sie kann das Selbstwertgefühl des Kollegiums stärken.
- Sie kann der einzelnen Lehrkraft die Bestätigung geben, dass sie auf dem richtigen Weg ist.
- Sie kann ein Forum bieten, um sich über Probleme auszutauschen.

Schulebene
Idealiter sollte erfolgreiches Unterrichten, damit auch Klassenführung ein Thema auf Schulebene sein. Short, Short und Blanton (1994) berichten, dass sich leicht folgende Einstellungen als Seuche in einem Kollegium ausbreiten können:

- das „er ist nicht mein Schüler" Syndrom
- das „ich will alle lieben" Syndrom
- das „es ist nicht meine Aufgabe" Syndrom.

Folgende Action Steps sensu Marzano (2003) sind sicher sinnvoll:

- Es sind hausgemachte Probleme zu identifizieren, die am Gebäude, Schulhof oder an den Zeiten liegen. Hierunter fallen bspw. überfüllte Flure und Ein-, Ausgänge im Gebäude, auch sind gemeinsame Wartezeiten, die im Pausenhof etc. entstehen und zu Problemen führen können, zu vermeiden.

- Es sind für die ganze Schule geltende Regeln aufzustellen, und es ist eindeutig zu kommunizieren, welches Verhalten nicht gestattet ist.
- Bei klar definierten Verhaltensüberschreitungen ist einheitlich vorzugehen.

Marzano (2003, S. 111) listet anhand eines Überblicks verschiedener Studien die zehn häufigsten Maßnahmen auf, die an Schulen für Fehlverhalten ausgesprochen wurden. Dabei fällt die relative Einheitlichkeit an Maßnahmen auf:

- Suspendierung zu Hause (33,3%)
- Verweis (12,3)
- Suspendierung in der Schule (10,1)
- Elternkontakt (9,4)
- Verschiedenes (8,6)
- Beratungsgespräch (7,0)
- Besprechung (5,3)
- Nachsitzen (4,9)
- Isolierung (3,7)
- Suspendierung vom Schulbus (2,2)

Weitgehend unerforscht bleibt allerdings die Wirksamkeit dieser verschiedenen Maßnahmen. Ausnahme bildet ein sog. Samstag Schul Konzept, das offenbar in der Highschool gut greift (Moos & Peterson 2013). Schüler werden in die Schule geladen, um z.B. einen Aufsatz über Disziplin zu schreiben oder an einem Verhaltenstraining teilzunehmen. Es mag ein erfolgversprechendes Konzept sein, gerade was den Rückgang von Absenzen betrifft.

Ein schulweites Management bei Fehlverhalten ergibt jedoch nur Sinn, wenn alle Lehrkräfte sich daran halten. Es geht darum, dass ein solches Schulprogramm eine klare Botschaft an die Schulfamilie sendet, dass eben Fehlverhalten nicht geduldet wird. Hughes (2012, S. 325) fordert aufgrund seiner Analysen zum derzeitigen Forschungsstand zu den Lehrer-Schüler Beziehungen: „Schools should implement programs for screening troubled relationships, especially in the early grades, and to support teachers in improving troubled relationships“. Eine Hilfe hierzu könnte das bereits erwähnte, mittlerweile erweiterte Konstanzer Trainings Modell bieten (Humpert, Dann, Haag & Müller 2012).

8.2 Schüler sind lernfähig

Die Aufgabe einer Lehrkraft ist dadurch definiert, für die Sicherung von Unterricht Sorge zu tragen. Die Schüler wiederum müssen erst die Rahmung erlernen, wie sich eine Lehrkraft Unterricht vorstellt. Freilich gehen Unterrichtsstörungen von Schülern aus, doch Lehrkräfte tragen dann auch zu solchen bei, wenn ihnen die

Sicherung der Rahmung misslingt (vgl. Walter & Walter 2014, S. 151). Und diese Rahmung wird auch von Schülern vorgegeben. Für den einen Schüler ist die Lehrkraft zu lasch, für den anderen zu streng, der eine Schüler erwartet Strenge/hartes Durchgreifen, der andere ein sozial-integratives Handeln.
Langfristig dürfte es zielführend sein, wenn Lehrer-Handeln nicht mehr abhängig ist von den subjektiven Rahmungen/Erwartungen der Schüler, sondern wenn es Lehrkräften gelingt, bei ihren Schülern die Überzeugung zu vermitteln, autonom Handelnde zu sein, Verantwortung für ihre Lernprozesse und deren Störungen selbst zu tragen (Walter & Walter 2014, S. 153ff.). Auch dazu kann Klassenführung taugen!
Marzano (2003) kann diese Gedanken mithilfe seiner Metanalyse empirisch belegen:
Die Effektstärke für Strategien, in denen die Schüler selbst Verantwortung für ihr Verhalten tragen, beträgt d = .69. Um diesen Betrag nehmen Unterrichtsstörungen ab, in Prozent ausgedrückt, gehen sie um 25 Prozent zurück. Je älter die Schüler sind, desto höher ist ihr Einfluss.
Konkret geht es um Selbstbeobachtungs- und Kontrollstrategien sowie um weitere kognitive Strategien:
Die Schüler sollen lernen ihr eigenes Verhalten zu beobachten, dies kann konventionell über eine Art Logbuch während des Unterrichts geschehen, auch über das Handy lassen sich gelungene oder Fehlverhaltensweisen protokollieren und später auswerten.
Eine elaborierte Strategie könnte so aussehen:

(1) Die Schüler können festhalten, in welchen Situationen sie zornig, wütend etc. werden und wie sie damit umgehen.
(2) Die Schüler können sich anschließend fragen, welche Alternativmöglichkeiten sie sehen, damit umzugehen.
(3) Die Schüler sollen darüber nachdenken, welche Konsequenzen ihr je gezeigtes Verhalten haben kann.
(4) Die Schüler sollen sich für das Verhalten entscheiden, das die günstigsten Konsequenzen verspricht.

Ziel jeglichen Unterrichts muss es ein, die Schüler unabhängig von Lehrern zur Selbständigkeit zu erziehen und dass sie für ihr Lernen selbst verantwortlich sind. Dabei spricht man heute von „learning-centered classrooms“ (Freiberg (1999, S. 59), von einem „personenzentrierten“ Modell der Klassenführung.

Während Evertson von „learning-centered classrooms“, und Freiberg von einem „personenzentrierten“ Modell der Klassenführung sprechen, geht Weimer (2002, 2012) noch weiter und spricht von „Learner-Centered Teaching“. Der Begriff des Lernens ist für sie zu abstrakt. „We do not want more and better learning at some abstract level; we need it specifically and concretely for the students we face in class" (Weimer 2002, S. XVI). Sie betont damit noch mehr den Aspekt der Schülerzentriertheit, d.h. die Fixierung auf die Schüler. Sie benennt fünf Charakteristika, die das Lehren lernerzentriert ausmachen (im Folgenden aus: Weimer 2012):

1. Lerner werden in ihrem eher unorganisierten Lernen unterstützt. Lehrkräfte neigen dazu, sich zu sehr für ihre Schüler zu engagieren und ihnen zu viel abzunehmen: Lehrer formulieren Fragen, rufen die Schüler auf, ergänzen die gegebenen Antworten. „On any given day, in most classes teachers are working much harder than students". Lerner müssen durch Handeln zum Lernen angeleitet werden, **nicht die Lehrer sollten die Denkarbeit abnehmen**.
2. Lerner müssen explizit zum Handeln angeleitet werden, dies stellt sich nicht automatisch ein. „Learner-centered teachers teach students how to think, solve problems, evaluate evidence, analyze arguments, generate hypotheses—all those learning skills essential to mastering material in the discipline". Sie spricht sich für eine domänenspezifische Anleitung aus.
3. Lerner müssen **ermutigt werden, zu reflektieren, was und wie sie lernen**. Dabei müssen sie Verantwortung für ihre Entscheidung im Umgang mit Lernen übernehmen. „The goal is to make students aware of themselves as learners and to make learning skills something students want to develop".
4. Lehrer müssen mehr Entscheidungsbefugnis abgeben, was das Lernen betrifft. Schüler müssen motiviert werden, **Kontrolle über ihr eigenes Lernen und dessen Fortschritte zu erlangen**. „Learner-centered teachers search out ethically responsible ways to share power with students". Das beinhaltet auch, bei der Wahl von Bewertungskriterien mitbeteiligt zu werden.
5. Schüler müssen zur Zusammenarbeit ermutigt werden. **Klassenzimmer sollten als Lerngemeinschaften** gesehen werden. „They (Lehrer) see learning individually and collectively as the most important goal of any educational experience".

Das zuletzt Gesagte, der Punkt 8.2, bleibt eher programmatisch, es geht eher um Ansichten als in der Praxis wirklich überprüfte Einsichten. Deshalb wäre es eine Herausforderung für künftige Forschung, hierzu empirisch belastbare Forschungsergebnisse zu präsentieren. Freilich sollte niemand so naiv sein zu glauben, dass damit das Problem der Klassenführung, bisher dominierend akzentuiert auf Lehrerseite, vom Tisch wäre. Doch vorstellbar könnte sein, dass der Fokus von Klassenführung/Classroom Management, in der Vergangenheit doch sehr auf Disziplin fixiert, sich in Richtung kommunikatives Aushandeln in der Klasse verschieben könnte.

Verzeichnisse

Literaturverzeichnis

Apel, H.J. (2002). Herausforderung Schulklasse. Klassen führen – Schüler aktivieren. Bad Heilbrunn: Klinkhardt.

Bandura, A. (1977). Self-Efficacy: Toward a Unifying Theory of Behavioral Change. Psychological Review, 84, 191-215.

Bandura, A. (1997). Self-Efficacy. The Exercise of Control. New York: W.H. Freeman.

Beck, E., Baer, M., Guldimann, T., Bischoff, S. Brühwiler, C., Müller, P., Niedermann, R., Rogalla, M. & Vogt, F. (2008). Adaptive Lehrkompetenz. Münster: Waxmann.

Beek, A. von der (2001). Der Raum als dritter Erzieher. Päd Forum, 14(3), 197-202.

Bellingrath, J. (2014). Verhaltensverträge. In G.W. Lauth, M. Grünke & J.C. Brunstein (Hrsg.), Interventionen bei Lernstörungen (2., überarb. und erw. Aufl.) (S. 472-483). Göttingen: Hogrefe.

Berg, D. & Imhof, M. (2010). Aufmerksamkeit und Konzentration. In D.H. Rost, (Hrsg.), Handwörterbuch Pädagogische Psychologie (4. Aufl.) (S. 45-53). Weinheim: Beltz.

Biehler, R. & Snowman, J. (1990). Psychology applied to teaching (6th ed.). Boston: Houghton Mifflin Co.

Bös K., Worth, A., Opper, E., Oberger, J., Romahn, N., Wagner, M., Jekauc, D, Mess, F. & Woll, A. (2009). Motorik-Modul: Eine Studie zur motorischen Leistungsfähigkeit und körperlich-sportlichen Aktivität von Kindern und Jugendlichen in Deutschland. Baden- Baden: Nomos. Verfügbar unter https://www.bmfsfj.de/blob/94390/dc4ceb29b7415827c48a6a313b224602/motorik-modul-data.pdf {19.8.2017}.

Bohl, T. (2010). Forschung für den Unterricht: Zwischen selbstbestimmtem Lernen und Classroom-Management. In T. Bohl, K. Kansteiner-Schänzlin, M. Kleinknecht, B. Kohler & Nold, A. (Hrsg.), Selbstbestimmung und Classroom-Management (S. 15-30). Bad Heilbrunn: Klinkhardt.

Bohl, T. & Kucharz, D. (2010). Offener Unterricht heute. Konzeptionelle und didaktische Weiterentwicklung. Weinheim und Basel: Beltz.

Borg, W.R. & Ascione, F.A. (1982). Classroom management in elementary mainstreaming classrooms. Journal of Educational Psychology, 74(1), 85-95.

Braune, A. (2012). Motivation. In E. Kiel (Hrsg.), Unterricht sehen, analysieren, gestalten (S. 37-63). Bad Heilbrunn.

Brezinka, W. (1990). Grundbegriffe der Erziehungswissenschaft (5., verb. Aufl.) München, Basel: Ernst Reinhardt.

Brophy, J.E. (1996). Teaching problem students. New York: Guilford.

Brophy, J.E. & Good, T.L. (1976). Die Lehrer-Schüler-Interaktion. München: Urban & Schwarzenberg.

Brophy, J.E. & Good, T.L. (1986). Teacher behaviour and student achievement. In M.C. Wittrock (Ed.), Handbook on research on teaching (3rd ed.) (S. 328-375). London: Macmillan.

Brouwers, A. & Tomic, W. (1999). Teacher Burnout, Perceived Self-Efficacy in Classroom Management, and Student Disruptive Behavior in Secondary Education. Curriculum and Teaching, 14(2), 7-26.

Bründel, H. & Simon E. (2013). Die Trainingsraum-Methode. Unterrichtsstörungen – klare Regeln, klare Konsequenzen (3., erw. und akt. Aufl.). Weinheim: Beltz Verlag. Verfügbar unter http://www.trainingsraum-methode.de/implementierung/index.shtml {7.8.2017}.

Brunner, E.J. & Noack, P. (2010). Lehrer-Schüler-Interaktion. In D. Rost (Hrsg.), Handwörterbuch Pädagogische Psychologie (4. Aufl.) (S. 421-430). Weinheim: PVU.

Byrne, B.M. (1999). The nomological network of teacher burnout: A literature review and empirically validated model. In R. Vandenberghe, & A, M. Huberman (Hrsg.), Understanding and preventing teacher burnout (S. 15-37). England: Cambridge Univesity Press

Carroll, J.B. (1963). A model of school learning. Teachers College Record, 64, 723-733.

Clausen, M. (2002). Unterrichtsqualität: Eine Frage der Perspektive? Empirische Analyse zur Übereinstimmungs-, Konstrukt- und Kriteriumsvalidität. Münster: Waxmann.

Copei, F. (1966). Der fruchtbare Moment im Bildungsprozess (8. Aufl.). Heidelberg: Quelle & Meyer.

Curwin, R.L. & Mendler, A.N. (1988): Disciplin with dignity. Alexandria, VA: Association for Supervision and Curriculum Development.

Daniels, Z. (2008). Entwicklung schulischer Interessen im Jugendalter. Münster: Waxmann.

Deci, E.L.& Ryan, R.M. (2002). Handbook of self-determination research. Rochester, NY: University of Rochester Press.

Dewey, J. (1933). How we think. Boston/New York/London: Heath.

Dickhäuser, O. & Plenter, I. (2005). „Letztes Halbjahr stand ich zwei" Zur Akkuratheit selbst berichteter Noten. Zeitschrift für Pädagogische Psychologie, 19(4), 219-224.

Diegritz, T. & Haag, L. (2009). Gruppenunterricht. In W. Ulrich (Hrsg.), Deutschunterricht in Theorie und Praxis, Bd. 3: Mündliche Kommunikation und Gesprächsdidaktik (S. 251-263). Hohengehren: Schneider.

Ditton, H. (2002). Lehrkräfte und Unterricht aus Schülersicht. Zeitschrift für Pädagogik, 48(2), 262-286.

Ditton, H. & Arnoldt, B. (2004). Schülerbefragungen zum Fachunterricht – Feedback an Lehrkräfte. Empirische Pädagogik, 18(1), 115-139.

Dollase, R. (1995). Die virtuelle oder psychologische Reduzierung der Schulklassengröße. Bildung und Erziehung, 48(2), 131-144.

Dollase, R. (2012). Classroom Management. München Oldenbourg Schulbuchverlag.

Doyle, W. (1986). Classroom organizsation and management. In M.C. Wittrock (Hrsg.), Handbook of Research on Teaching (S. 392-431). London: Macmillan.

Dreikurs, R. (1957). Psychology in the Classroom. New York: Harper & Row.

Dreikurs, R. (1973). Psychologie im Klassenzimmer. Stuttgart: Klett-Cotta.

Dubs, R. (2009). Lehrerverhalten. Ein Beitrag zur Interaktion von Lehrenden und Lernenden im Unterricht (2., vollst. neu bearb. Aufl.). Stuttgart: Franz Steiner Verlag.

Dubs, R. (2011). Kommunikation und Interaktion im Unterricht. In E. Kiel & K. Zierer (Hrsg.), Basiswissen Unterrichtsgestaltung, Bd. 2. (S. 129-143). Hohengehren: Schneider.

Eder, F. (1996). Schul- und Klassenklima. Ausprägung, Determinanten und Wirkungen des Klimas an weiterführenden Schulen. Innsbruck: Studien Verlag.

Eder, F. (2011). Klassenklima. In E. Kiel & K. Zierer (Hrsg.), Basiswissen Unterrichtsgestaltung, Bd. 2. (S. 113-127). Hohengehren: Schneider.

Eichhorn, Ch. (2012). Classroom-Management (5., veränd. Aufl.). Stuttgart: Klett-Cotta.

Eichhorn, Ch. (2013). Chaos im Klassenzimmer. Stuttgart: Klett-Cotta.

Eichhoren, Ch. (2014). Die Klassenregeln. Stutgart: Klett-Cotta.

Eigenmann, J. (2009). Engagierte Gegenseitigkeit. Klassenmanagement in schwierigen Unterrichtssituationen. Pädagogik, 2/09, 24-27.

Elias, M.J. & Schwab, Y. (2006). From Compliance to Resposibility: Social and Emotional Learning and Classroom Management. In C.M. Evertson & C.S. Weinstein (Hrsg.), Handbook of Classroom Management (S. 309-341). New York: Routledge.

Emmer, E.T. & Evertson, C.M. (Hrsg.) (2009). Classroom Management for Middle and High School Teachers. Pearson: Upper Saddle River.

Evertson, C.M., Emmer, E.T. & Worsham, M.E. (2006). Classroom Management for Elementary Teachers. Boston: Allyn and Bacon.

Evertson, C.M. & Harris, A.H. (1999). Support for managing learning-centered classrooms: The classroom Organization and management program. In H.J. Freiberg (Hrsg.), Beyond behaviorism. Changing the classroom management paradigm (S. 59-74). Boston: Allyn and Bacon.

Evertson, C.M. & Neal, K.W. (2006). Looking into Learning-Centered Classrooms – Implications for Classroom Management. National Education Association (NEA). Paper Juli. Verfügbar unter http://www.nea.org/assets/docs/mf_cmreport.pdf {17.10.2017}.

Evertson, C.M. & Weinstein, C.S. (2006). Handbook of Classroom Management. Research, Practice, and Comtemporary Issues. New York: Routledge.

Farber, B.A. (1991). The Jossey-Bass education series. Crisis in education: Stress and burnout in the American teacher. San Francisco: Jossey-Bass.

Fend, H. (2006). Neue Theorie der Schule. Einführung in das Verstehen von Bildungssystemen. Wiesbaden: VS.

Fend, H. (2008). Schule gestalten. Systemsteuerung, Schulentwicklung und Unterrichtsqualität. Wiesbaden: VS Verlag für Sozialwissenschaften.

Foucault, M. (2008). Überwachen und Strafen. Die Geburt des Gefängnisses (9. Aufl.). Frankfurt a.M.: Suhrkamp-Taschenbuch.

Freiberg, H.J. (Hrsg.) (1999). Beyond Behaviorism. Changing the Classroom Management Paradigm. Boston: Allyn and Bacon.

Frey, A. & Jung, C. (Hrsg.) (2011). Kompetenzmodelle, Standardmodelle und Professionsstandards in der Lehrerbildung: Stand und Perspektiven. (Lehrerbildung auf dem Prüfstand, Sonderheft). Landau: Verlag Empirische Pädagogik.

Friedman, I.A. (1999). Turning Our Schools into a Healthier Workplace: Bridging Between Professional Self-Efficacy and Professional Demands. In R. Vandenberghe & A.M. Huberman (Hrsg.), Understanding and preventing teacher burnout (S. 166-175). England: Cambridge Univesity Press.

Ghanizadeh, A. & Jahedizadeh S. (2015). Teacher Burnout: A Review of Sources and Ramifications. British Journal of Education, Society & Behavioural Science, 6(1), 24-39.

Giesecke, H. (1995). Wozu ist die Schule da? Neue Sammlung, 35(3), 93-104.

Glöckel, H. (1990). Vom Unterricht. Bad Heilbrunn: Klinkhardt.

Göhlich, M. (2001). Was ist Reggiopädagogik? Antwort auf eine problematische Frage. Päd Forum, 14(3), 177-180.

Götz, T. (Hg.) (2017). Emotion, Motivation und selbstreguliertes Lernen. (2. Aufl.) Paderborn: Schöningh.

Good, T.L. & Brophy, J.E. (1994). Looking in classrooms (6. Aufl.). New York: Harper Collins.

Gordon, T. (1977). Lehrer-Schüler-Konferenz. Wie man Konflikte in der Schule löst. Hamburg: Hoffmann und Campe.

Gordon, T.L. (1989). Familienkonferenz (46. Aufl.). München: Heine.

Gruber, H. (2014). Expertise-Erwerb. In M.A. Wirtz (Hrsg.), Dorsch – Lexikon der Psychologie (17. Aufl.) (S. 541). Bern: Verlag Hans Huber.

Grün, S. (2000). Unterricht und schulisches Lernen. Münster. Waxmann.

Grün, A. & Dufner, M (2001). Gesundheit als geistliche Aufgabe. Münsterschwarzacher Kleinschriften Band 57. Münsterschwarzach: Vier-Türme Verlag.

Haag, L. (2008). Diagnostische Kompetenz von Lehrern. In U. Stadler- Altmann, J. Schindele & A. Schraut (Hrsg.), Neue Lernkultur – neue Leistungskultur (S, 292-303). Bad Heilbrunn: Klinkhardt.

Haag, L. (2010). Zu viel oder zu wenig Freiraum? Befunde zum guten Gruppenunterricht. In T. Bohl, K. Kansteiner-Schänzlin, M. Kleinknecht, B. Kohler, B. & A. Nold (Hrsg.), Selbstbestimmung und Classroom-Management (S. 163-178). Bad Heilbrunn: Klinkhardt.

Haag, L. (2016). Richtschnur für den Unterricht. Ein Plädoyer für Didaktische Modelle als Planungsinstrument. Friedrich Jahresheft XXXIV, 54/55.

Haag, L. & Streber, D. (2012). Klassenführung. Weinheim: Beltz.

Haag, L. & Streber, D. (2017). Unterrichtsvorbereitung bei Lehrkräften – ein Thema?, wenn ja, für alle in gleicher Weise? In S. Wernke & K. Zierer (Hrsg.), Die Unterrichtsplanung: Ein in Vergessenheit geratener Kompetenzbereich?! (S. 166-177). Bad Heilbrunn: Klinkhardt.

Hall, E.T. (1976). Die Sprache des Raumes. Düsseldorf: Schwann.

Hartinger, A. & Fölling-Albers, M. (2002). Schüler motivieren und interessieren. Bad Heilbrunn: Klinkhardt.

Hattie, J. (2012). Visible Learning for Teachers. London: Routledge.

Hattie, J. (2013). Lernen sichtbar machen. Überarbeitete deutschsprachige Ausgabe von Visible Learning (2009). Übersetzt und überarbeitet von Wolfgang Beywl und Klaus Zierer. Baltmannsweiler: Schneider-Verlag.

Hattie, J. & Timperley, E. (2007). The Power of Feedback. Review of Educational Research, 77(1), 81-112. deutsch in: Jahrbuch für Allgemeine Didaktik 2016, S. 204-239.

Helmke, A. (2003): Unterrichtsqualität. Erfassen – Bewerten – Verbessern. Seelze-Velber: Kallmeyer.

Helmke, A. (2007). Aktive Lernzeit optimieren – Was wissen wir über effiziente Klassenführung? Pädagogik, 59(5), 44-49.

Helmke, A. (2012). Unterricht diagnostizieren und evaluieren. Voraussetzungen für die Verbesserung der Unterrichtsqualität. SchulVerwaltung spezial, 14(4), 16-19.

Helmke, A. & Schrader, F.-W. (1997). Unterrichtsbeurteilungen durch externe Beobachter. In F.E. Weinert & A. Helmke (Hrsg.), Entwicklung im Grundschulalter (S. 510-518). Weinheim: Psychologie Verlags Union.

Helmke, A., Schrader, F.-W. & Helmke, T. (2012). EMU: Evidenzbasierte Methoden der Unterrichtsdiagnostik und -entwicklung. Schulverwaltung, 35(6), 80-183. Verfügbar unter www.unterrichtsdiagnostik.info {15.10.2017}.

Helmke, A. & Weinert, F.E. (1997). Bedingungsfaktoren schulischer Leistungen. In F.E. Weinert (Hrsg.), Psychologie des Unterrichts und der Schule (S. 71-176). Göttingen: Hogrefe.

Helsper, W. (1996). Antinomien des Lehrerhandelns in modernisierten pädagogischen Kulturen. Paradoxe Verwendungsweisen von Autonomie und Selbstverantwortlichkeit. In A. Combe & W. Helsper (Hrsg.), Pädagogische Professionalität, Untersuchungen zum Typus pädagogischen Handelns (S. 521-569). Frankfurt: Suhrkamp.

Herbart, J.F. (1957). Aphorismen Herbarts. In R. Rutt, Sammlung Pädagogischer Schriften. Quellen zur Geschichte der Pädagogik Johann Friedrich Herbarts (S. 176). Paderborn: Schöningh.

Herbart, J.F. (1806). Allgemeine Pädagogik, aus dem Zweck der Erziehung abgeleitet. In F.J. Herbart, Pädagogische Texte (Hrsg v. W. Asmus) (1983). Band 2. Düsseldorf: Küpper.

Hinz, A. (2012). Lehr- und Unterrichtsevaluationen durch Studierende und Schüler mittels Ratingskalen. Valide und nützlich oderverzerrt und schädlich? Journal für Psychologie, 20(3). Verfügbar unter http://www.journal-fuer-psychologie.de/index.php/jfp/article/view/241/280 {28.8.2017}.

Holzherr, G. (2005). Die Benediktsregel (6., völlig überarb. Aufl.). Freiburg Schweiz: Paulusverlag.

Huber, A.A. (Hrsg.) (2009). Kooperatives Lernen – kein Problem. Effektive Methoden der Partner- und Gruppenarbeit. Leipzig: Klett.

Hughes, J.N. (2012). Teacher-Student Relationships and School Adjustment: Progress and Remaining Challenges. Attachment and Human Development, 14, 319-327.

Humpert, W. & Dann, H.-D. (2001). KTM kompakt, Basistraining zur Störungsreduktion und Gewaltprävention. Bern: Huber.

Humpert, W., Dann, H.-D., Haag, L. & Müller, M. (2012). KTM kompakt. Basistraining zur Störungsreduktion und Gewaltprävention (2., überarb. u. erw. Aufl.). Bern: Huber.

Johnson, D.W. & Johnson, R.T. (2008). Wie kooperatives Lernen funktioniert. Friedrich Jahresheft, 26, Individuell lernen – Kooperativ arbeiten, 16-20.

Julius, H. (2014). Förderung regelkonformen Verhaltens im Unterricht. In G.W. Lauth, M. Grünke & J.C. Brunstein (Hrsg.), Interventionen bei Lernstörungen (2., überarb. und erw. Aufl.) (S. 277-284). Göttingen: Hogrefe.

Kämpfe, N. (2009 a). Schülerinnen und Schüler als Experten für Unterricht. Die Deutsche Schule, 101(2), 149-163.

Kämpfe, N. (2009 b). SEfU – Schüler als Experten für Unterricht. 43 Schulleitung und Schulentwicklung April 2009, E 4.7. Verfügbar unter www.sefu-online.de {02.7.2015)}

Kahlert, J., Nitsche, K. & Zierer, K. (Hrsg.) (2013). Räume zum Lernen und Lehren. Perspektiven einer zeitgemäßen Schulraumgestaltung. Bad Heilbrunn: Klinkardt.

Kaiser, A. (2000). 1000 Rituale für die Grundschule. Hohengehren: Schneider Verlag.

Kant, I. (1803/1983). Über Pädagogik. In W. Weischedel (Hrsg.), Werke in zehn Bänden. Band X (S. 691-764). Darmstadt: UTB.

Kauffman, J.M. (2005). Characteristics of emotional and behavioral disorders of children and youth. Upper Saddle River, NJ: Prentice-Hall.

Keller, J. (2010). Motivational Design for Learning and Performance. The ARCS Model Approach. London: Springer.

Kiel, E. (2012). Strukturierung. In E. Kiel (Hrsg.), Unterricht sehen, analysieren, gestalten (S. 21-36). Bad Heilbrunn: Klinkhardt.

Kiel, E., Frey, A. & Weiß, S. (2013). Trainingsbuch Klassenführung. Bad Heilbrunn: Klinkhardt/UTB.

Kiel, E., Haag, L, Keller-Schneider, M. & Zierer, K. (2014). Grundwissen Lehrerbildung. Unterricht planen, durchführen, reflektieren. Berlin: Cornelsen.

Kiel, E., Kahlert, J., Haag, L. & Eberle, T. (2011; 2017). Herausfordernde Situationen in der Schule. Ein fallbasiertes Arbeitsbuch. Bad Heilbrunn: Klinkhardt.

Kleinknecht, M. (2011). Unterrichtsqualität. In E. Kiel & K. Zierer (Hrsg.), Basiswissen Unterrichtsgestaltung, Bd. 2 (S. 65-76). Hohengehren: Schneide.

Klieme, E., Schümer, G. & Knoll, S. (2001). Mathematikunterricht in der Sekundarstufe I: „Aufgabenkultur" und Unterrichtsgestaltung. In Bundesministerium für Bildung und Forschung (Hrsg.), TIMSS – Impulse für Schule und Unterricht. Forschungsbefunde, Reforminitiativen, Praxisberichte und Video-Dokumente. (S. 43-58). Bonn: BmBF.

KMK (2014). Standards für die Lehrerbildung: Bildungswissenschaften. Verfügbar unter www.kmk.org/fileadmin/Dateien/veroeffentlichungen_beschluesse/2004/2014_12_16-Standards-Lehrerbildung-Bildungswissenschaften.pdf {7.8.2017}.

Köller, O. (2012). Interview in: LEHRERINFO (01/2012). München: Bayerisches Staatsministerium für Unterricht und Kultus, 7/8.

Köller, O. & Möller, J. (2010). Selbstwirksamkeit. In D. Rost (Hrsg.), Handwörterbuch Pädagogische Psychologie (4. Aufl.) (S. 767-774). Weinheim: PVU.

König, J., Wagner, C. & Valtin, R. (Hrsg.) (2011). Jugend, Schule, Zukunft. Psychosoziale Bedingungen der Persönlichkeitsentwicklung – Ergebnisse der Längsschnittstudie AIDA. Münster: Waxmann.

Kounin, J.S. (1976). Techniken der Klassenführung. Bern/Stuttgart: Huber/Klett. (2006: Reprint bei Waxmann, Münster).

Kounin, J.S. & Gump, P. V. (1961). The Comparative Influence of Punitive and Nonpunitive Teachers upon Children's Concepts of School Misconduct. Journal of Educational Psychology, 52, 44-49.

Krapp, A. (2010). Interesse. In D. Rost (Hrsg.), Handwörterbuch Pädagogische Psychologie (4. Aufl.) (S. 311-323). Weinheim: PVU.

Krumm, V. (1999). Machtmißbrauch von Lehrern – Ein Tabu im Diskurs über Gewalt in der Schule. Journal für Schulentwicklung, 3, 38-52. (Themenheft Gewaltprävention und Schulentwicklung).

Krumm, V., Lamberger-Baumann, B. & Haider, G. (1997). Gewalt in der Schule – auch von Lehrern. Empirische Pädagogik, 2, 257-275.

Lewin, K., Lippitt, R. & White, R.K. (1939). Patterns of aggressive behavior in experimentally created social climates. Journal of Social Psychology, 10, 271-301.

Lewis, R. (1999). Teachers Coping with the Stress of Classroom Discipline. Social Psychology of Education, 3, 155-171.

Lipowsky, F. (2009). Unterricht. In E. Wild & J. Möller (Hrsg.), Pädagogische Psychologie (S. 73-101). Heidelberg: Springer.

Lou, Y., Abrami, P., Spence, J., Poulsen, C., Chambers, B. & d'Apollonia, S. (1996). Within-Class Grouping: A meta-analysis. Review of Educational Research, 66, 423-458.
Ludwig, P.H. (2010). Erwartungseffekt. In D. Rost (Hrsg.), Handwörterbuch Pädagogische Psychologie (4. Aufl.) (S. 144-150). Weinheim: PVU.

Maccoby, E.E. & Martin, J.A. (1983). Socialization in the context of the family: Parent-child-interaction. In E.M. Hetherington (Hrsg.), Handbook of child psychology, Vol. 4: Socialization, personality, and social development (S. 1-102). New York: Wiley.
Mägdefrau, J. (2010). Klassenführung. In J. Mägdefrau (Hrsg.), Schulisches Lehren und Lernen (S. 49-67). Bad Heilbrunn: Klinkhardt.
Mandl, H. (2010). Lernumgebungen problemorientiert gestalten – Zur Entwicklung einer neuen Lernkultur. In E. Jürgens & J. Standop (Hrsg.), Was ist „guter" Unterricht? (S. 19-38). Bad Heilbrunn: Klinkhardt.
Marsh, H.W. (1986). Verbal and math self-concepts: an internal/external frame of reference model. American Educational Research Journal, 23, 129-149.
Marzano, R.J. (2003). Classroom management that works: research-based strategies for every teacher. Alexandria, VA: Alexandria, Association for Supervision and Curriculum Development.
Maslach, C. (1982). Burnout: The cost of caring. Englewood Cliffs, NJ: Prentice Hall.
Mayr, J. (2008). Forschungen zum Führungshandeln von Lehrkräften: Wie qualitative und quantitative Zugänge einander ergänzen können. In F. Hofmann, C. Schreiner, & J. Thonhauser, J. (Hrsg.), Qualitative und quantitative Aspekte. Zu ihrer Komplementarität in der erziehungswissenschaftlichen Forschung (S. 321-342). Münster: Waxmann.
Mayr, J. (2009). Klassen stimmig führen. Ergebnisse der Forschung, Erfahrungen aus der Fortbildung und Anregungen für die Praxis. Pädagogik, 2/09, 34-37.
Mayr, J., Eder, F. & Fartacek, W. (2002). Linzer Diagnosebogen zur Klassenführung (LDK). Verfügbar unter http://ius.uni-klu.ac.at/projekte/ldk/{19. 9. 2017}.
McEwan, B., Gathercoal, P. & Nimmo, V. (1999). Application of judicious discipline. In H.J. Freiberg (Ed.), Beyond Behaviorism. Changing the Classroom Management Paradigm (S. 98-118). Boston: Allyn and Bacon.
Merrill, D. (2002). First principles of instruction. Educational Technology Research and Development, 50(3), 43-59.
Meyer, H. (2004). Was ist guter Unterricht? Berlin: Cornelsen.
Montessori, M. (2005). Grundlagen meiner Pädagogik (9. Aufl.). Heidelberg: Quelle und Meyer.
Moschner, B. & Dickhäuser, O. (2010): Selbstkonzept. In D. Rost (Hrsg.), Handwörterbuch Pädagogische Psychologie (4. Aufl.) (S. 760-767). Weinheim: PVU.
Moss, E. & Peterson, R.L. (2013). Saturday School. Verfügbar unter http://k12engagement.unl.edu/strategy-briefs/Saturday School 10-31-2013.pdf {19.9.2017}.

Niegemann, H.M. (2001). Neue Lernmedien. Konzipieren, entwickeln, einsetzen. Bern: Hans Huber.
Noguera, P. A. (1995). Preventing and producing violence: A critical analysis of responses to school violence. Harvard Educational Review, 65, 189-212.
Nolting, H.P. (2012). Störungen in der Schulklasse: ein Leitfaden zur Vorbeugung und Konfliktlösung (10., vollst. überarb. Aufl.). Weinheim: Beltz.

Ophardt, D. & Thiel, F. (2013). Klassenmanagement. Ein Handbuch für Studium und Praxis. Stuttgart: Kohlhammer.
Oser, F. & Spychiger, M. (2005). Lernen ist schmerzhaft. Zur Theorie des Negativen Wissens und zur Praxis der Fehlerkultur. Weinheim: Beltz.

Palazzoli, M.S., Boscolo, L., Cecchin, G. & Prata, G. (1978). Paradoxon und Gegenparadoxon. Ein neues Therapiemodell für die Familie mit schizophrener Störung (2. Aufl.). Stuttgart: Klett-Cotta.
Paradies, L. & Linser, H.J. (2006). Lerngruppendifferenzierter Unterricht. In K.-H. Arnold, U. Sandfuchs & J. Wiechmann (Hrsg.), Handbuch Unterricht (S. 345-351). Bad Heilbrunn: Klinkhardt.

Petersen, P. (1937). Führungslehre des Unterrichts. Langensalza: Beltz.

Petersen, S. (2001). Rituale für kooperatives Lernen in der Sekundarstufe I. Berlin: Cornelsen Scriptor.

Petillon, H. (1982). Soziale Beziehungen zwischen Lehrern, Schülern und Schulklassen. Weinheim: Beltz.

Pöppel, E. (2006). Der Rahmen: Ein Blick des Gehirns auf unser Ich. München: Carl Hanser Verlag.

Premack, D. (1965). Reinforcement Theory. In D. Levine (Hrsg.), Nebraska symposium on motivation, Vol. 13 (S. 123-180). Lincoln: University of Nebraska Press.

Pross, H. (1963). Zum Begriff der pluralistischen Gesellschaft. Zeugnisse. Theodor W. Adorno zum 60. Geburtstag, Frankfurt am Main: Fischer.

Reinmann-Rothmeier, G. & Mandl, H. (2001). Unterrichten und Lernumgebungen gestalten. In A. Krapp & B. Weidenmann (Hrsg.), Pädagogische Psychologie (S. 601-646). Weinheim: Beltz/PVU.

Richter, D. & Pant, H.A. (2016). LEHRERKOOPERATION IN DEUTSCHLAND. Eine Studie zu kooperativen Arbeitsbeziehungen bei Lehrkräften der Sekundarstufe I. Gütersloh: Bertelsmann Stiftung.

Riefling, M. (2013). Die Kultivierung der Freiheit bei der Macht. Wiesbaden: Springer VS.

Rogers, C. (1984). Lernen in Freiheit. Zur Bildungsreform in Schule und Universität. München: Kösel-Verlag.

Rogers, B. (2013). Classroom Management. Das Praxisbuch. Weinheim: Beltz.

Rohlfs, C. (2008). Heterogenität unter veränderten Bedingungen des Aufwachsens. In H. Kiper, S. Miller, C. Palentien, & C. Rohlfs (Hrsg.), Lernarrangements für heterogene Gruppen (S. 18-42). Bad Heilbrunn: Klinkhardt.

Rohrbeck, C.A., Ginsburg-Block, M.D., Fantuzzo, J.W. & Miller, T.R. (2003), Peer-Assisted Learning Interventions with Elementary School Students: a Meta-Analytic Review. Journal of Educational Psychology, 95, 240-257.

Rosenthal, R, & Jacobson, L. (1971). Pygmalion im Unterricht. Weinheim: Beltz.

Roth, H. (1962). Die realistische Wendung in der Pädagogischen Forschung. Neue Sammlung.. Göttinger Blätter für Kultur und Erziehung, 2, 481-490.

Rothland, M. & Terhart, E. (2007). Beruf: Lehrer – Arbeitsplatz: Schule. In M. Rothland (Hrsg.), Belastung und Beanspruchung im Lehrerberuf (S. 11-31). Wiesbaden: VS Verlag für Sozialwissenschaften.

Ruch, W. (Ed.) (2010). The sense of humor: Explorations of a personality characteristic (Humor Research Series, Vol. 3). Berlin, Germany: Mouton de Gruyter.

Russell, D.W., Altimaier, E. & Van Velzen, D. (1987). Job related stress, social support and burnout among classroom teachers. Journal of Applied Psychology, 72(2), 269-274.

Rutter, M., Maughan, B., Mortimer, P. & Ouston, J. (1980). Fünfzehntausend Stunden. Schulen und ihre Wirkung auf die Kinder. Weinheim und Basel: Beltz.

Saalfrank, W.-T. (2012). Differenzierung. In E. Kiel (Hrsg.), Unterricht sehen, analysieren, gestalten (2., überarb. Aufl.) (S. 65-97). Bad Heilbrunn: Klinkhardt.

Sacher, W. (2014). Leistungen entwickeln, überprüfen und beurteilen (6., überarb. und erw. Aufl.). Bad Heilbrunn: Klinkhardt.

Salzmann, C.G. (1806). Ameisenbüchlein, oder Anweisung zu einer vernünftigen Erziehung der Erzieher. Schnepfenthal: Buchhandlung der Erziehungsanstalt.

Schaarschmidt, U. (2002). Die Belastungssituation von Lehrerinnen und Lehrern. Ergebnisse und Schlussfolgerungen aus der Potsdamer Lehrerstudie. Pädagogik, 7/8, 8-13.

Schaarschmidt, U. (Hrsg.) (2004). Halbtagsjobber? Psychische Gesundheit im Lehrerberuf – Analyse eines veränderungsbedürftigen Zustandes. Weinheim und Basel: Beltz.

Schäfers, B. (2014). Architektursoziologie. Grundlagen – Epochen – Themen. Wiesbaden: Springer VS.

Schnabel, U. (2017). Wer lacht, hat keine Angst. Zeit, 27. Juli, 31, 31/32.

Schneewind, K.A. & Böhmert, B. (2008). Kinder im Grundschulalter kompetent erziehen. Der interaktive Elterncoach „Freiheit in Grenzen". Bern: Huber.

Schönbächler, M.-T. (2008). Klassenmanagement. Situative Gegebenheiten und personale Faktoren in Lehrpersonen- und Schülerperspektive. Bern: Haupt Verlag.
Schulz von Thun, F. (1981). Miteinander reden 1 – Störungen und Klärungen. Allgemeine Psychologie der Kommunikation. Reinbek: Rowohlt.
Schulz von Thun, F. (1986). Miteinander reden: Störungen und Klärungen. Psychologie der zwischenmenschlichen Kommunikation. Reinbek: Rowohlt.
Schulz von Thun, F. (1998 a). Miteinander reden 3: Das „innere Team“ und situationsgerechte Kommunikation. Reinbek: Rowohlt.
Schulz von Thun, F. (1998 b). Miteinander reden 2: Stile, Werte und Persönlichkeitsentwicklung. Reinbek: Rowohlt.
Schweer, M.K.W., Thies, B. & Lachner, R.P. (2017). Soziale Wahrnehmungsprozesse und unterrichtliches Handeln. In M.K.W. Schweer (Hrsg.), Lehrer-Schüler-Interaktion (3. Aufl.) (S. 121-146). Opladen: Leske + Budrich.
Seidel, T. & Shavelson, R.J. (2007). Teaching Effectiveness Research in the Past Decade: The Role of Theory and Research Design in disentangling Meta-Analysis Results. Review of Educational Research, 77, 454-499.
Seifert, K. (2011). Contemporary Educational Psychology/Chapter 7: Classroom Management and the Learning Environment. Verfügbar unter http://en.wikibooks.org/wiki/Contemporary_Educational_Psychology/Chapter_7:_Classroom_Management_and_the_Learning_Environment {18.8.2017}.
Shavelson, R.J., Hubner, J.J. & Stanton, G.C. (1976). Self-Concept: Validation of Construct Interpretations. Review of Educational Research, 46(3), 407-441.
Short, P.M., Short, R.J. & Blanton, C. (1994). Rethinking student discipline: Alternatives that work. Thousand Oaks, CA: Corwin Press, Inc.
Skiba, R.J. & Rausch, M.K. (2006). Zero Tolerance, Suspension, and Expulsion: Questions of Equity and Effectiveness. In C.M. Evertson & C.S. Weinstein (Hrsg.), Handbook of Classroom Management (S. 1063-1089). New York: Routledge.
Sparfeldt, J.R., Buch, S., Rost, D. & Lehmann, G. (2008). Akkuratesse selbstberichteter Zensuren. Psychologie in Erziehung und Unterricht, 55, 68-75.
Sprenger H. (1960). Geleitwort zur zweiten Auflage von „Der fruchtbare Moment im Bildungsprozess“. In F. Copei, DER FRUCHTBARE MOMENT IM BILDUNGSPROZESS (8. Aufl.) (S. 6-15). Heidelberg: Quelle & Meyer.
Stadler-Altmann, U. (2016). Lernumgebungen, Erziehungswissenschaftliche Perspektiven auf Schulgebäude und Klassenzimmer. Berlin: Barbara Budrich.
Städeli, C., Grassi, A., Rhiner, K. & Obrist, W. (2010). Kompetenzorientiert unterrichten. Das AVIVA-Modell. Bern: hep-verlag.
Stähling, R. (2000). Unterrichtsqualität und Disziplin. Grundschule, 2/2000, 20-22.
Stillich, S. (2017). Von der Hingabe an den Moment. DIE ZEIT DOCTOR, 37(3), 30.
Stollberg-Rillinger, B. (2013). Rituale. Frankfurt a.M.: Campus Verlag.
Streber, D. (2015). Grundwissen Lehrerbildung. Umgang mit Heterogenität. Berlin: Cornelsen.
Streber, D. & Haag, L. (2016). Möglichkeiten zur Selbstevaluation persönlicher Klassenführungskompetenzen. Erziehung & Unterricht, 166(5/6), 326-333.
Sutton, R.E., Mudrey-Camino, R. & Knight, C.C. (2009). Teachers' Emotion Regulation and Classroom Management. Theory into practice, 48, 130-137.

Tausch, R. & Tausch, A.-M. (1970). Erziehungspsychologie (5. Aufl.). Göttingen: Hogrefe.
Thiel, A., Teubert, H. & Kleindienst-Cachay, C. (2006). Die „bewegte Schule“ auf dem Weg in die Praxis. Baltmannsweiler: Schneider-Verlag Hohengehren.
Träbert, D. (2012). Disziplin, Respekt und gute Noten. Weinheim: Beltz.
Trautmann, M. & Wischer, B. (2011). Heterogenität in der Schule. Eine kritische Einführung. Wiesbaden: VS Verlag.

Ulich, D. (1974). Gruppendynamik in der Schulklasse (5. Aufl.). München: Ehrenwirth.
Ulich, K. (2001). Einführung in die Sozialpsychologie der Schule. Weinheim und Basel: Beltz.

Valtin, R. (2012). Was ist das Schlimmste an der Schule? Verfügbar unter http://www.tagesspiegel.de/wissen/neue-studie-was-ist-das-schlimmste-an-der-schule/6019988.html {19.9.2017}.

Vang, C.T. (2013). An Educational Psychology of Classroom Management. New York: Peter Lang.

Vygotsky, L.S. (1987). The collected works of L.S. Vygotsky. Problems of general psychology. New York, NY: Plenum press.

Wahl, D. (1991). Handeln unter Druck. Weinheim: Deutscher Studien Verlag.

Wahl, D., Weinert, F.E. & Huber, G.L. (1984). Psychologie für die Schulpraxis. München: Kösel.

Walter, P. & Walter, C. (2014). Müssen Lehrer streng sein? Unterrichtsstörungen und Klassenmanagement in der Schülerwahrnehmung. Berlin: LIT Verlag.

Watzlawick, P., Beavin, J.-H & Jackson, D. (1969). Menschliche Kommunikation – Formen, Störungen, Paradoxien. Bern: Huber.

Weiner, B. (1986). An attributional theory of motivation and emotion. New York: Springer.

Weinert, F.E. (Hrsg.) (2001). Leistungsmessungen in Schulen. Weinheim und Basel: Beltz.

Weinert, F.E. & Helmke, A. (Hrsg.) (1997). Entwicklung im Grundschulalter. Weinheim: Psychologie Verlags Union.

Weimer, M. (2002). Learner-Centered Teaching. San Francisco: Jossey Bass.

Weimer, M. (2012). Five Charakteristics of Learner-Centered Teaching. Verfügbar unter https://www.facultyfocus.com/articles/effective-teaching-strategies/five-characteristics-of-learner-centered-teaching/{26.11.2017}

Weinstein, C.S. (1999). Reflections on best practices and promising programs. In H.J. Freiberg (Hrsg.), Beyond Behaviorism. Changing the Classroom Management Paradigm (S. 147-163). Boston: Allyn and Bacon.

Winkel, R. (2009). Der gestörte Unterricht. Diagnostische und therapeutische Möglichkeiten. Baltmannsweiler: Schneider Verlag Hohengehren.

Wisniewski, B. & Zierer, K. (2017).Visible Feedback. Ein Leitfaden für erfolgreiches Unterrichtsfeedback. Baltmannsweiler: Schneider Verlag Hohengehren.

Wissenschaftlicher Beirat für Familienfragen (2005) (Hrsg.). Familiale Erziehungskompetenzen. Beziehungsklima und Erziehungsleistungen in der Familie als Problem und Aufgabe. Beltz: Weinheim/München.

Woolfolk, A. (2001). Educational psychology (8. Aufl.). Boston: Allyn & Bacon.

Wubbels, T. & Levy, J. (1991). A comparison of interpersonal behavior of Dutch and American teachers. International Journal of Intercultural Relations, 15(1), 1-18.

Wubbels, T. & Levy, J. (1993). Do You Know What You Look Like? Interpersonal Relationships in Education. London: The Falmer Press.

Yates, A. (Hrsg.) (1972). Lerngruppen und Differenzierung. Weinheim: Beltz.

Abbildungsverzeichnis

Tabellenverzeichnis